"浙工大文化研究"丛书之四

U0569861

经世致用 踔厉奋进

——献给浙江工业大学七十周年校庆

浙江工业大学老教授协会 编

浙江工商大学出版社
ZHEJIANG GONGSHANG UNIVERSITY PRESS
·杭州·

图书在版编目(CIP)数据

经世致用 踔厉奋进:献给浙江工业大学七十周年
校庆 / 浙江工业大学老教授协会编. —杭州:浙江工
商大学出版社,2023.10

ISBN 978-7-5178-5643-6

Ⅰ. ①经… Ⅱ. ①浙… Ⅲ. ①浙江工业大学—校史
Ⅳ. ①G649.285.51

中国国家版本馆 CIP 数据核字(2023)第 152799 号

经世致用 踔厉奋进——献给浙江工业大学七十周年校庆
JINGSHI-ZHIYONG CHUOLI-FENJIN
——XIANGEI ZHEJIANG GONGYE DAXUE QISHI ZHOUNIAN XIAOQING
浙江工业大学老教授协会 编

策划编辑　王黎明
责任编辑　王　琼
责任校对　李远东
封面设计　林朦朦
书名题签　周　旭
篆刻设计　周　旭
责任印制　包建辉
出版发行　浙江工商大学出版社
　　　　　(杭州市教工路198号　邮政编码310012)
　　　　　(E-mail:zjgsupress@163.com)
　　　　　(网址:http://www.zjgsupress.com)
　　　　　电话:0571-88904980,88831806(传真)
排　　版　杭州朝曦图文设计有限公司
印　　刷　杭州宏雅印刷有限公司
开　　本　710mm×1000mm　1/16
印　　张　23
字　　数　425千
版 印 次　2023年10月第1版　2023年10月第1次印刷
书　　号　ISBN 978-7-5178-5643-6
定　　价　88.00元

本书编委会

主　　编　邱继征

副主编　应富强　唐　明　姜一飞　施　放

顾　　问　林宝琨　朱良天

编　　委　（按姓氏拼音排序）

陈文光　邱继征　姜一飞　李　瓯

裘娟萍　盛　华　施　放　苏尔云

唐　明　王积瑾　王文明　徐伟良

应富强

本书编委合影

前排左起：姜一飞，唐明，林宝珉，朱良天，邱继征，王积建

后排左起：王文明，李瓯，徐伟良，詹德强，施兹，苏尔云，陈文光，盛华，裘娟萍

经世致用 踔厉奋进/冀荣德

百合——献给浙江工业大学七十周年华诞/冀荣德

杭州化学工业学校大门

浙江化工专科学校大门

浙江化工学院大门

浙江工学院大门

浙江工业大学朝晖校区大门

浙江工业大学朝晖校区一角

浙江工业大学屏峰校区西大门

浙江工业大学屏峰校区一角

浙江工业大学之江学院大门

浙江工业大学莫干山校区大门

前言 FOREWORD

JINGSHI–ZHIYONG
CHUOLI–FENJIN

　　从20世纪50年代初的中央人民政府重工业部杭州化学工业学校起步,到如今的浙江工业大学,风风雨雨、筚路蓝缕,我们学校即将迎来建校七十周年的大庆,这自然也是我们这些浙江工业大学退休老教授的盛大节日。作为这段辉煌历程的亲历者和见证者,我们不仅感到喜庆,而且被激起了更多的回忆、思索和感悟。我们想要给学校献一份生日礼,一起努力了一年多,方有了这本文集。这本书中,有我们的心、我们的情,有我们的思考与感悟、希冀与祝福。

　　浙江工业大学诞生于中华人民共和国初成立时百废待兴的热望急需中,跟随着时势起伏而艰难跋涉,乘驭着改革开放的大潮而快步前进,顺应着民族崛起的大势而走向世界。在党和政府的领导与扶持下,浙江工业大学走过了七十年艰苦奋斗、踔厉奋进的历程,经历了五次脱胎换骨的蝶变升华,走出了自己独特的成长道路,孕育了具有自己特色的"浙工大文化"。

　　十余年前,我们老教授协会就开始了对"浙工大文化"的思考和研究,陆续出版了三本研究文集《大学学术文化与校史文化——纪念浙江工业大学建校六十周年文集》《厚德健行 取精用弘——浙江工业大学文化研究文集》《累积平

凡 铸就非凡——浙江工业大学"三创精神"研究文集》，组成了"浙工大文化研究"丛书。现在作为献礼的这本书，也是沿着"浙工大文化研究"的思路继续前行所得，就作为这套丛书的第四本吧。

在前三本书里，我们曾经提炼出"浙工大文化"的主要特色，即"厚德健行"校训、"取精用弘"学风，以及"艰苦创业、开拓创新、争创一流"的"三创精神"。那么，这第四本书对"浙工大文化"的研究，有什么新的感悟呢？——正如本书书名所表达的，主要就是"经世致用，踔厉奋进"。

"踔厉奋进"，反映了工大人积极向上的精神风貌和长期形成的优良传统，自强不息、不惧艰难、开拓创新、斗志昂扬、敢为人先、追求卓越，这与上述的校训、学风、"三创精神"的内核无疑是一致的。这个书名的新意在于"经世致用"，本书第一篇文章林宝琨先生撰写的《经世致用，追求卓越——浙江工业大学建校七十周年有感》，对此有很好的论述。

"经世致用"，既反映了学校一贯以来认真贯彻党的教育方针，落实"立德树人"的根本任务，秉承"厚德健行"校训和"取精用弘"学风，形成了以培养行业精英和领军人才为引领、高级应用型人才为主体、复合型人才为特色的人才培养体系，为党育人、为国育才，也反映了学校遵循教育规律，以改革创新为动力、一流学科建设为主线，充分调动教师的积极性和能动性，开展政企校合作、产学研结合，主动服务经济建设和社会发展，强调把学问做在重大产业的发展上、把论文写在经济建设的战场上，彰显以浙江精神办学、与区域发展互动的办学特色，还反映了学校始终与时代同频共振，牢牢把握发展机遇，拓宽办学空间，提升办学层次，提高办学质量，走内涵发展、创新发展、跨越发展的道路，从而实现了从单科性高校到多科性、综合性大学的拓展升级，以及从教学型高校向教学研究型、研究型大学的转型跨越。

浙江工业大学是一所有理想、有志气的大学，在国家实施的科教兴国战略中，理应勇挑重担，做浙江省属高校发展的领头羊。在习近平新时代中国特色社会主义思想的指引下，学校正向着特色鲜明、国内一流的研究型大学的方向发展，为浙江和区域的经济社会发展，为国家富强、民族复兴做出自己应有的贡献。

在文章编排方面，这本书虽然没有像前三本书那样分为"学校""学科""学人"三个篇章，但四十余篇文章还是大体按照"学校—学科—学人"的脉络排序。

有关学科的文章并未覆盖所有学科，只是对前三本书的学科篇做了一些补充，相对来说，有关学人的文章补充较多，特别是回忆几位老领导的文章，大大加重了这本书的分量。本书还收录了许多图片，展示了许多文物，使这本书更紧密地联系校史，更直观、形象、更有看点。这本书中还有多篇文章是畅谈个人感悟的，这使对"浙工大文化"的思考从偏重叙事提升到探索文化内涵的层次上。当然，这些毕竟都只是个人的感悟，不敢说有多少深度，今后的文化研究还有待进行更深入的思考和理论阐述。

近年来，我们学校逝去了多位老人，这也提醒我们生命的脆弱、老人的宝贵。学校的七十年历程中，其实有大量事件和人物没有留下有形的记录，而仅存在于老教授们的记忆中，更何况老教授们多年积累下来了许多极其珍贵的经验和感悟，这都是"浙工大文化"的瑰宝啊，若不及时抢救，顷刻间便可能永远消失，所以我们深感老教授协会组织编辑这套丛书的重要性和紧迫性。

本书从征稿开始，就得到了有关领导和广大教职工的热情鼓励和支持，尤其是众多老教授，一直关心本书的进展，在疫情严峻时，许多人也通过微信、短信和邮箱积极投稿、踊跃建议，所以这份献礼中包含着他们的深情厚谊。

为了使本书能赶在校庆之前问世，浙江工商大学出版社的编辑也付出了极大的热情和心血，所以这份献礼中也有着他们的深情厚谊。

目录 CONTENTS

JINGSHI-ZHIYONG
CHUOLI-FENJIN

经世致用，追求卓越

——浙江工业大学建校七十周年有感

林宝琨

我在校学习、工作及其后的退休生活已有68年了，亲历了我校艰苦创业、开拓创新、追求卓越的不平凡发展历程。

回顾我校70年的办学历史，有两个鲜明的特点：

第一个特点，是校名、校址和学校隶属关系更迭多。从1953年创办时的中央重工业部杭州化学工业学校，到五年后1958年的浙江化工专科学校，时隔两年又发展为浙江化工学院。从杭州迁校至衢州烂柯山麓办学20余年，其间经历了中央部委和浙江省属体制的多次变更之后，于1980年迁校回杭州成为浙江工学院的办学基础，从单学科性的化工学院发展成为多学科性的工学院。1993年，发展成为综合性的浙江工业大学，逐步成长为一所全国百强的大学，成为具有朝晖、屏峰、莫干山三大校区，迈向国内一流的研究型大学。这是一部凝练"艰苦创业、开拓创新、争创一流"的办学精神，不断追求卓越的校史。

第二个特点，是在贯彻执行党的教育方针过程中，注重传承我国优秀传统文化"经世致用"的教育思想，服务于国家和本省需要办学，发扬求真务实的精神，积极探索和践行产学研协同发展的办学路径。1960年迁校衢州，与创建于1958年的衢州化工厂、同时从杭州迁衢州的浙江省化工研究所，共同组建产学研三结合的浙江省化学工业基地，这也是浙江省高等教育改革的实验区。这在我校的办学历史上是一次难以忘怀的创举，是值得记入史册的教育改革实践。

70年来，我校产学研协同的教育改革和办学实践，既是传承了经世致用的教育思想，也是贯彻党的教育方针、主动服务于经济建设的办学史。

经世致用，服务于经济建设的需要

我校作为一所从工科起步的大学，创办之初就是为了适应我国实施国民经济发展第一个五年计划对技术人才的迫切需要，在国家对全国高等学校和中等专业学校进行大调整的背景下应运而生,由江浙境内三所学校的相关学科合并组建而成的。我校的学脉可以追溯到20世纪初浙江工业教育的肇始,即创办于1911年的浙江中等工业学堂和创办于1912年的宁波公立中等工业学校。因而,我校的文脉传承了浙江优秀传统文化,尤其深受以注重事功、工商皆本和经世致用为特征的浙东学派的潜移默化的影响。

经世致用是明清之际启蒙思想家的教育思想。在封建社会后期,我国东南沿海,特别是长江三角洲地区已经成为经济最发达的地区,杭州、宁波一带工商业兴盛,在教育上出现了一批改革派、维新派,提出了带有民主色彩的进步的教育观、学校观。他们研讨古今治乱之事,批评明代以来的教育,抨击科举考试制度的弊端,提出应该改变这种教育,提倡经世致用之学。

1895年前后,是我国近代高等教育发展的重要时期。现代教育制度开始确立,多地开始推行现代的学校教育,第一批真正意义上的大学开始创建。就在这一年,企业家张謇,在他的家乡南通创办了大生纱厂之后,又陆续兴办了冶炼厂、蚕桑织染公司等实业,同时大力兴办学校。张謇是倡导实业救国和教育救国并重的实践者,他所创办的学校不是读四书五经写八股文章的旧式书院,而是以提高国民素质、培养经世致用人才为目标的新式学校。1902年,张謇在家乡南通出资兴办通州民立师范学校,著名学者王国维等人应邀任教,并根据办实业的需要,在师范学校里附设了农科、蚕桑、测绘、土木等实用技术学科,成为我国职业技术教育的肇始。到清末民初,实业教育和经世致用的教育思想在社会上形成重要的教育思潮,尤其在江浙一带兴起了工业技术教育的热潮,杭州的浙江中等工业学堂和宁波的宁波公立中等工业学校就是在这样的时代潮流中创办起来的。这种优秀传统文化的影响,印刻在我们民族的灵魂深处,对后来我国教育思想和教育事业发展的影响更是深远的。

难忘的产学研三结合教育改革实践

20世纪50年代到60年代初,是我校的初创时期,也是我国高等教育在面临十分困难和复杂的形势下,开展全国高等学校和中等专业学校的大调整,探索建立符合我国国情的教育体系和办学制度的时期。在第一次全国教育工作会议和第一次全国高等教育会议上,提出了"教育必须为国家建设服务,学校必须为工农开门"的教育方针,高等学校的办学宗旨是"以理论与实际一致的教育方法,培养具有高级文化水平、掌握现代科学和技术成就、全心全意为人民服务的高级建设人才"。这一时期的高等教育改革强调要对旧教育进行有计划有步骤的改造,改变理论脱离实际的状况,要根据当时经济建设的实际需要切实改革教学内容等。

在这一时期，我校经历了从全面学习苏联的教育经验，到按照我国国情和校情实际开展教学改革，注重理论联系实际，专业结合行业生产，加强实验、实习等实践性环节教学等一系列改革举措。1958年，为贯彻执行"教育为无产阶级的政治服务，教育与生产劳动结合"的教育方针，我校组织开展勤工俭学，安排师生到校内外工厂参加生产劳动，教师在生产现场开展理论联系实际的教学和辅导，提高学生运用理论知识解决实际问题的能力。

1958年教育改革中对高等学校影响最为深远的，是提出教学、生产劳动、科学研究三结合的思想：要求学校、研究机构和工厂相结合，学生、研究人员和工人相结合，教育工作、研究工作和生产相结合。在这个思想指导下，1960年，我校从杭州迁址衢州，与衢州化工厂、浙江省化工研究所共同开展产学研三结合办学的实践。这是在中共浙江省委领导下的教育改革和构建浙江化学工业生产基地的实验。在学校的领导班子组成上，由工厂、研究所调配领导干部充实或兼职，从组织上给予保证。在学校的基本建设上，工厂给予支持和协作。更为重要的是，在教育教学上实行产学研相结合，将教学计划中的认识实习、生产实习和毕业实习等实践性教学环节列入工厂的计划之中，给予充分的协作与保障；将工厂的生产技术问题列为学校的科研课题或作为学生的课程设计、毕业设计的题目；毕业班的毕业设计由厂校共同组成的指导委员会，指导毕业设计及参加毕业答辩；工厂为学校科学研究和实验室建设提供方便，以及在教学、科研、生产之间开展多方面多层次的交流与合作等。在1963年6月的一次厂校领导人联席会议上，仍然再次强调要充分发挥厂校结合的有利条件，摸索经验，创造产教结合共同为国家培养优秀人才的典范。

产学研三结合的教育思想，对我校的办学及其发展所产生的影响是深远的。20世纪60年代初，随着国家实行"调整、巩固、充实、提高"的方针，高等教育经历了大调整，办学规模大为精简，相当多高校停办。我校虽然仍继续办学，但办学规模也大幅度缩减，办学条件更趋困难，被精简下来的师生就有一部分被安排到衢州化工厂，部分缓解了当时的困难。在其后的"十年动乱"中，我校有四年停止招生（1966—1969年），1970年开始试点招收工农兵学员。在这期间，教学上仍继续实行产教结合的办学理念和措施。

1967年，学校开始组建教育革命小分队，分赴衢州化工厂、杭州电化厂、义乌化肥厂等工厂进行教学改革实践，并在工厂举办短训班、试点班，开展技术革新等。在毕业设计和实践性教学环节中，坚持选择工厂生产中需要解决的关键性技术问题列为课题，努力为生产服务。1973年，根据经济发展需要和企业反映，浙江省燃化局、科技局提出增设工业分析、化工设备防腐等专业。1975年，受化工部委托，在举办农药技术培训班的基础上，我校筹办了农药生产及其应用专业。

这一时期,我校科学研究的逐步展开,也仍然沿着产学研相结合的发展路径。1970年,化工系教师开始进行氨合成催化剂的研究,在衢州化工厂、良渚化肥厂等工厂开展生产性试验。化机系教师建成了当时全国首创的压力容器疲劳试验装置,在开展压力容器疲劳研究的同时,还承接工厂的测试任务。金属工艺学教师与上钢一厂、衢州化工厂协作,开展新钢种在氮、氢气高压下的耐腐蚀试验研究。化工原理教师开展塔设备研究,将实验室研究与工厂生产装置试验相结合,取得系列成果等。随着科学研究的进展,我校第一份学术性刊物《浙江化工学院科技通讯》(我校学报的前身)于1973年创刊。

从科研生产联合体到大学科技园

1978年,在全国科学大会和全国教育工作会议以后,高等教育逐步从整顿恢复走向发展提高,高校的工作重心转移到教学和科研工作上来。顺应新需求,我校陆续增设了一批新专业,科学研究工作迅速发展,并取得了一批研究成果。在教育为经济建设服务、产学研相结合的教育思想指导下,我校与一些企业合作组建了科研生产联合体。

1978年,化工系与黄岩胜利试剂厂合作,组建了科研生产联合体——黄岩精细化工厂。这是我校科研成果向企业转让的一个开端,从此科技开发被列为学校的一项经常性工作任务。1984年,我校与建德防腐设备厂联合组建浙江工学院建德防腐设备联合公司,将获奖的科研成果推广应用,实行教学、科研、生产相结合,研究开发系列防腐设备产品,并推广应用到多个行业,产品销往16个省市。随后几年,在建德形成了防腐设备生产制造的产业群。这一时期,还在萧山、余杭、浦江等地组建了一批科研生产联合体。

1991年11月,杭嘉湖绍新技术开发试验区浙江工学院兴农化工技术开发中心成立,这是一个以我校为龙头,科研单位和生产企业为主体,支农化工产品和技术的研究开发为支柱的科技经济联合机构。成员单位的隶属关系不变,在保持原来的独立核算和自主权的基础上,以联合开发、协调经营、平等互利、发挥各自优势为原则,逐步由松散型的科研生产联合体向紧密型的科技生产集团发展。这是教学、科研、生产三结合组织架构平台的一种新的尝试。

科研生产联合体的产生及其迅速发展,是由于经济发展和企业的迫切需求,同时高校能够提供一批科研成果,并且有能力合作开发市场和提供技术服务。科研生产联合体在科技开发、生产营销、人员培训等方面形成一个互补型结构,有利于提高企业的产品与技术开发水平,提高企业的管理水平和市场竞争能力。为了推动科研成果推广应用,适应科研生产联合体兴起的需要,1984年我校成立了科技服务部,为科研处增加了一项新职能。当时,根据国家有关规定编制了科技服务和技术转让管理办法,后又在1990年修订完善《对外科技服务管理办法》《科研生产联合体组织管理办法》等规章制度。实践表明,产教联合出优势,联合出水平,联合出效益,联合出人才,有力地促进了经济发展和科技进步。

随着我校学科建设和科学研究水平的提高,研究生规模持续扩大,学校进一步把服务于区域经济和社会发展、增强区域创新活力与提高学校自身的办学水平结合起来,进一步推进产学研合作,提升科技服务的能力。我校与多个市、县(区)政府部门建立科技合作关系,设立科技创新基金,扶植重点项目,推动创新载体建设,并派教师入驻开展技术服务。校企合作共建研发中心,以设立学术委员会、技术指导团队等方式,提高研发中心的运行成效。以校庆活动为载体,举办地方科技局长产学研论坛、科技成果展与洽谈会。组织教师参加省内外市、县(区)举办的科技交流会,接受企业咨询,推广科技成果,签订科技合作协议。还与地方政府、相关企业组建产学研合作中心、联合研究院等。

2002年10月,由我校牵头的浙江高校科技园开始组建。这是开展产学研结合、服务社会的重要平台,有利于把大学的科研优势和地方经济发展更加紧密地结合起来,成为科技成果转化的孵化器和科技人才的创业园。2005年12月,浙江省大学科技园经科技部、教育部批准为国家级大学科技园,运作主体是浙江高校科技园发展有限公司。

大学科技园作为一家公司,其经营活动、创业环境和制度安排,按现代企业机制运行,不仅是孵化高新科技企业的基地,而且其本身也是一家高科技企业。因此,需要营造一个能够激发创新思维、鼓励创新精神和有效扶持创业的运行机制及园区文化氛围。大学创办科技园区,是在新的历史条件下大学功能的拓展与创新,既是传统的教学和科研两大功能赋予的新内涵,又是社会服务功能的进一步发展,直接参与经济运作和创造财富。大学科技园一般包括孵化器和产业基地等多种功能,可以发挥高新技术企业的孵化作用,可以成为大学里面一个特殊的育人环境和实习基地,也可以为社会直接提供产品和创造财富。只有不断地孵化出一批又一批充满生机和富有市场竞争力的高新企业,培养出一群又一群具有现代经营才能的企业家,营造优势累积与良性循环的创新创业环境,才能把大学的人才优势和学科优势,通过市场化运作,转化为巨大的社会财富。

着力构建产学研结合的新的办学格局

我校70年的办学实践,坚持教学与产业发展相结合,按照经济建设需要办学,这一教育思想与我国优秀传统文化中的经世致用之学一脉相承,既是传承,又是发扬。在贯彻党的教育方针过程中,我校开展了多种形式的产学研相结合的教育改革,既着力推动教学创新与实践,又有力地促进了科学研究水平的提高与进步,形成新的办学格局。

在应对新一轮科技革命中,高校需要深入思考新时代背景下产学研结合的新趋势和新实践,加快产学研融合的模式创新和体系效能提升,推动产学研融合的改革与发展。当今,我校在产学研全面深化融合发展方面实施了一系列新的创举,牵头组建并进一步优化整合了地方实体研究院,与数百家企业建立了长期合作关系,组建技术转移中心等创新载体,构建以专业群与产业群产教融合为特色的现代产业学院,探索校企联合、校地联合等多种合作办学模式,打造产学研协同育人平台,实现教育、产业和创新相融合,培养企业急需的复合创新型工程师。

2022年6月,我校又与龙游县政府合作,建设"共同富裕示范区",以成立衢州市浙工大生态工业创新研究院为实体,围绕生态工业研究、新材料、精密数控、食品、化工等产业的转型升级,打造集学术研究、产业转型、人才培养、决策咨询等功能于一体的崭新的技术研究与服务平台。

产学研结合的基础在于科教融合,核心是创新,是教师、科学家团队及其实验室,进而才能推动科教与产教互动。因此,科教融合被赋予更深刻的时代内涵,在教育与科技之间、大学与产业之间、学校与社会之间、内在联系与外部联结之间,以及推动人才培养和技术创新发展的路径与方法等方面,更需要深入思考和探讨。根据本校自身的科教资源和学科特色,制订未来科教融合的战略规划及实施路径,打造科教协同创新平台。通过重大项目、政策规划的推动,以科教融合带动产教融合,校企、院企多方合作,积极开展科技与工程基础研究,促进科教与产教互动。产学研融合的成果,不仅是论文、专利、经济效益与社会效果,还应该重视高质量人才的培养,使高质量成果和高水平人才相互促进、彼此依存、互为条件。

展望校史,考究根脉,探讨办学理念和发展路径。我们需要从传统教育思想和七十年校史丰富的办学经验中,汲取历史智慧和思想资源,使之融入当今的办学实践中,为加快建设具有中国特色世界水平的高等教育体系做出贡献。

谨以此文纪念浙江工业大学建校七十周年!

累积平凡之举，铸就非凡成绩

——记浙江工业大学的崛起历程

姜一飞

国运兴衰，系于教育；百年大计，教育为本。教育是振兴民族的基石，是社会进步的根本，是促进社会经济发展的根本途径。

在我国，高等教育在教育事业中处于龙头地位，担负着培养高级人才、发展科技文化和促进社会发展的重任。中国是世界上最大的制造业中心，各种专业人才的紧缺给高等教育的迅速发展提供了良好的土壤。21世纪是知识经济的时代，在日益激烈的竞争中，高等教育将成为各国的战略重点之一，也是衡量国家竞争能力高低的标准之一。国际竞争的实质是人才和知识产出能力的竞争。高等教育以培养高素质人才为主要目标，与社会经济发展有着紧密关系。我国要在国际竞争中取得有利地位，加快建设社会主义现代化强国的进程，必须发展高等教育，培养适应需要的各类高级人才。

浙江工业大学正是抓住了这种有利形势和机遇而崛起，如今已昂然于全国高校的百强行列。回首历史往往轻描淡写，经历历史却是惊心动魄。

学校发展是国家发展速度的缩影，建校70年来，我校随着国家发展经历了风风雨雨，迎来了近些年的快速发展。从中华人民共和国成立初期建校起到现在，在70年的时空里，学校的每一步发展都打上了深深的时代烙印，各具特色，都有记忆，那么各个时期的学校发展是如何"累积平凡之举，铸就非凡成绩"的呢？

一

中华人民共和国成立后，为迅速恢复我国国民经济，开始实施发展国民经济的第一个五年计划，摆在全国人民面前的任务是大张旗鼓地进行全面的经济建设。为此，国家急需大批工业技术人才，我校就是在这样的时代背景下应运而生的。

当时,全国高校只有181所,浙江省仅有5所;国家对全国高等学校和中等专业学校进行大调整,确定各类中等专业学校逐步划归相关业务部门领导,按照国民经济各领域的需要及专业化的原则培养人才。重工业部根据中央财政委员会和高等教育部对华东地区工业性质的中等技术学校调整方案,决定将浙江省温州工业学校、杭州工业学校化工科、苏州高级工业技术学校化工科合并,集中于杭州成立杭州化学工业学校,归属重工业部化学工业局领导。1953年7月3日,国家重工业部化学工业局发文《关于成立杭州化学工业学校筹备委员会及1953年设置专业的通知》。9月14日,在杭州市拱墅区观音桥(现今的文一路打索桥西)校址举行开学典礼。校名为"中央人民政府重工业部杭州化学工业学校"。由此开始了浙江工业大学校史的元年。

当年,百废待举,办学经费与物质资源极度匮乏,办学条件十分艰难。然而,在艰苦的条件下创办一所高质量、有水平的学校,既是国家的迫切需要,也是学校所追求的目标。以刘亚东为校长的学校领导团队,依据当时我国工业教育的现状和布局,以及杭州的地域条件、可能争取到的办学资源等实际情况,以艰苦创业、务实图强的精神办学,一步一个脚印踏踏实实推进办学目标。求真务实、开拓创新是浙江文化的内在价值和核心精神。我校在初创期八年中,以务实图强的精神办学,紧紧抓住历史的机遇,快速崛起,成为一所具有一定办学实力的受到社会好评的学校。

1957年,我国开始全面建设社会主义,高等教育和中等专业教育迎来了一个新的快速发展阶段。这使已经具有五年办学实践和比较扎实办学基础的杭州化学工业学校迎来了新的发展机遇。

二

在中共八大通过的《关于发展国民经济的第二个五年计划(1958—1962)的建议》中,明确提出"要努力发展高等教育和中等专业教育"。同时,这一时期,全国掀起了向科学进军的热潮。当时,浙江省政府以加快浙江工业发展的迫切需求为由,与化学工业部协商,最终决定杭州化学工业学校自1958年6月起下放给浙江省管理;与此同时,浙江省重工业厅决定杭州化学工业学校增设大学专修科,自1958—1959学年起正式招收大专新生。为反映学校办学情况的实际变化,浙江省政府又决定将"杭州化学工业学校"更名为"浙江化工专科学校"。

1959年底,由于浙江经济发展对工程技术人才的迫切需求,尤其是始建于1958年的浙江第一个大型化工联合企业衢州化工厂的快速发展,浙江省委设想以浙江化工专科学校为基础,在衢州建一所"浙江化工学院",并且迁建省化工研究所，在衢州以衢州化工厂、浙江化工学院、浙江省化工研究所构建产学研三结合的基地。产学研三结合是当时一个响亮的口号，一个被社会广泛认同的行之有效的理念。1960年2月，浙江省委下达文件，正式决定成立"浙江化工学院"。从此，化工专科学校一分为二，大专部搬迁到衢州新校区，开始了学校长达20年的浙江化工学院时期。

学校地处衢州城南12公里的石室公社烂柯山麓、乌溪江畔，在20年中经历了艰难与简陋初创期、高等教育大调整、五年三迁折腾、"文化大革命"冲击。在这期间，为实现一个美好的产学研三结合基地建设蓝图而艰苦创业；在办学困境中以务实图强谋求新生；在"文化大革命"中坚守大学理念与探索改革之道；在高等教育恢复发展中寻求自我价值的突破。教师们在十分困难的条件下，不忘初心坚守大学的底线和肩负对教育事业的责任，开展教学改革的实践与探索，进行科学研究，并积极筹建新专业，以突破化工类单科的办学模式。在恢复高考制度的1977年，不仅恢复原有的本科无机物工艺、基本有机合成、化工机械三个专业，而且增设了工业分析、农药化工、工业企业电气自动化和机械制造四个专业，其中后两个专业突破了化工类专业范畴，我校开启了向多科性工科院校方向发展之路。1978年，又增设了化工设备防腐蚀专业。1979年，开办企业管理专科班（三年制），培养地方企业管理人才，以服务于地方经济发展，满足企业管理改革的需求。

教师们还以极大的学术热情与志趣，在科研硬件条件十分困难的情况下，从实际出发选择产学研相结合的途径，纷纷投身于科学研究中。因此，学校在20世纪70年代产生了一批质量较高的科研成果，以服务于社会。这些研究课题都是来自生产上迫切需要解决的技术难题，通过产学研相结合的途径进行研究，科研成果又能适时地推广应用到生产中去，产生了良好的经济效益和社会效益。科研工作有力地促进了学科建设和新专业的成长，并为学校发展奠定了良好的基础条件。

1977年，全国高校恢复了统考招生，中国教育的春天来到了。当时教育部提出的发展方针是"恢复、调整、整顿、提高"，各高校纷纷开始拟订各自的发展规划。

此时，远在衢州的浙江化工学院已处偏僻地区18年，长期积累的各方面矛盾日益凸显：交通不便、信息闭塞、设备简陋、生活艰苦、文化氛围淡薄、学术交流贫乏、单科性学院难以扩展、教职工情绪普遍低落。如何才能在这个春天里改变困境、谋取新的发展？大家已有共识——迁回杭州、拓宽专业！

三

20世纪70年代后期,"文化大革命"的十年动荡刚刚落幕,国家百废待兴,渴求大量人才。被"文化大革命"折腾得千疮百孔的我国高等教育,终于迎来了重新焕发生机的科学春天。1977年8月,邓小平主持召开科学和教育工作座谈会,提出我们国家要赶上世界先进水平,必须从科学和教育着手。2个月以后,中断十年的高等学校招生统一考试制度便恢复了。1978年2月,全国人大五届一次会议的《政府工作报告》中提出,要充分发挥现有高等学校的潜力,积极扩大招生人数,同时加速建设新的高等学校。3月,邓小平在全国科学大会开幕式上讲话指出,四个现代化,关键是科学技术的现代化,而科学技术人才的培养,基础在教育,并提出要使教育事业有一个大的发展和提高。稍后,邓小平在4—5月间举行的全国教育工作会议上又指出,教育事业必须和国民经济发展的要求相适应。

粉碎"四人帮"以后,浙江省的国民经济得到了迅速恢复和发展,1977、1978年两年,全省工农业总产值平均每年递增20.9%。而与此同时,科技人才不适应经济建设发展需要的矛盾也非常突出,许多行业科技人员比例很低,专门人才青黄不接、后继乏人。据1980年初的统计,全省机械、纺织、建材、轻工、食品五大行业中,全民所有制工业企业的工程技术人员、科技人员占职工的比重,最高的机械行业也仅有5.6%,其余四个行业分别为1.4%、1.9%、1.7%、1.2%,二轻系统(集体所有制)仅为0.61%,经营管理人才则更为缺乏。

浙江的教育事业跟不上本省现代化建设的需要,高等教育规模小是一个最主要的问题。"文化大革命"期间,浙江高等学校一度由13所减少到6所,到1976年恢复到11所,在校生也仅有10369人。浙江省的工科大学仅有浙江大学、浙江化工学院、浙江丝绸工学院3所,而其中的浙江大学已划归中国科学院(1978年8月,国务院正式批准同意浙江大学归属中国科学院和浙江省双重领导,以中国科学院为主)。为了加快培养本省的工业技术人才,浙江省委决定创办一所专业较齐全的省属工科大学,定名为"浙江工学院"。按照省委的最初设想,浙江工学院的筹建以浙江农业大学的农机系、浙江大学的机械系(部分)和地质系为基础,但浙江农业大学和浙江大学都不肯放弃这几个系,所以工学院创建两年多,还是举步维艰。

这时浙江化工学院一场由群众自发掀起的民间呼声,在学校党委的运筹决策下,演变成由校党委书记周学山带领的有组织、讲谋略,充分反映群众心声与智慧的重大兴校举措。他们积极主动地向上级及有关部门反映师生的呼声,寻求学校发展的新途径。历经两年艰难曲折的不懈诉求,终于争取到了浙江省政府于1980年5月上报国务院的《关于以浙江化工学院为基础办好浙江工学院的报告》和经国务院批准、教育部于1980年9月10日下达的《关于同意浙江化工学院并入浙江工学院的通知》。

浙江化工学院正式并入浙江工学院，具有两方面的意义：一方面，地处偏远的浙江化工学院获得了新生，不但实现了回杭办学的夙愿，也实现了拓宽专业面的更大理想；另一方面，艰难创建中的浙江工学院也实现了华丽转身，由于浙江化工学院的并入，拥有了新的办学基础，获得了新的发展动力，大大加快了建校步伐，展现出了全新的发展前景。

在20世纪80年代的前几年，两校合并后，由于招生规模扩大，对学科结构和专业设置做了较大调整，这一时期的改革以整顿提高和调整结构为主要特征。随着高等教育的快速发展，特别是1985年贯彻的《中共中央关于教育体制改革的决定》，成为高等教育改革的转折点，国家高等教育管理体制改革推动了校内管理体制机制的改革。改革，是发展的动力，也是提升办学水平的重要举措。高等学校改革的成效，在很大程度上取决于办学理念和领导力。改什么，怎么改，把正确的办学理念变成广大师生的共识，对学校的建设与发展是至关重要的。

20世纪80年代校内管理体制改革主要为以下三个方面：一是教学改革和招生、毕业生就业制度的改革；二是进行校内领导体制改革的试点；三是校内管理体制机制的改革。当时浙江工学院成为浙江省高等学校综合改革的试点。

两校刚合并时，朝晖校区仅有少量的简易校舍，大量的教室、实验室都是临时房子或租用农舍，教学和生活条件都非常艰苦。广大师生发扬了浙江化工学院艰苦办学的优良传统，克服各种困难，认真办学、刻苦学习，顺利地完成了各项教育、教学任务。衢州浙江化工学院的搬迁工作到1985年基本结束。进入20世纪90年代，国家进一步提升高等教育。新生的浙江工学院日益呈现良好的发展势头，"万事俱备，只欠东风"，就盼着有个机遇来实现进一步的升华，而机遇，也就真的降临了。

张子良先生是一位台湾实业家，祖籍浙江嘉兴，20世纪40年代去台湾经商办实业，取得较大成功。多年来，他一直心系家乡，希望能有机会用自己的力量报效国家、造福桑梓。这对于浙江工学院的发展无疑是一个大大的利好机遇，浙江工学院时任院长洪起超及时抓住了这次机遇，在省市领导和教委领导的大力支持和推动下，省政府和张子良先生达成了《关于张子良先生捐资兴建浙江工业大学的协议》。

从1991年张子良先生打算捐资办大学开始，浙江工学院就酝酿着更名，协议的签订使更名的条件初步具备。1992年下半年，浙江工学院正式启动更名工作。

1993年夏,国家教委的一位司长亲自带队来我校实地审查。审查组对我校的基本建设和学科建设两大方面进行了全面、仔细、严格的审查,认为我校已具备更名条件,同意上报国家高校设置评议委员会评审。同年9月,经过高校设置评议委员会评审,20所高校获准更名,我校也名列其中,并被列入第一批公布名单。之后,国家教委以教计〔1993〕182号文件正式批准我校更名为"浙江工业大学"。12月3日,我校隆重举行浙江工学院更名为浙江工业大学暨建校40周年的盛大庆典,浙江工学院终于实现了一次脱胎换骨的升华,跨上了一个全新的发展台阶。

20世纪末到21世纪初,我国的教育事业进入高速发展期,浙江大学、浙江农业大学、杭州大学、浙江医科大学四校合并给我校提供了新的发展机遇,不仅在省内高校排名有显著提升,在生源、人才引进和其他资源等方面也更为有利。

四

进入20世纪90年代,随着改革开放的深入和经济体制的转变,中国高等教育的发展进入一个新的历史时期。1994年7月,国务院颁发《关于〈中国教育改革和发展纲要〉的实施意见》,提出要进一步发挥高等学校在国家科学技术工作中的重要作用。1998年8月,全国人大制定并颁布了《中华人民共和国高等教育法》。

中国高等教育步入了高速发展时期。浙江工业大学始终与时代同步、与祖国同行,面向未来,遵循办学规律,主动把握趋势,科学谋划发展,其发展目标、战略思考、办学思路、定位与特色、重大举措、文化特质以及取得的成就等,集中地沉淀在三个学校中长期发展规划及实践中。

第一个学校中长期发展规划(1991—2000年),详细分析了建校30多年的经验教训和全国34所地方工科院校的现状,认为今后十年是关系学校命运和前途的关键时期,做好这十年的工作,不仅关系到学校的发展和进步,也关系到前十年取得成绩的巩固和下一个世纪跻身更高层次的行动。第二个学校中长期发展规划(2001—2010年),是在全面实现了第一个十年规划各项目标的基础上,为审时度势、抓住机遇,加快学校改革与发展,在深入分析中国高等教育发展趋势和广泛听取基层意见后制定的。第三个学校中长期发展规划纲要(2011—2020年),是规划确定未来十年的发展目标:基本建成区域特色鲜明的综合性研究型大学,综合实力跻身全国高校50强,达到全国高校先进水平;提出了"四大发展战略"和省部共建十大专项计划,为建设高水平大学描绘了一幅新的发展蓝图。

这三个学校中长期发展规划是学校发展过程的战略构想和顶层设计,承载着学校的理想,背负着工大的希望和对未来的追求,催人奋进,给人力量。

有梦想才有目标,有希望才会奋斗。从以上三个中长期发展规划可见,这30余年,学校的发展目标和定位出现了四个明显的转变:

(1)从以工为主的多科性大学向综合性大学转变,为学校的进一步发展开拓了新的空间,在学科和事业布局上注入了新的内容。

(2)从以地方工科院校作为学校发展的参照系,转变为以全国高校整体水平作为参照系,对未来的发展提出了更新、更高的要求。

(3)从以本科教学为主的教学型大学向教学研究型、研究型大学的方向转变,在重视本科教学的基础上更加重视科研工作、学科建设、学位点建设和研究生培养,从而推进学校各项工作上层次、上水平。

(4)学校综合实力目标从全国地方工科院校先进水平或一流水平,向跻身全国高校50强转变,吹响了进军全国高校先进水平的号角。

这四个转变顺应了中国高等教育的发展,反映了浙江工业大学勇于争先的前进步伐和自强不息的进取精神。它也是浙江工业大学的优良传统。

前进的道路充满着挑战与竞争,但机遇总是留给有理想的人,有事业心的人,追求卓越的人,自强不息的人。浙江工业大学在实施自己的中长期发展规划中,在历任学校领导和全校教职工的共同努力下,把握规律、不失时机、积极作为、求真务实,抓住了推进学校快速发展的机遇,显著提升了浙江工业大学的社会影响力和办学实力,推进学校中长期发展规划的实施。

这种自强不息、勇于争先、追求卓越的进取精神,牢牢烙印在浙江工业大学的基因里,支撑着学校70年的风雨历程;这种奋发向上的精神风貌奏响了希望的乐章,自信、责任、创新、奋进,激励着工大人以饱满的热情,为实现学校崇高的理想而奋斗。

21世纪以来,浙江工业大学发展迅速,目前已成为国内有一定影响力的综合性大学、浙江省首批重点建设高校,综合实力稳居全国高校百强行列。2008年底,浙江省人民政府推荐浙江工业大学进入教育部共建高校行列。2009年3月,教育部同意省部共建浙江工业大学。同年6月8日,浙江省人民政府和教育部于杭州签订《浙江省人民政府、教育部共建浙江工业大学协议书》,学校成为以浙江省为主管理、教育部重点支持的省部共建高校。2013年,长三角绿色制药协同创新中心进入国家高等学校创新能力提升计划(又称"2011计划"),同年5月17日,正式被认定为2012年度国家协同创新中心,学校成为协同创新中心牵头高校。

学校现有63个本科招生专业,学科涵盖哲学、经济学、法学、教育学、文学、理学、工学、农学、医学、管理学、艺术学、交叉学科等12个门类,设有26个二级学院和1个部。学校现有9个博士后流动站;有一级学科博士学位授权点13

个,博士专业学位授权类别2个;有一级学科硕士学位授权点30个,一级学科未覆盖二级学科硕士学位授权点3个,硕士专业学位授权类别22个。具有硕士研究生免试推荐权和外国留学生、港澳台学生招生权。学校先后有800余项科研成果获国家、省部级科研成果奖,其中国家科学技术奖28项,教育部人文社科优秀成果奖11项。"十三五"以来,新增国家重点研发计划重点专项13项,获省部级科学技术奖一等奖48项。学校居"2021中国高校专利转让榜单(TOP100)"第五位,入选教育部首批高等学校科技成果转化和技术转移基地、科技部首批赋予科研人员职务科技成果所有权或长期使用权试点单位和国家知识产权局、教育部2020年度国家知识产权试点建设单位。

学校核心竞争力和综合实力快速攀升。办学声誉不断提升,在U.S. News 2020世界大学排行榜中列全球第855位,在2019软科世界大学学术排名榜中列全球第501—600位,在2019 ESI全球高校工科排名中列全球第414位、内地高校第57位,在最新的自然指数排名中列全球第286位、内地高校第45位。人才培养佳绩频传,现有国家级一流本科专业建设点46个;在第五届中国"互联网+"大学生创新创业大赛全国总决赛中获得季军,以及金奖4个、银奖4个,金奖数并列全国第三;成功承办第十二届全国大学生创新创业年会和第五届浙江省"互联网+"大学生创新创业大赛;获评2019年度全国创新创业典型经验高校;入选教育部高校思想政治工作精品项目1项;2020年本科毕业生继续深造率达41.66%;2018届毕业生"用人单位对学校满意度"和"毕业生对母校满意度"指标蝉联全省普通本科院校第一。学科建设稳步推进,药理学与毒物学、生物学与生物化学、计算机科学、社会科学总论、化学、工程学、材料科学、环境科学与生态学、农业科学9个学科进入ESI全球排名前1%。人才队伍建设成效明显,拥有中国工程院院士4人、双聘两院院士4人、浙江省特级专家11人、教育部长江学者特聘教授3人、国家杰出青年基金获得者6人、国家"万人计划"领军人才11人、国家级教学名师3人、教育部青年长江学者4人、国家优秀青年基金获得者12人、国家"万人计划"青年拔尖人才3人、国家级有突出贡献中青年专家10人、人社部"百千万人才工程"入选者12人,教育部新世纪优秀人才支持计划9人,教育部创新团队2个、"全国高校黄大年式教师团队"1个、国家级教学团队2个,浙江省"万人计划"入选者34人、浙江省"钱江学者"特聘教授28人、浙江省有突出贡献中青年专家20人、浙江省杰出青年基金获得者64人。

学校对外交流活动日趋活跃,与全球30余个国家的100余所高校和机构建立了合作关系,在学生联合培养、教师学术交流和科研合作、海外智力引进、中外合作办学、来华留学生教育、对外汉语教学等方面取得了长足的进展。学校具备招收中国政府奖学金、孔子学院奖学金、浙江省政府奖学金来华留学生资格,共有来自100余个国家、地区的留学生来校学习汉语言、中国文化及攻读本科、硕士、博士专业课程。学校现有2所海外孔子学院，在册学生超过6000人，先后获得"全球先进孔子学院""全球示范孔子学院"等荣誉称号。

征程万里风正劲，重任千钧再扬鞭。力争进入国家建设"双一流"战略计划的浙江工业大学正处在历史发展的新阶段。全体师生在习近平新时代中国特色社会主义思想指引下，踏上全面建设社会主义现代化强国的新征程，为实现中国梦，凝心聚力、踔厉奋进，浙江工业大学在新征程上必将创造新的更大奇迹！

浙江衢州化工专科学校的艰苦创建和变迁

陈松叶　葛桂生　卢纯明　郭锡奎

浙江衢州化工专科学校始创于1958年。

当时以江华为书记的浙江省委指导思想十分明确，打算在衢州建设一个生产、科研、教学三位一体的浙江化工基地，因而于1957年开始筹建浙江化学工业公司（1958年11月3日更名为衢州化工厂，简称"衢化"）。

1958年是我国国民经济第二个五年计划的开局之年，当时国家底子薄、技术落后，衢化的创建完全是白手起家，建设中遇到了很多困难。省委选调了一批得力的干部和技术人员到衢化任职，但在组织队伍的过程中，还是深感技术干部严重不足，工程技术人员奇缺。为了培养技术后备力量，于1958年7月决定筹建浙江衢州化工专科学校（简称"衢州化专"），并列入当年的全省统一招生，于9月开学。

为了筹建衢州化专，衢化党委十分重视学校领导班子和师资力量的选配，任命刘际全为党委书记、朱静茹为校长、黄庭鑫为副校长、史在东为教务长。在省委的支持下，又从北大、浙大、杭大、大连工学院等高校选调了一批教师和应届毕业生，还从多所科研院所、设计院选调优秀的技术力量来充实教师队伍。这些宝贵的师资满足了学校开学和教学的需要。

衢州化专的招生得到了广大报考学生的热烈响应，仅在杭州就有400余名高中生报名，经考核录取了60名大专部学生。但由于当时杭州限制人口外流等原因，最终赴衢州化专报到的只有30名。后来有一批具有高中文化的部队预校、空校、海校等学员转业到衢化，又从其中录取了40名进入大专部。

中专部学生的招生主要在当时的杭州和金华专区进行，其中十余名来自杭州，其余的主要来自当时金华专区下辖的17个县，包括金华、汤溪、武义、松阳、遂昌、永康、缙云、东阳、磐安、义乌、浦江、龙游、兰溪、衢县（现为衢江区）、江山、常山、开化。这些学生大多来自农村，出身贫寒，报到时很多都穿着破旧的衣裳，还有用东阳土布缝制的衣裤，不少人衣服上还打着补丁。有些同学甚至连冬天的棉衣、夏天的蚊帐都没有。学校为这些同学解决了棉衣和蚊帐等生活用品,伙食、书本和笔记本也是由学校统一解决的。

1958年中专部共招生403人,其专业设置及人数为:化工机械系(103人)、无机工艺系(200人),有机工艺系(100人)。1959年秋,根据省委指示,又把衢州工业学校的50人并入衢州化专的化工机械系,加上大专部无机工艺系70人,形成具有523名学生的规模。

衢州化专筹创时完全是白手起家,最初的立足点就是浙江化学工业公司筹备处花一万元钱从黄坛口水电站购得的十多幢施工棚,用作学校初建时期的教室、宿舍、食堂和办公室。这些草棚原是建设黄坛口水电站时临时搭建的民工宿舍和生活设施用房,以毛竹为屋架,上盖棕叶和稻草,墙壁亦用竹片编制抹上稻草泥、刷上石灰而成。用作宿舍的草棚里,平行搭建两排床铺,床架床板的材料也全是毛竹和竹片,整间草棚只挂着两盏60瓦的灯泡,既无桌椅,也无橱柜。有些草棚年久失修,下雨时还漏水。这片草棚区就建在九龙山脚,全校师生员工共饮清澈的山泉自来水,春夏可闻蛙鸣声一片,秋冬寒风呼啸肆虐,深夜野兽嚎叫声不绝于耳,充满着原生态的野趣。所以,衢州化专又有"草棚大学"的美称。学校离衢州城区有25里路,师生一年难得进一次城。闲暇若逢天好时,山坡上满是三五成群的学生,捧卷励志攻读,唯愿以后成为国家化工事业的有用之才。

在此艰苦的条件下,师生群情昂扬奋发。开学初,先到的学生学着动手编草披补盖屋顶,将石灰和入黄泥补抹脱落的墙壁。教室里没有课桌椅,同学们就找来木板和砖头搭成长凳,聚精会神听课,就着膝盖记笔记。近百人的大教室内,教师倾力讲课,学生专心致志听讲记笔记。这样的教学场景,犹似当年延安的抗大再现。随着教学设备逐渐配齐,大家的学习生活才逐渐步入正轨。

衢州化专的办学宗旨是教学与生产劳动相结合,培养"能文能武、又红又专"的技术人才。衢州化工厂的厂领导也常来学校指导工作。衢化党委副书记张庆三(后任浙江化工学院首任党委书记)来校做报告时,常会讲述当年他在抗大时的故事,极大地鼓舞了师生们艰苦创业、刻苦学习的热情。

1958年9月开学后,由于教师到位,教学课程排得满满的。大专部是上午4节课,下午自修;中专部是上午4节课,下午2节课,余下时间和晚自习用于做作业和自学。同时实行严格的考试制度,各课程都有单元考试、期中考试和期末考试,考试成绩记入学分手册并存档。

教师们的教学都十分认真,备课充分、讲课精彩,批改作业一本不漏。教基础课的教师一般一人兼教两个大班,白天上课、晚间备课和批改200余本作业,常常工作到深夜,有的教师被评为省先进工作者,退休时还享受先进工作者的国家津贴。

学生们在刻苦学习之余,还轮流安排劳动,如有机系养羊,到山里背柴;无机系开荒种菜;化机系利用校旁的耐火泥资源为衢化烧制耐火砖;大专部则筑起小高炉炼铁。艰苦的学习劳动生活,不仅改善了生活,也有效地锻炼了人。

1959年,衢化党委就浙江衢州化工专科学校的校舍建设和落实浙江省当年秋季招生的部署工作,向省委打了报告。但这时省委已有意向,打算将浙江化工专科学校、浙江衢州化工专科学校及浙江大学化工系合并,在衢州筹建一所新的浙江化工学院,因此衢州化专扩建校舍和当年招生的计划都暂停。1960年2月4日,浙江省委发出〔1960〕100号文件,决定将浙江化工专科学校和浙江衢州化工专科学校合并,在衢县石室村一带建立浙江化工学院(后因学校基建进度跟不上,浙江大学化工系没有搬迁并入)。任命张庆三为浙江化工学院党委书记,周学山为党委副书记,刘德甫兼任浙江化工学院院长,李寿恒为浙江化工学院副院长。1960年7月19日省委发文〔1960〕607号,同意成立浙江化工学院党委,由张庆三、周学山、刘德甫、刘亚东、钱序勋、刘际全等六位同志组成。张庆三同志任党委书记,周学山同志任党委副书记。

1960年初,衢州化专最早派出一批学生进入浙江化工学院的建设工地,铺设了2公里的轻便铁轨和砂石大道,使乌溪江滩的砂石可使用人力翻斗车直接运到机械大楼的建筑工地,还从衢化的厂区运来水泥电杆,接通了乌溪江边水塔的电源,解决了工地的生活用水和用电。此后,衢州化专的各系学生轮流进入浙江化工学院建校工地劳动,有机系还到大洲尖峰山背毛竹,以供建校工地搭设脚手架。当时国家经济困难,建筑用的钢筋供应紧张,师生们创新用竹筋代替钢筋,用于宿舍楼楼板的浇捣,经技术部门测定,这种竹筋预制板的承重力达到400kg/m²,满足了设计要求,于是用此方法建起了5幢宿舍楼。

为培养技术后备,1958年10月3日,浙江衢州化工专科学校
在横路一座施工棚里正式开学。在这里,学校培养了自己的
第一批大专生

衢州化专实际存在了两年时间，毕业了一届大专部70名学生。1960年9月，衢州化专中专部的同学转入浙江化工学院的杭州分部上课。10月份，浙江化工学院动员原衢州化专中专部的学生自愿报名升读本科，有数十名在杭州分部学习的同学借此升入了浙江化工学院的本科班，成为其首届本科学生。其余的原衢州化专中专部的学生于1961年毕业，他们参加工作以后，大多成长为企业的骨干力量，有的还走上了领导岗位。原衢州化专的教师，一部分返回了衢州化工厂，一部分并入了新建的浙江化工学院，如范竞藩、廖文长、齐植清、杨元隆、吕瑞年、佘明钊、夏和箴等老师(夏和箴老师先是返回衢化，后于1980年调入浙江工学院)，随着学校的发展变迁，进入浙江工学院、浙江工业大学，直至退休。

浙江工学院筹建初始的点滴回忆

袁怀莹

1978年,浙江省政府根据经济发展的需求,决定在杭州新建一所以工业为主的本科大学。当时,省政府交代省工交办(即工业交通办公室,后来改为省计划经济委员会)做预先调查研究。

工交办接收任务后,随即安排人员走访省内有关系统、骨干企事业单位,针对当前状况和工业发展的前景,进行可行性研究,并提出新建学校的专业设置。当时工业系统各企业很需要机电一体化、电子、电力、自动化等方面的人才,要求设置相应的专业,省工交办据此拟订了一个建校方案,向省政府和国家申报。不久国家批复,同意这个建校方案,省政府便决定启动浙江工学院的筹建工作,成立了浙江工学院筹建领导小组。

我记得筹建小组的领导班子以冯克、臧效美为主,其中还有姜曦、胡本斋、赵学廉、江巩等人。筹建领导小组的临时办公室,在杭州一公园附近的一幢楼房里。筹建领导小组建立后,由于学校归属于教育系统(那时还叫浙江省教委)管理,工交办就把此前所做的一切工作转给筹建小组,归口教育系统了。

白手起家筹建一所大学谈何容易,没有几年时间恐怕开不了学,而这时动乱刚过,百业待兴,经济的振兴急需大批专业人才。趁着筹建浙江工学院的契机,作为一个权宜之计,省里要求工交系统的大中型企事业单位中具备一定教学能力的职工大学、业余大学,先以"浙江工学院杭州分校"的名义开设一些生产发展急需的专业,招收一些具有高中基础的学生,进行定向培养。具体就是分别在电力系统、衢州化工厂、杭州钢铁厂、杭州汽轮机厂、华丰造纸厂、杭州机床厂、杭州制氧机厂设立七个教学点,立即开始招生教学。

筹建领导小组积极地为建校做各种准备工作,同时又将各个教学点作为练兵的场所。那时有一句口号是"要把被'四人帮'耽误的时间抢回来",大家都很兴奋,都很积极努力地工作。我记得主要做了以下几个方面的工作:

第一,积极物色合格的教师和各方面的管理人员。当时省人事局也积极支持,对筹备组认为适宜的人员的调动,千方百计地大开绿灯。

第二,浙江工学院杭州分校各教学点的具体工作安排是:由教学点所在单位负责日常教学和学生管理,由筹建中的杭州分校负责学生的学籍管理、教学计划(教学大纲、课程安排)的制订和协调。

第三,已调进来的教师,筹建领导小组根据他们的专业,分别派往各教学点辅助教学(主要是基础课),以充实各教学点的教学质量(有的教师还要在几个教学点之间来回奔波)。

第四,为教学点解决各种困难,如当时基础课教师严重缺乏,有些基础课就只好采用电视教学来弥补。记得当时筹建领导小组向北京申请了一批匈牙利产的大屏幕电视机,还让有关单位赶制了一批单边的课椅(即带有宽边单扶手的椅子)。

第五,各教学点学生的毕业证书,由浙江工学院和办学点的企事业单位共同签发。

45年过去,许多事情的细节都记不太清楚了,但那时的精神面貌是那么阳光,大家是那么积极努力、团结和睦,至今回想起来还很令人鼓舞。

回忆浙江工学院的首届新生开学典礼

许 坚

1980年9月14日，浙江工学院首届新生开学典礼分别在杭州、衢州两地举行，至今43年了，当时的情景仍记忆犹新。

杭州的开学典礼，会场设在浙江省政府米市巷招待所（现之江饭店）的二楼会议室。在杭的全体师生员工都参加，时任浙江省委副书记薛驹同志亲临会场，发表了热情洋溢的讲话，对刚入学的新生表示热烈欢迎，指出浙江工学院这所多科性工业大学是为适应浙江四化建设需要而创建的，主要任务是为本省培养又红又专的工程技术人才，希望同学们艰苦奋斗、勤奋学习、立志成才，树立良好的学风、校风。新生入学，标志着浙江工学院已在杭州生根、发芽。

追溯浙江工学院旳创立历程，历历在目。

1978年12月28日，教育部下发了文件《教育部关于同意恢复和增设一批普通高等学校的通知》，同意浙江省创设浙江工学院，校址在杭州市上塘公社潮王大队、东新大队，建设用地500亩，由此浙江工学院正式进入筹建工作。

当年，浙江工学院最初计划以浙江大学部分专业、浙江农业大学农机系作为建校基础，但由于种种原因，这两所高校有关的系科未能及时到位，这使筹建工作步履维艰。正当此时，从省委传来好消息，原浙江化工学院为拓展办学渠道、更好发挥办学优势，迫切想迁回杭州建校办学。经省委及有关部门协调，做好了两校领导层的工作，1980年9月10日，由教育部下达了《关于同意将浙江化工学院并入浙江工学院的通知》。通知指出：经国务院批准，同意将浙江化工学院并入浙江工学院。第一，浙江工学院的建校基础由浙江农业大学农机系改为浙江化工学院；第二，浙江化工学院按新校舍建成实际情况逐步搬迁；第三，浙江工学院设计规模3000人，学制四年，专业设置按省实际需要，提出方案送部审定。同年10月10日，浙江省人民政府根据国务院通知精神发文指出，考虑到长远的需要，可按在校学生5000人的规模，分期征用土地和统筹安排基本建设，从此浙江工学院的建设进入快速发展阶段。

两校合并后，学校面临着建校、搬迁、办学三大任务，全校师生员工团结一致、艰苦奋斗、力争上游,为提前完成三项任务而努力。全校师生上下一致,千方百计加快杭州校区的基建进程,提前完成了教学综合楼、学生宿舍楼及部分生活设施旳基建工程,建筑面积超过8000平方米,保证了首届新生分别在杭州、衢州两地入学的需求。

学校筹建初期,条件十分艰苦,教职工来自祖国四面八方,为了浙江教育事业发展,他们租住在郊区农民家里。筹建班子先后租用了大华饭店的一个分部(位于湖滨一公园,原房屋现已拆除)、栖霞岭华北招待所作为临时办公地。直到1979年夏天,地处东新大队的两幢简易楼房竣工交付使用,筹建办公室才有了安身之地,工作人员可以集中办公了。

那时拱墅区的长板巷是通向工学院基建工地的唯一通道。当年的长板巷只是一条狭窄的小巷,仅能通过一辆汽车。简易楼周围是一片农田,种着大片的水稻、茭白。蛙声、蝉声汇成动听的大自然昆虫大合唱。每到夜晚,成群的萤火虫在夜幕下一闪一闪地满天飘荡,如同黑幕中闪动着无数的小流星,给人以美的享受和无穷的乐趣。

从学生生活区到在建的教学区,中间隔着一条上塘河,行人只能通过一座简易的竹桥往返,老弱妇幼行动很不方便,自行车只能推行,每逢阴雨,竹片溜滑,过河就更加危险。但是为了学校的明天,大家含辛茹苦,毫无怨言。

浙江工学院能在1980年秋天按时举行首届新生的开学典礼,凝聚了全校师生员工无数汗水心血,体现了团结奋斗、艰苦创业的精神,43年来,这种精神一直激励着我们前进。

学校更名亲历

许　坚

1993年11月26日，国家教委批准浙江工学院更名为"浙江工业大学"，这一天铭刻学校史册，值得每个工大人永远纪念。也从这天起，浙江工业大学开始了新的腾飞！

回顾学校更名历程，我感慨万千，许多回忆涌上心头。

1992年10月28日，浙江省人民政府下发浙政〔1992〕330号《关于建立浙江工业大学的批复》指出：在浙江工学院的基础上筹建浙江工业大学已近一年，各项工作进展顺利，利用台胞张子良先生捐款的建设项目，正在按计划进行，学校在校生规模得到扩大，办学条件逐步改善，教育质量不断提高，各项指标已基本达到国务院《普通高等学校设置暂行条例》中关于设置大学的要求。为此，同意正式建立浙江工业大学，撤销浙江工学院。浙江工业大学的规模为在校学生6000人，"八五"期间在校学生为5000人，校园占地面积为500亩。省政府的文件极大鼓舞了全校师生员工的热情，加快了浙工大的建设进程。

当年我任校办主任，遵照校领导指示，立即着手做好更名的各项准备工作。关于校牌题字，当时曾考虑了几个方案：一是请中央领导题，二是请著名书法家题，三是选择名人名家字体来集字。最后研究决定采用郭沫若先生的字体，由校办负责，到图书馆搜寻。如今所用的"浙江工业大学"校名字体，就是当年由校办集字组合而成的郭沫若书法字体。

1993年1月，根据校党政联席会议决定，肩负全校师生的重托，我陪同吴心平副校长一同到北京，向国家教委朱开轩主任和高教司、计财司领导汇报浙江工学院更名为浙江工业大学的有关情况。当时我们在北京停留了3天，居住在北京化工学院（现北京化工大学）招待所，每天早上坐早班公交车过去向国家教委有关领导汇报。他们在百忙之中热情接待，细心听取我们对校情的陈述，充分肯定我校前期所做的大量卓有成效的工作，同时也看了浙江省人民政府的有关更名报告，都表示理解和支持，并且真心诚意地指导我们：更名之事如按常规办理，大学必须具备学科多少，硕士点、博士点多少，这样就有一些难度，为了加快审批速度,希望学校再做好两件事——一是尽快多招生,让在校生规模达到5000人以上;二是请台胞张子良先生给朱开轩主任写封亲笔信,说明捐资办学原委,这样就可以争取评委会及早评审通过。得此消息后,我们于1月10日17时,请北京化工学院办公室主任派车把我俩送到北京机场,想要赶上18时的航班,因碰上大雪航班延误,飞机无法按时起飞,待从其他机场调派到飞机后才能决定。此时我们一方面心急如焚,另一方面又祈望瑞雪兆丰年,心想这或许是一个好兆头,瑞雪预兆着今年学校改名成功。我马上打电话给北京化工学院校办,请他们代为转告我校办公室,并请校办同志电告我们家属,说明要推迟回家的缘由,以免家人牵挂。等到21时,大雪渐止,我们终于登上航班返回杭州,完成了这次的赴京汇报大任。

返校后,我们立即向学校党政领导汇报,并按国家教委领导的嘱咐完成各项任务。

关于在校生规模问题,学校领导十分重视,在原有工作的基础上,学校党政领导先后赴萧山浙江省劳动干部学校,与该校领导商谈联合办学、设教学点事项;洪起超校长又赴绍兴高等专科学校,探讨联合办学事宜,达成共识并立即实施;嘉兴高专党政领导也专程来杭洽谈联合办学事宜,商谈并达成协议。1993年9月,我校的绍兴分校、嘉兴分校相继开学。此后不久,我校又在东阳横店集团开设了分校,进一步扩大了办学规模。

1993年2月10日,张子良先生亲笔给国家教委朱开轩主任写信,恳请国家教委能特事特办、简化程序,早日批准浙江工学院更名为浙江工业大学。这封信字字恳切,饱含一位爱国爱乡老人的兴学之心和迫切希望家乡加快发展之情,读来令人动容。现将信的部分内容摘录如下,以飨读者:

朱主任开轩先生:

……在台湾我虽仅是小康之家,但一直有一个强烈的心愿,欲以我微薄之力捐助国家教育事业……浙江工学院是浙江省唯一一所重点工科大学,对浙江省的经济建设起着举足轻重的作用,我有决心资助该校建设成为在国内、国际上有一定影响的明星大学……

今为使该校能尽快办成为一所对国家建设大有作为的大学,在此,我谨恳请钧座能予特别关照,指示有关部门打破常规,简化程序,早日批准浙江工学院改名为浙江工业大学,助推浙江工业大学建设尽早纳入正常轨道,使之尽早建设成为一所国内外广有知名度的明星大学……

1993年夏天,国家教委一位司长亲自带队来我校实地审查。他们对我校的基本建设和学科建设两大方面进行了全面、仔细、严格的审核,认为我校已具备更名条件,同意上报国家高校设置评议委员会评审。同年9月,经过高校设置评审委员会评审,20所高校获准更名,我校名列其中,并列入第一批公布名单。11月26日,国家教育委员会下发教计〔1993〕182号文《关于同意浙江工学院更名为浙江工业大学的通知》,同意浙江工学院更名为浙江工业大学。

1993年12月3日,学校举行了隆重的学校更名暨校庆40周年庆典。徐志纯副省长宣读了国家教委批准更名的文件,省委副书记、省政协主席刘枫和副省长徐志纯把浙江工业大学校牌授予屠德雍书记、洪起超校长。洪校长发表了《抓住机遇,深化改革,建设浙江工业大学》的讲话,回顾了学校40年来,特别是近十多年来的光辉成就,提出了办好浙江工业大学,把学校建设推向一个新高度的任务。从此,浙江工业大学的建设进入了一个崭新的发展时期。

惊艳浙江工业大学的青春发祥地

李哮琳

古城重镇,文化厚重故事多

衢州,浙江西南的门户,四省交会的重镇,八方通衢的枢纽。

衢州,三江汇流,先是江山江与常山江汇流于城区西南,称衢江,流过城区又与乌溪江汇流后称龙游江,它是钱塘江的源头和上游所在。

衢州,有着新中国第一个水电站——黄坛口水电站,有着位居中国前列的大型化工基地——衢州化工厂,有着建于抗战以前的东海前哨空军基地。

衢州,亦是浙江工业大学的青春发祥之地。

衢州,有1800年的历史,不仅山水相映,风景美丽,而且历史厚重,多有传奇,其中,烂柯山和南宋孔庙最负盛名。

据《衢州方志》记载,晋时,山野樵夫王梓入山砍柴,途经一洞,见一对童子弈棋,遂放下柴刀站而观之,竟忘了时辰,待童子察觉惊呼,汝还不速归,王梓猛悟,才发现所携柴刀之柄(称之为柯)已经朽烂……王梓急忙回到家中,人皆不识,方知已经过了许多世代。于是,"洞中一日,世上千年"的神话流传至今。此山遂名为烂柯山,被誉为中国围棋的故乡、发祥的圣地。

衢州还有"三怪"的传说,也许现在衢州的年轻人已经不知。有一个真实的故事:20世纪50年代,大约是1959年,毛主席南下视察,专列停靠衢州,主席向上车晋见的省地干部问及"衢州三怪",被问者竟然都答不上来。大家不承想,毛主席还与衢州有着渊源,他的一脉先祖毛璩就曾生活并长眠于衢州。偶然,我在《聊斋志异》中读到了《衢州三怪》,并循迹去考证过,虽然没能寻访到鸭怪的蛟池,却找到了白布怪的县学池塘和钟怪的城楼。

浙江工业大学的前身——浙江化工学院一度也与衢州有缘:从1960年到1980年,它由大专升级为本科,在烂柯山下、乌溪江畔,潜心办学20年,这里就是浙江工业大学的"青春发祥地"。

"东方布达佩斯",梦挫乌溪江

布达佩斯,匈牙利的首都,欧洲著名的古城,蓝色多瑙河上一座美丽的带形城市。

1958年,浙江省委提出浙江要大力发展化学工业,做好3块石头(石灰石、萤石、明矾石)的文章,决定在衢州建立一家大型化工企业——"衢化",并决定将杭州的浙江化工专科学校和浙江化工研究所迁往衢州,组成一个厂校研(产学研)三结合的大型化工基地。时任省委书记江华还亲自到烂柯山麓为新建浙江化工学院选址圈地,勾画了以烂柯山麓盆地为核心,沿着乌溪江从衢州城区柯城到烂柯山一带开发一座新城的蓝图,喻之为"东方布达佩斯"。

1959年,浙江化工学院的前身——浙江化专(连同衢化初办的衢州化专),开始组织师生轮流参加建院劳动,边学习边建校,1960年就一举迁校。迁校初期,设施简陋,还在茅棚上课,但在那激情燃烧的岁月里,师生们的情绪却是空前高涨,当时的口号是,学习延安,学习抗大,艰苦奋斗,奋发图强!

在异常艰苦的教学环境里,学院党委从校情实际出发,强调重基础、重实践,坚持面向地方、面向基层、面向中小企业的办学之路,从1960年到1970年,培养出一批又一批基础扎实、精通专业、能吃大苦、能耐大劳的化工精英。现在回想当年师生的革命乐观主义精神,真是可敬可亲又可爱!

决定从杭州迁衢的浙江化工研究所,在烂柯山对面的天苍岭也同时开工基建,不过进度迟缓,竖了几幢砖楼还未盖上屋顶,便遇上了三年困难时期,为了贯彻"调整、巩固、充实、提高"的八字方针,拆掉了天苍岭新址已砌的墙体,叫停了迁建计划,浙江化工研究所也就留在了杭州。

无奈,初出襁褓的浙江化工学院就此孤零零身陷大山,远离衢化,远离衢州城区,更远离杭州,独自承受着既成事实的后遗之痛。当时那个穷乡僻壤之地,交通落后、信息闭塞、教学困难,加上基建计划缩减、工程停滞,发展就更无望了。从1960年到1980年,整整20年,进学校的大路还是原先施工时学生用翻斗车运送乌溪江边砂石料的小铁路便道;整整20年,学校的南大门始终停留于图纸上,西北面离江边最近的原工地进口取代了大门,学校的格局于是前后颠倒,一进大门望到的首先是窗口晒满衣物的家属宿舍,教学区唯一正面的4层教学大楼——机械大楼,却成了学校最冷僻的角落;整整20年,"产学研三结合"美梦难圆,浙江化工研究所本部稳守杭州,衢化又难以满足学院的教学需求,师生实习还得北上远赴杭州、上海、南京,事实无声地给"三结合"之梦画上了句号;整整20年,乌溪江两岸的宽阔沙滩荒芜依旧,学校东边的荆溪、西边的石室乡农村也贫困依旧。

1960年到1965年间,浙江化工学院还经历了在衢州、杭州之间的五年三迁(1960年由杭州迁往衢州,1963年浙江化工学院被化工部收回,又迁回杭州文一路旧址,1965年,化工部应陕西省委第一书记胡耀邦之请,拟将浙江化工学院迁到咸阳成立西北化工学院,遭浙江省委反对,出于尊重地方,化工部又将浙江化工学院交回浙江省,学校又被以"战备"之名迁回烂柯山下)。一所工科大学该有多少轻重家当啊,装箱、捆绑、转运、拆卸、重装……真是劳民伤财! 挣扎一通,却仍旧守着烂柯山办学,再迁回来的时候,校园内的基建空地已被当地石室乡的农民收回种田,每到秋收,学校的水泥路就成了农民的晒谷场。

1980年,浙江化工学院并入浙江工学院并再次迁回杭州,总算是告别了成长历程中那段艰难而青涩的青春岁月。我们匆匆地道别烂柯山麓,谁都不愿深想,"东方的布达佩斯"何日能再来。

阔别三十五年,衢州惊艳巨变

1980年,改革开放之初,学校回迁杭州,一别衢州至今掐指43年。岁月匆匆,山河巨变,学校发展壮大为浙江工业大学。我退休以后,近几年才有机会几次重返故地。衢州的新貌让我兴奋不已、惊诧万分,衢州变大了,变新了,变美了!

改革开放激活了古城衢州,激发出了衢州人创新的活力。衢州的老百姓凭借改革开放的利好政策,在改革开放的大空间里放开手脚建设家乡,画出了新时代的大手笔!

一是衢州变大了。2016年,我同几位老同事应邀第一次重返衢州,带着当年衢州20年不变的印象,一出衢州火车站我就傻眼了! 站在车站广场上,眼前全新的景象让我突然失去了旧时的方位和方向,后来才知道,衢州火车站已经南迁新建,衢州过去的Z字形铁路走线已经拉直,我所熟悉的衢州老火车站早已被夷为平地,改建成了城市广场。此时,凭我旧时的方位记忆,才感悟到新火车站已经南移到衢化与城区之间的农村新址,新建的衢州高铁枢纽站气度不凡。这就是说,40年来衢州城区向南扩容,已经与衢化连成了一片。

次日,坐着朋友的商务车,从航埠经柯城过衢化,去重游烂柯山下的学校旧址。车上所见,一路繁华,昔日的记忆也一路帮我联想,汽车所经过的主街,就是建于50年前的连接衢化与城区的公路,当年我在这条路上往返返无数次,12公里长的公路两旁,我尚能历数何处是稻田,何处是桑地和橘园,如今,这廿里长街夹道的尽是市场和商店,昔日记忆里的农村景象已经荡然无存。

二是衢州变新了。2017年,我乘大巴从西边进入衢州,宽敞的大街,林立的高楼,依稀分辨出这里原是衢江西岸的石梁农村。1967年,我们这批教师曾经被分配到这里的石梁公社搞"农业学大寨",知道这一带曾是大片不毛的丘陵荒野,谁能想到50年后的这片土地竟是街巷密布、广厦连片,江边那块开阔的大草地绿草如茵、空旷开阔,衢州人称之为"大草原",尽显新衢州的现代豪放气派。

更值得一提的是,横跨衢江的几座新桥,突破了千年天堑,让世代荒僻的农村一跃成为衢州西部现代时尚的新城区,分布着新衢州的行政中心,分布着从烂柯山下走出来的、由浙江工业大学浙西分校发展而成的衢州学院……这一切使我兴奋不已,因为我所见到的乌溪江、衢江两岸的城市风光,早已突破了当年浙江老书记江华的"东方布达佩斯"的梦想。

三是衢州变美了。3次经过衢州老城区,诚心去找我30年前熟悉的上街、下街和十字街口,可是即使我已走在上街,还是迷迷糊糊,似像非像,难觅旧踪。老的街名,却是新的建筑,满街一派白墙黛瓦,使我实在难以叠影30年前的老街景象,仅在寻找白布怪池塘时,走到水亭门,突然发现了衢州老城池的西门,才唤回了我当年的清晰记忆,终于能道出此处昔日的旧模样。

一句话,衢州故城容颜巨变,推陈出新,变得十分美丽!美梦成真——衢州,不愧是"东方布达佩斯"!

绿水青山,拉动衢州开放崛起

衢州有着丰富的旅游资源。且不说烂柯山、南孔庙,也不说大衢州的江郎山、廿八都、根宫佛国、钱江源头、龙游石窟,我关注的是衢州的美丽山水。

九龙湖、天脊龙门、药王山、荆溪花海……都是衢州近年新兴的旅游胜地,是我当年在衢州从不曾听说过的地方。但有趣的是,这些新兴景点,恰恰就在我再熟悉不过的昔日所在。

九龙湖,正是黄坛口水库。我知道,黄坛口大坝前的横路小镇,曾是并入浙江化工学院的衢州化专原校址所在。这里的景色格外美丽,江水清澈,露出溪岩的江心,人在光滑乌溜的溪岩之上或躺或坐,仰望青天,脚蹚流水,真的十分惬意,十分享受。当年曾感慨,如果把横路搬到西湖,杭州将会更胜一筹。"文化大革命"期间的头三年,我曾经带二三十人的学院宣传队走遍了衢州的农村工矿,几次从黄坛口大坝下船,深入水库,再逶迤山道,直至汉沽,一路上风景优美、瀑布飞泻,宛如天外胜境。由此可知,九龙湖必定是衢州用心开发的休闲胜处。其实,衢州多水,黄坛口上游,乌溪江水电站的水库以及杜泽的铜山源水库,也都掩藏着一流的山水风景。

天脊龙门,过去一直是我想弄明白的地方。当小车在衢化大道南行时,朋友指着前方一屏形似笔架、高耸云天的远山说,大山后面就是天脊龙门。我茅塞顿开,原来天脊龙门就是我在衢州20年天天遥望着的远山,地处衢州江山与遂昌的交界,我虽不曾去过,却想起一件往事。大约1963年的五一节,两名即将毕业的学生相约出去登山,行前,他们指着远山对其他同学说:"中午会在山顶向你们招手。"但是一去当天没回,那还得了!据说那远山有原始森林,人迹罕至,曾有特务出没,此事惊动了学院和地方,地方迅速组织民兵进山搜寻,苦寻到第三天,正在大家焦急万分之际,两个后生居然狼狈而归,令全校师生喜出望外!原来他们贪恋山色美景,不顾村民劝告,径自再进深山,中途突起大雾,迷失了下山的路,躲在一个地质队废弃的窝棚里,又冷又饿过了两天……如今,那山早非当年,不用从黄坛口水电站水库下船进山,早开通了沿水库的进山公路,绕着九龙湖可直通大山,经过当年我带学院宣传队到过的汉沽,可继续延伸直达当年所说的深山老林,就是今天的天脊龙门景区。那里的不少山民在海拔600米的大山脚下经营着农家乐,都是别墅式的大小洋楼,不仅早已脱贫而且家家富裕。早几年,衢州市融资投入6000万元开发资金,在海拔1000米处修了离山谷300米的钢索天桥和悬崖栈道,风光绝佳,十分刺激,有余力者还可以由此再攀登1000米,才真正登顶到达风光无限的天脊龙门。

药王山,据说比天脊龙门还要好玩。车过黄坛口,限于时间,我只大致弄清了它的方位,那就是我当年几次游过的大洲、长柱一带。20世纪60年代,学校曾组织一批教师去那里开过煤矿,往年的穷乡僻壤,如今却成了旅游胜地。

荆溪花海,我不知道花海,却知道荆溪,这是在烂柯山下当年学校东边的一个穷山村,每年双抢季节,教师都要分组去帮助农民抢收抢种。那时我们年轻,年年双抢都能像农民一样割稻插秧。当时农民很穷,住的是黄泥墙茅草屋,吃的是红山薯。2016年重游,我惊喜地看到,学校旧址经过改造、扩建,办起了衢州高中。当年一进校门令人感觉十分碍眼的7幢竹筋混凝土楼板的家属宿舍和学生宿舍,已经全部夷平,变成了校门入口的大草坪,大大改善了校园的格局;昔日校内的水田,如今都已绿化为草地,在原机械大楼的西侧和南侧,又分别新建了教学大楼……一所高中,办在原先高校的校园里,规模当然宏大。我十分欣赏衢州政府的智慧,空置的校舍终于物尽其用。我又惊喜地发现,荆溪通了公路,而且是进烂柯山的必经之地,沿途分布着依山而建的荆溪农家乐,尽是各色时尚的3层新楼。烂柯山下往年的水田,现在都已开发成连片的水塘,相映着荆溪花海,这让衢州高中的学生课余可以徜徉其间享受美丽,多么有文化的格局!

至于当年师生最熟悉的石室渔村,如今仍保留着拙朴的古村风貌,正在打造一条仿古长街,乌溪江引水工程巨大的水渠汩汩流淌着清澈的江水,为古村增添了源源的灵动。昔日乌溪江从沙埠到石室的荒滩,如今垒起了长堤,腾出的土地铺设了公路,开发了楼盘。旧时去溪东埝的公路,现在早已演变成石室渔村的直街,各色鱼味馆,烹调着九龙湖的鲜鱼,一到晚上,灯红酒绿,车水马龙,万万想不到,冷僻千年的烂柯山,如今终于回归烟火人间。

突破计划经济窠臼,改革开放一石激起千层浪

在农业社会的历史上,浙江地域被分成上八府和下三府。上八府贫瘠落后,下三府发达富庶。衢州为上八府之一,虽然物产丰富,百姓却贫穷落后。到20世纪60年代,解放十多年了,衢州农民虽然政治上站起来了,但生活上却没有富起来,勤劳依然不能摆脱贫困,自嘲"衢州有三宝,香泡、癞痢加发糕",正是因为穷,癞痢才会多。

改革开放前,衢州农民的穷,根子在于政策执行有问题,计划经济严重束缚了农民的生产积极性。衢州多山,本来地少人多,农管部门片面强调以粮为纲,每年种什么都得由上级说了算,老实巴交的农民只能守着几分薄田,只准种粮食,不准搞副业。浙江化工学院在烂柯山下的时代,正是人民公社吃大锅饭的时代,一平二调,出工不出力,一个工分才一毛三,农民怎能不穷?不是衢州农民不想富不勤劳,而是当时的政策片面,导致贫穷。

1967年,我们作为浙江化工学院教师,被安排到衢州石梁公社参加"农业学大寨",基础部教师住在一个不通公路的小山村——派溪头,邻村有个老篾匠,一手好手艺,他加工了一批养蜂采蜜的细丝篾帘到石梁镇上去卖,现在看来这是正当的自产自销,但在那个年代却招来了一阵"割资本主义尾巴"的批判。像老篾匠这样的能人农村大有人在,可是政策限制,不准农民搞副业,他们无计可施,无路可走,有能力无处使,大家只有共同受穷。

改革开放犹如晴天惊雷,击碎了违背经济规律的精神枷锁,农民的活力得到巨大的释放,如果老篾匠还在,他必定是致富的先锋。

老缪,我的老同事,学院机械厂的一名木模工,从江西逃荒而来,安家在衢州航埠,小儿子聪明,但是患上了小儿麻痹症,没钱治疗,双脚残疾。老缪一心想摆脱穷困,他先让老大跟着自己做木工学手艺,又坚持三年背着小儿子上下楼梯在杭州学习计算机。老缪是幸运的,他的子女的打拼正好赶上改革开放,老大在航埠做家具、搞装饰,一步步发展到开办装饰市场。女婿经营着粮食加工,拥有了自己的品牌。残疾的小儿子与浙大合作,在衢州开设了有专业产品的电脑公司,几年前,在他公司工作的本科生、研究生就有20多个,是衢州残疾青年创业的领头雁。如今,老缪的第三代个个本科毕业,分别在英国、美国和法国留学,大孙子在国外开了公司。家境改善以后,老缪为江西老家修路造凉亭,并且立了家规家训,强调后代致富不忘勤劳的根本。每次与他谈起致富,他交口称赞改革开放好。

衢州航埠是有名的橘乡,如今,航埠的发展早已突破柑橘的单一产业,众多像老缪的子女一样的农村新能人,或在农村,或到城市,激起无数改革开放的新浪花。

青春发祥,浙江工业大学感念衢州

从1960年到1980年,任职于浙江化工学院的我们,整整在烂柯山下度过了20年人生最美好的青春期。

三年自然灾害,天灾人祸,学生因为吃不饱饭,招致浮肿病,许多学生早上醒来,第一件事就是对着镜子看脸,看脸上是不是肿得有一个凹陷。当时,学院领导与学生一道在食堂排队买饭,老师与学生同吃同住,生活一样艰苦,即使到石室小吃店吃一碗油炒饭,也算是一次奢侈行为。尽管环境恶劣、生活艰苦,学校氛围却是一等一的好,学生上课都很自觉,没有一个逃课,没有一个迟到,清早到操场跑步,晚上在宿舍自修,学生宿舍灯火通明,大家走路却都很轻声。教师白天上课,晚上下寝室辅导,成了不成文的约定。当时的老师,批改每一本作业,清楚每一个学生的状态,学校不大,学生不多,师生之间亦师亦友,精雕细琢,倾力倾心。

正是这时期,以张庆三、周学山为正副书记的学院党委,强调练内功、打基础。为了抓实师资队伍建设、抓实课程建设,特地调进原浙大副校长、中国化学工程教育的奠基人李寿恒担任院长,并以3位年轻教师换来了杭州大学化学二级教授王承基,不失时机地开设师训班,轮训年轻教师,严格考试、优中选优,分流、优化了教师队伍,1963年、1964年,又从清华大学、北京大学、复旦大学、浙江大学、杭州大学、华东化工学院、武汉大学、中山大学、华南工学院引进了20多个优秀毕业生,经过二三十年历练,他们都成了浙江工业大学的资深教学骨干和中坚力量,涌现出了蔡增伸等国家级教育名师。

"文化大革命"期间,尽管局势动荡,但浙江化工学院偏居烂柯山一隅,反而减少了外界的干扰。当时,浙江省高等教育饱受冲击,浙江丝绸工学院、浙江天目林学院、浙江舟山水产学院和温州医学院都被撤销了,最少的时候,浙江高校只剩下了浙江大学、杭州大学、浙江医科大学、浙江农业大学、浙江美术学院,以及浙江化工学院、浙江师范学院这7所。在大环境恶劣的低谷期,年轻的浙江化工学院有着自己的小气候,凭着"忠于党的教育事业"的信念,率先"复课闹革命",早于浙江其他高校一年开始招收工农兵大学生,由成立之领队,3名数、化、制图教师(吴挺、景南屏、李哮琳),4名无机工艺专业教师(唐泽、葛忠华、裴显珍、陈运根),组成了浙江化工学院第一支教改小分队,于1969年5月16日到义乌化肥厂开门办学。先期半年,各位教师拜工人为师,下车间蹲班,从造气到合成,逐工段熟悉工艺、熟悉流程、熟悉设备、熟悉操作和规程,结合课程编写出各课讲义。1970年,开始在义乌化肥厂举办小氮肥试点班,深受待建化肥厂的各县的支持,温岭一次就选送了10名学员。小氮肥试点班上午上课,下午倒班,一年期满,师生承接了镇海化肥厂的施工设计,作为全班学生的毕业考核科目。记得我当时分担了压缩工段的施工设计,带着课题组去上海十个县的化肥厂及苏浙老厂对口调研,从一线操作的工人那里采集和综合各厂的最佳经验。回来汇报方案时,我已对压缩工段了如指掌,才动手设计、出图。接着,教改小分队又承担了温岭化肥厂、武义化肥厂、开化化肥厂的施工设计和技术改造,一线的实战锤炼了教师、聪明了学生。有了以小氮肥试点班为开端的教学积累,在20世纪80年代初,我们出版了《工程制图》本科教材及习题集,还有《无机工艺》本科教材,沿用了许多年。

更难得的是,裴显珍最早从现场生产中发现了提高氨触媒活性的科研题目,发展到20世纪70年代初,成立了浙江化工学院第一个科研组,开启了以超越荷兰合成氨触媒得率为目标的新型触媒的开发;同时,无机专业师生开始了新型合成塔内筒的专题设计。经过十年的打拼,在学校迁回杭州以后,这两项技术都获得了重大成果,得到了国家技术发明奖二等奖,开了浙江工业大学科研发展的先河。可以说,当年的开门办学,不仅带动了教学改革,还引发了科学研究。

与合成氨触媒的开发同期,教师们又从生产一线发现并立项了一大批课题,有防腐,有农药,有压力容器疲劳与断裂,有卧螺离心机,有反应塔等。从我一个非化工专业的教师看来,浙江工业大学经过烂柯山20年的青春发祥,精力充沛,蓄势待发,教学活跃,科研也活跃,所以这个"青春期"对浙江工业大学意义重大,影响深远。由此开始,学校新发展成立了本科化工设备防腐蚀专业、农药化工专业,又分出了机制专业、电气专业,恢复了分析专业。1977年,浙江化工学院本科与全国同步开始恢复招生,培养出了一大批专业人才。

烂柯山时期的科研依靠团队打拼,其中,刘化章、徐如玉、张康达、贾高顺、徐崇嗣、俞晓梅、璞阳南、舒季钊、陈运根等,都堪称浙江工业大学第一代科研的少壮派精英。也是这个青春发祥期,孕育出了洪启超、吴挺、王国榜等浙江工业大学及温州大学的校级领导,张康达也迈出了后来招收浙江工业大学博士生的第一步。

烂柯山东南20里的大洲深山有座771铀矿,归二机部管辖,一条30公里长的空中索道和密闭的缆车从学校门前经过,日夜将铀矿石运到衢化装车,运往上饶做初次筛洗浓缩……771矿曾为我国发射两弹做出过重大贡献。"文化大革命"后期,学院防腐专业的教师曾为771矿做过防腐培训,因此二机部有机会深入考察浙江化工学院,并十分欣赏和肯定学院的专业水准,认可学院的学风、教风和校风。在改革开放前夕,时任学院一把手周学山,竭力想解决浙江化工学院办学和发展的瓶颈问题,一直积极向上级反映师生要求迁回杭州的强烈呼声,当时化工部有意收回浙江化工学院,同时二机部亦提出了将浙江化工学院改制、归二机部部属的方案,两度派代表团与浙江省谈判,计划拟改称为杭州工程学院,迁到杭州船舶工业学校(简称"杭州船校")的校址,再推平几个山头,扩大规模,配置当时全国少有的大型计算机,抽调埋没在深山老林里的资深老专家充实师资。他们提出的办学条件十分优渥,奈何浙江省另有打算,想以浙江化工学院为基础建立浙江工学院,所以婉拒了二机部。二机部虽未实现所愿,但是促成了浙江化工学院的重返杭州。

经过20年的青春发祥,烂柯山下走出了日趋成熟的浙江工学院领导集体和精通专业、精心教学、精心科研、一心一德育才的教师队伍。以改革开放为契机,衢州和浙江工业大学都汲取了巨大能量,历经四五十年的奋斗,双双腾飞,都有了巨大发展。

后记:浙江工业大学的青春发祥地又将华丽转身

此文最初写就于2018年,为庆祝改革开放40周年而作。至今又时过五年,衢州又上新台阶,除了沪昆大动脉(浙赣线)之外,又开通了或将要开通杭长、杭衢、衢宁(德)、衢九(江)、衢丽(水)五条高铁,加上早已成网的高速公路,衢州已变成浙江大花园的核心区、杭州的后花园。

最近获悉,衢州市正规划将浙江工业大学旧址与烂柯山连成一片,建成烂柯山—乌溪江旅游风景区的国际象棋公园。从衢州发布的几幅规划效果图中,依稀可见当年的机械大楼、田径场和林荫大道的影子。浙江工业大学的青春发祥地,历尽沧桑,即将又一次经历时代的华丽转身,获得新的美丽定位。

我的近作《工大同心》,真实记述着浙江工业大学在烂柯山下青春发祥20年的心路历程,歌词如下:

时代新,高水平,
工大同心,培育精英,
不功利,不虚名,
放眼未来,博大精深,
言教身教,教子教心。
为了学子成才,
大知大爱,园丁深耕,
代代接力,工大同心。

时代新,高水平,
工大同心,一流学问,
不浮夸,不争名,
日日夜夜,一线扎根,
锁定前沿,科学精准。
为了强国强校,
潜心实干,团队打拼
代代接力,工大同心。

因赞叹衢州改革开放40多年的巨变,又作《衢州惊艳》歌词:

一石激起千层浪,
千年一举逢开放,
封闭,千年呆似洞中一日,
开放,一日智胜千年世上,
改革开放,聪明又聪明,活力大解放,
衢州再开放,绿色惊艳,华丽盛装。

2023年,为浙江工业大学七十周年华诞重写

邵科馆轶事

陈庆章

  邵逸夫科学馆,简称邵科馆或邵馆,位于浙江工业大学朝晖校区的东南一隅,楼不高,面积不大,楼的标志性主体像个炒菜的锅。比起我们工大朝晖校区的主楼、新教楼等,它确实非常不起眼。但是,这幢不起眼的小楼却在学校的发展历程中起着重要的作用。

  邵科馆落成后,馆内的主要场地用于支持"两弹一星功臣"王守觉院士的智能信息系统研究所团队的工作和北京航空航天大学校长李未院士的软件开发环境重点实验室团队的工作。2003年,浙江省委书记习近平来校视察,还专程到邵科馆看望了王守觉院士。邵科馆里还建立了浙江工业大学校史馆,"以浙江精神办学,与浙江经济互动",就是进入校史馆后首先映入眼帘的闪闪发光的大字,也是我们学校的办学特色。那时,学校很多重要的学术会议、工作会议和决策会议,都放在邵科馆二楼的国际会议厅或一楼的圆形会议室举行。现在邵科馆更是学校的行政中心,这幢不起眼的小楼被我们学校所有师生所熟知了。

  我因为要到学校梦溪幼儿园接孙子回家,天天路过邵科馆。每当我路过时,心中都会产生一股潮涌,引起我一些联想和感触,往事自然浮上心头。因为我与邵科馆的落成有着密切的关联。

  1990年,我受UNDP(联合国开发计划署)的支持,到香港中文大学做访问学者。访问期间,我的工作得到了香港中文大学合作教师团队的好评,给他们留下了深刻印象。

  在香港回归祖国前夕的1995年,香港中文大学很想开发一套普通话的学习软件,以此来推动普通话在香港的应用,于是就委托香港中文大学逸夫书院(邵逸夫先生捐赠建设的书院,是香港中文大学当时的四大书院之一)院务主任吴宁到内地寻找开发软件的合作者。吴宁女士先后考察了北京语言文化大学、华东师范大学,也接受了我1990年在香港中文大学做访问学者时合作教师的推荐,到我们学校来考察,主要是看看我的研发能力。经过吴宁女士的考察,她最终决定与我合作来研发这个自学普通话的CD－ROM(光盘)。这样,在学校的支持下,我再次来到香港中文大学并住在逸夫书院,专门开发此软件。

在逸夫书院做研发期间,我的办公室恰好就在邵逸夫基金会秘书的办公室旁边。邵逸夫基金会是负责管理邵逸夫基金的组织,它的主要负责人是香港中文大学前校长马临先生。

马临先生是我们浙江鄞县(现宁波市鄞州区)人,是著名的生物化学家和教育家,也是香港中文大学逸夫书院董事会主席,曾任香港特别行政区基本法起草委员会委员,第八、九届全国政协委员。

某天,邵逸夫基金会的秘书带着我参观该基金会在全国高校内建立的相关楼宇模型。在看到我们浙江高校时,我发现该基金支持了很多浙江高校,却唯独没有我们浙江工业大学。我当时就咕哝了一句:"怎么没有在我们浙江省最好的高校建个邵馆呀?"随后我向他简单地介绍了浙江高校的布局情况。大概也就说了几句话吧,完全是不经意地和自然地透露出的一点愿望。我那时就是学校的一名普通教师,从来也没有想到会为学校办成什么大一点的事情,更没有意识到自己有能力办一点点大事情。

邵逸夫基金会怎么没有在我们工大建一座楼,不经意的一句话,我说过就忘了。没想到这句话被那位邵逸夫基金会秘书听进去了。没过几天,吴宁女士就找到我,询问了浙江工业大学的情况并讨论了邵逸夫基金在浙江工业大学建一座楼的可能性。吴宁女士告诉我,每年度由邵逸夫基金会投入经费建设的相关教学楼或科研楼所在高校的负责人,都会在逸夫书院聚会一次,如果邵逸夫先生身体允许,也会与大家合影留念。同时参加聚会的还有教育部港澳办的负责人。她与教育部港澳办的负责人和邵逸夫基金会的人都非常熟悉,可以协助我们申请在浙江工业大学建设一座邵馆建筑。

这真是一个天大的好消息,来得太突然,让我不知所措。我哪里知道这样的事情该如何趁势推进呢?于是我赶紧把这个消息告知了当时我们学校的校长办公室主任朱良天。朱老师告诉我,他会及时汇报学校领导,同时叮咛我在香港中文大学好好工作,做出成绩。

在我和香港中文大学同事的密切合作下,自学普通话的光盘顺利研发成功,并由香港中文大学出版社刻印出版,在香港中文大学的书店里就可以买到。

大约是1995年底,我返回学校。朱良天主任很快就安排我去向吴添祖校长汇报。吴校长听了我的汇报后,对建设邵馆高度重视。不久,学校就做出一个安排,由我陪吴添祖校长去香港中文大学拜访马临先生和吴宁女士。

既然是去拜访,总要有点手信。记得当时负责办理手信这件事的是后来担任我们学校党委副书记的何智蕴老师。她选择了雕有8匹奔腾骏马的青田石雕作为给马临先生的手信礼,选择了一件丝绸小棉袄和一小盒龙井茶作为给邵逸夫先生的手信礼。

吴添祖校长和我乘飞机抵达广州,然后坐火车到深圳,再换乘罗湖至红磡的火车,中途在大学站下车,就是停靠在香港中文大学的那一站,然后入住逸夫书院。

听说是我们浙江工业大学的校长抵达了香港中文大学,当时香港中文大学主持工作的副校长金耀基先生很快就会见了吴校长,并进行了工作交流,金耀基副校长还赠给我们每个人他的著作《剑桥与海德堡》。随后,吴校长参观了香港中文大学的工程学院、理学院、大学图书馆等。当然,我们最重要的事情也办得比较顺利。在吴宁女士的安排下,我们拜访了马临先生,表达了我们的愿望,也委托马临先生问候邵逸夫先生。

随后,在吴宁女士的帮助下,我们学校也与教育部港澳办建立了联络。不久,邵逸夫基金会年度的资助清单上就出现了浙江工业大学,在我校建设邵逸夫科学馆的事情就此算是板上钉钉了。后来吴校长告诉我,邵逸夫基金会支持我们学校建设邵逸夫科学馆的资金是300万港币。我疑惑地问吴校长,钱那么少？吴校长回答我,不是钱多钱少的事情,是让教师们看到学校的发展,增加凝聚力。邵馆落成那天,吴宁女士作为香港中文大学逸夫书院的代表,参加了落成典礼。

随后,我们学校与香港中文大学又有很多合作。我们学校有好几位教师到香港中文大学协同工作,在香港中文大学的牵引下,香港八大高校的信息网络中心的负责人和技术人员一行20余人会聚我校,共同探讨了校园信息化工作。

邵逸夫科学馆,每当我走过它,就想起这些往事。我们学校的发展,正是无数教师为学校添砖加瓦而发展起来的。我一个普普通通的教师,偶然间推动了邵馆的建设,也算为学校发展尽了微薄力量。当然,邵馆的落成,是学校领导和很多人的共同努力,随后与香港中文大学的合作也是众多教师付出的心血。

邵馆建设的过程证明一条道理:所有在工大工作的教师心中都充满着对工大发展的热情,都愿意尽自己最大力量来支持学校的发展,各种事情的源起和办成也是依靠工大的品牌和众多人的努力。

我现在虽然退休了,但只要有机会,就会宣传我们工大的发展故事和经验。退休至今,我也受邀走访过近300所高校,在这些高校中,我这个来自浙江工业大学的教师有经验可以讲,有故事可以让其他高校教师关注甚至青睐,这都是我们学校这个品牌所铸就的。

愿我们浙江工业大学发展得越来越好。

教学督导是保证教学质量的重要环节

——回顾 2002—2004 年教学督导工作

贾高顺

2002年浙工大新一届教学督导组成立

教学督导是学校教学管理工作的一个重要环节,是教学质量监控体系中重要组成部分。教学督导对提高教师教学水平,加强学校教学管理,深化教学改革,开展教学研究,保证教学质量有重要意义。

浙工大历来重视教学工作,把教学作为学校中心工作,视教学质量为学校的生命线。2002年,校教学督导组换届,本人有幸被聘为新一届教学督导组组长。学校还从各学院聘请了教学水平高、教学经验丰富、工作认真负责的倪燕南、张雷、陈春根、黄定君、陈文光、方照琴等6位老师组成校教学督导组。时任教学副校长肖瑞峰教授、教务处处长盛颂恩教授对教学督导很重视,在2002年3月29日督导组成立会上,两位领导均到会并讲话。肖校长指出督导工作要坚持原则、公平公正、督导结合;要注意21世纪的教育与20世纪不同,要关注国际视野与现代趋势,不只是传授知识,还应培养能力,不搞应试教育,而强调素质教育。盛处长介绍了国外教学监督情况,指出教务处与督导组是相互配合的关系,要提升教学督导的地位,引起全校各学院的重视与支持。学校还专门发文(浙工大发〔2002〕23号、〔2002〕33号),修改督导工作条例,加强教学质量监控。为改善督导组工作条件,专门为督导组配置了电脑,刻制了督导组印章。为加强教务处与督导组的联系,派一位青年教师,专门与督导组联系,参与督导组会议与有关工作。在学校领导的重视与关怀下,校督导组成员深感责任重大,团结合作,努力工作,为学校教学管理与教学质量提高做出了积极的贡献。

教学督导体系的建设与自身能力的提升

2002年的浙工大已有三个校区(朝晖、屏峰、之江),是一所拥有15个学院、1个体军部的大学校,招生规模6000人,在校学生18000多人。这么大学校的教学督导任务仅7人是忙不过来的,而且督导组成员大部分都有自己的教学科研任务,完成督导任务是很有难度的,必须构建全校的督导体系。学校决定设置校院两级督导组,但个别学院因师资紧张,用教学委员会代替,或由教学副院长代替院督导组组长,实践证明不能很好地完成督导任务,因此最后所有学院均成立了院督导组。院督导组直接督导本院的教学工作,校督导组成员分工联系有关学院,一个成员要联系两三个学院,同时从全校的角度选择一些专业、一些课程直接参与督导工作。校院两级督导组相互配合,经常沟通,共同完成督导任务。

为加强教学督导与学生沟通,校学生会成立教学质量调研组,院学生会也相应成立院调研组。校院两级督导组与学生会两级调研组经常联系,了解学生意见,监控教学质量。校院两级督导组与学生会两级调研组共同构建了浙工大教学督导体系,成了浙工大督导的一个特色。

教学督导是有一定要求的,不是随便什么人都能担任督导工作的,要不断加强自身建设,提升督导能力。要学习教育部有关督导文件和文章,明确督导工作重要性、工作内容和方法。重点学习校教学督导条例,结合学校实际开展督导工作。要向前任督导请教,定期召开督导组会议,交流督导经验,分析研判问题,提高工作效果。

为扩大视野,向外取经,教务处支持并组织校督导组赴宁波大学交流学习。宁波大学督导工作是做得比较好的,领导很重视,由退下来的副校长担任督导组组长,成员多数是退休教授,水平高、经验多、时间充沛,有利于督导工作顺利开展,督导内容与方式也比较多。赴宁波大学取经,对我校督导工作的开展很有帮助。

督导工作的开展

1. 督导工作内容:了解、检查以下内容

(1)培养方案、计划、教学大纲的执行情况。

(2)课堂教学、实验实践及毕业设计(论文)的质量。

(3)教风与学风。

(4)教学管理与教学设施的问题。

2. 常规督导工作

（1）开学初补考巡视与教学秩序检查。

（2）经常性听课与看课。听课主要关注教学内容、方法、效果,教学文件的完备性、师生互动与课堂纪律;教师上课需带齐教学大纲、授课计划、教材、讲稿或教案,以及学生成绩登记册5份文件。看课则着重了解教学文件的完备性与课堂纪律。

（3）期中教学检查。

（4）期末考场巡视与总结工作。不同学期有不同的重点:第一学期重点在课堂教学和实验教学;第二学期重点在毕业设计与论文。

3. 其他与督导有关的工作

（1）参与学校学院建设、教改等项目的讨论、评审、验收,如培养方案、专业建设、课程建设、实验室建设、师资培养、讲课比赛、教改立项、鉴定等。在学校召开教学会议时,督导组组长要准备材料,在会上点评学校教学工作。

（2）教师教学违纪处理,学生违纪、考试作弊的调研与仲裁。

（3）围绕学校中心任务开展相应工作。2002年开始,学校要迎接教育部本科教学工作水平评估。这是学校的大事,督导组分成两个组,一个是常规督导,一个是迎评督查;本人还担任督查组组长,负责迎评督查工作,参与并组织了6轮督查,组织并召开了5次座谈会。教育部专家对浙工大教学评估的结果是优秀。

（4）帮助其他学校开展督导工作。当时有浙江水电专科学校、浙江传媒学院、浙江树人大学为了专升本,有关专业挂靠浙工大招收本科生,教务处常派我们去教学督导、查阅文件、听课指导。

4. 重视工作规范

每学期初制订工作计划（或工作要点）,明确分工;2—3周开一次督导组会议,学习有关文件,研究督导工作,分析存在的问题;督导情况及时向领导、学院反馈;学期结束进行工作总结。

每学期（一般在开学的第二或第三周）召开全校各学院督导组组长会议,总结工作,交流经验,研究共性问题,明确本学期督导重点,提高督导质量。

适时召开学生教学质量调研组会议,了解学生意见。调研组组织测评与学风排行榜,发动学生促进教风、学风建设,不定期提交调研报告,反映学生对教学工作的意见。

督导工作的成效

1. 督导工作的资料积累

2002—2004两年间督导组做了大量的工作,积累了很多资料,2003—2004

学年第一学期是学校接受教育部教学水平评估时间,工作特别忙,积累的资料有 18 份之多。现以《2003—2004 学年第一学期教学督导有关资料目录》(见本文最后)为例,18 份资料不仅反映了督导组做了大量的工作,而且工作是认真有效的。例如 2003—2004 第一学期督导工作总结,不仅有校督导组的工作总结,还有 17 个学院督导组的工作总结。

校督导组的工作总结提到随机听课与随机看课。随机听课 97 次,人均 14 次,其中倪燕南老师听课最多。从听课得分情况看,优为 27.7%,良为 55.3%,中为 13.8%,合格为 2.1%,差为 1.1%,优良比例达到 83%,表明课堂教学质量是好的。

随机看课(包括实验课)三次,共 401 个教室,人均达 57 个教室,其中黄定君老师最多。三次看课第一次 283 个教室,第二次 44 个教室,第三次 74 个教室。一次比一次好,看课表明检查效果是明显的。

院督导组的工作总结都很认真,有四个学院较为突出:①建工学院不仅有总结还有评价,还给学院教师写了一封信,对教学工作提出了 16 项具体要求,对保证教学质量很有意义。②信息学院的工作总结很仔细,分 21 条总结了督导工作,指出了课堂教学与实验教学的状况,评价了教学质量,还附上了学生座谈会对学校机关的意见,帮助教务处及有关部门改进。③生环学院的总结也很有特色,不仅总结了工作,还对督导工作提出了 7 点理性的认识,有助于兄弟学院交流学习。④之江学院是国有民办二级学院,要使三本学生达到普通本科水平,其教学工作有特殊性,督导工作难度也较大。之江学院不仅认真地总结了督导工作,还对毕业设计(论文)、短学期和实验教学等实践教学环节专门做了调查和总结,对提高实践教学质量很有帮助。

大量的督导资料,反映了督导工作的成果,对提高教师教学水平、改进教学管理、保证教学质量做出了重要的贡献。

2. 督导工作与教学质量

从督导组随机听课看课情况来看,绝大多数教师认真教学,绝大部分学生勤奋学习;学生积极参与创新活动,挑战杯、运河杯、数学建模、设计竞赛等获奖较多;毕业设计(论文)工作规范、质量稳定;毕业率、学位率较高;毕业生很受社会欢迎,招生分数线与毕业生就业率列全省前茅。

上述表明浙工大的教学质量是好的,浙工大是省属高校的龙头,教学质量与工大在省内高校的地位是相称的。

3. 对教学督导工作的评价及工作体会

在教育部对浙工大教学水平评估期间,教育部专家齐国光教授召开了督导座谈会,在听取了督导组汇报与座谈后,对我校督导工作给出了 16 字评价:组织严密、关系融洽、工作规范、效果明显。同时对浙工大的教学质量给出评价,认为浙工大总的情况挺不错的,督导组组长有句话讲得很得体:工大教学质量与工大在省内高校中的地位是相称的。

要做好督导工作,最主要的体会有两点:

(1)要出于公心,勇于监督,善于引导。首先,要严格要求,敢于提出问题,不要怕得罪人,相信只要是对教学有利,对提高教学质量有利,是会得到有关部门和师生理解的。其次,要提高引导水平,特别是对青年教师,要热情指导,帮助他们提高教学水平。

(2)要进一步落实三个保证,即组织保证、制度保证与条件保证。特别是组织保证,就是督导组要健全,成员要有较为充沛的精力,不能都是教学科研很忙的教师兼任,要配一些专职(退休)教师来担任督导工作。

2023年是浙工大70周年大庆,谨以此文向浙工大大庆献礼,也献给20年前共同努力的校院两级教学督导的同事们,感谢你们为浙工大教学质量的提高做出了重要贡献!

2003—2004学年第一学期教学督导有关资料目录

校督导组2003—2004第一学期工作计划

2003—2004第一学期开学第一天教学秩序情况

2003—2004第一学期初补考考场巡视

2003—2004第一学期听课记录表

2003—2004第一学期看课记录表(第一次)

2003—2004第一学期看课记录表(第二次)

2003—2004第一学期看课记录表(第三次)

校教学督导与迎评督查组看课情况小结

迎评第五次督查与期中教学检查情况小结

教育部专家齐国光教授召开教学督导座谈会简况

2003—2004第一学期末考场巡视情况表

2003—2004第一学期督导工作总结

2003年下半年校督导组会议记录

各学院督导情况

各学院督导听课情况

屏峰校区督导情况

屏峰校区督导听课情况

学生会及教学调研组情况

2022年金秋十月于杭州良渚随园

化工学院史话

朱良天

　　浙江工业大学化学工程学院（简称"化工学院"）是我校办学历史最悠久的一个学院，其发展历程一般认为可以分为化工科时期、化工系时期和化工学院时期，其中科、系时期共计42年。这是一段艰苦创业、改革创新、开拓奋进的院史。为庆祝浙江工业大学建校70周年，化工学院计划出版一本回忆文集，本书编者约我写一篇文章，我怀着一种特殊的感情，沿着学校发展步伐，回忆我所知道的化工学院发展历程的沧桑与辉煌，主要回顾化工学院的科、系岁月。

杭州化工学校时期（1953年7月—1958年6月）

　　中华人民共和国成立以后，政务院做出了对中等技术教育进行有计划、有步骤地整顿和发展的指示，并确定各类中等专业学校逐步划归有关业务部门领导，按照国民经济各部门的需要和专业化原则来培养干部。为适应第一个五年计划的需要，中央重工业部决定在华东地区建一所化工学校，这就是杭州化工学校诞生的背景。

　　1953年7月3日，中央重工业部化学工业管理局发出《关于成立杭州化学工业学校筹备委员会及1953年设置专业的通知》，重工业部化工局根据中央财政委员会、中央高教部对华东地区工业性质中等技术学校调整方案，决定将浙江省温州工业学校、杭州工业学校化工科、苏州高级工业技术学校化工科合并，集中于杭州成立杭州化学工业学校，校址设在拱墅区观音桥，第一副校长是刘亚东。三校化工科师生于9月10日前在杭州报到，9月14日举行开学典礼，9月15日正式上课。学校设无机物工艺和分析化学两个专业科。无机物工艺科下设无机物工艺、工业企业学科委员会、化工原理学科委员会、工业化学学科委员会。分析化学科下设无机物分析学科委员会、钢铁分析学科委员会、有机染料学科委员会、定性定量学科委员会。学校开创时共有13个班级、582名学生，其中男生455人，青年团员166人。1953年没有招收新生，一年级学生由复读生和浙江工业技校转来,学制为三年,校名全称为"中央重工业部杭州化学工业学校"。

杭州化工学校成立是为浙江工业大学之始,无机物工艺科和分析化学科就是浙江工业大学化工学院之始。

这里还应该说明两点:第一,1953年温州工业学校机械科改为化学工厂机械装备专业,继续留在温州,称杭州化工学校温州分校。重工业部化工局曾发文,温州分校由化工局直接领导。1953年10月,化工局来函准备将其调往东北,曾组团到大连、沈阳考察,后刘亚东与化工局协商,希望能留在杭州化工学校。1954年1月,化工局来函决定不迁东北,暑期温州分校迁回杭州,杭州化工学校组建和调整结束。第二,这3所学校的办学历史最早可追溯到1910年创办的浙江中等工业学堂,这是浙江最早创办的官立工业学校。这所学校创办时设机械、染织两科,染织科不仅讲"染"和"织",而且还开设染料制造课程。1918年学校设立应用化学科。学校发展到浙江公立专门工业学校时期,我国著名化工教育先驱李寿恒先生于1927年春在校任教,并担任应用化学科主任。他认为学生必须学习化工生产共同规律,研究化工过程的开发、化工单元操作的设计等。为此,他向学校建议改应用化学科为化学工程科,得到校务会议批准,并被聘为化学工程科主任。后浙江公立专门工业学校(大专部)并入浙江大学工学院(第三中山大学工学院),他创办了国内第一个化学工程系,第一个主讲化工原理课。

杭州化工学校成立初期,由于师生来自温州、苏州、杭州等地,他们的语言和生活习惯各不相同,加上办学条件十分艰苦,师生的思想常有波动。学校以博大的胸怀强调"熔三校优点于一炉",重视思想教育和引导,使大家明确国家对人才的需求和自己肩负的责任,很快稳定了思想情绪和教学秩序。

学校加快了基本建设步伐,最早建成了2040平方米的实验馆,解决了化工学科的实验场地。这个实验馆质量很好,时任省委第一书记江华来校视察过,他在朝鲜慰问志愿军时还说了在杭州化工学校已经有了这样的实验馆。

教师队伍素质较高。开课后,教师从应用化学专业向无机物工艺和分析化学转变,强烈的责任感促使教师们查阅国外教材,刻苦备课到深夜。由于当时师资数量不足,许多教师每周要承担16—20节课。学校重视教师队伍的建设,号召"向科学进军",还创造条件到其他高校进修,校内开展"以老带新""对口帮助"等办法,组织大家学习《教育学》,掌握教育规律;还组织教师到工厂企业参观、调研、实习,在生产实际中选定毕业设计题目,组织教师编写化工类中专教材,促进教师业务水平提高。

把人才培养列为压倒一切的中心任务。1954年起,无机物工艺科和分析化学科开始全面学习苏联经验,制订了教学计划和教学大纲,选用翻译的苏联教材,改变考试方法和评分办法。当时基本搬用苏联模式,但在实践中也有要"中国化"的声音。教师认真备课、认真教学,在教学工作中,还强调理论联系实际、专业结合生产,重视实验、实习、毕业设计等实践性教学环节。学生勤奋好学,生活朴素,学风良好。

1954年8月,无机物工艺专业还承担了重工业部委托培养6名越南留学生的任务,后来其中3名于次年11月转入大连工学院继续深造。1957年8月,其余3名越南留学生学成回国。

1956年,学校划归化工部领导,校名改为"化学工业部杭州化学工业学校"。

杭州化工学校背负着理想,承载着历史和希望。开办五年间,学生的教学质量和师资的教学水平不断提高,办学条件得到改善,学校工作蒸蒸日上,社会声誉进一步提高,是全国同类学校中的佼佼者。学校为国家培养了1700余名毕业生,其中无机物工艺专业447人,分析化学专业604人,合计1051人。他们分布于祖国各地,成为当时社会主义建设的骨干力量,毕业于无机物工艺专业的周光耀,在长期从事纯碱的设计与研究、开发与创新过程中做出了重大贡献,1995年当选中国工程院院士。

浙江化工专科学校时期(1958年6月—1960年8月)

1958年,学校下放由浙江省领导,同时确定杭州化工学校负责华东、华中、华南经济协作区支援新校建设的任务。1958年6月,浙江省政府改校名为"浙江化工专科学校"。学校设大学专修科,分为大专、中专两个部分。大专学制有三年、两年两种;中专学制有四年、三年两种。

中专部化工类专业在原有分析化学(学制三年)、无机物工艺(学制四年)的基础上,增设基本有机合成专业(学制四年),有机化学和炼油工艺专业(学制三年),后两个专业只招一届学生,于1960年停办。大专部化工类设基本化学、化学肥料、化学工程、有机合成专业(学制均为两年)。1959年,基本化学、化肥专业改为无机物工艺专业,化学工程与有机合成两专业合并,成为基本有机合成专业(学制三年)。

浙江化工专科学校在学校发展史上停留了短暂的瞬间。这是激情燃烧的岁月,留给我们最深刻的印象除了学校快速发展之外,还有积极贯彻教育与生产劳动相结合的方针,探索"教学、生产、科研"三结合的道路,主动服务地方经济建设。例如,无机专业三年级学生结合化工厂建设,分别参加车间设计、安装与生产,既进行了劳动锻炼,又达到了教学目的。分析化学科承接了浙江省化工研究所承担全省样品分析的业务,专门成立了"样品分析室",与80多个单位建立了固定的联系,在教师指导下,三年级学生承担分析任务,教师讲授工业分析课,学生在接受任务前需做理论和技术准备,工作完成后须进行总结。还通过会议、师生共同研究等途径解决分析中遇到的困难和问题,如分析临安水泥厂黏土和石灰石,为建厂提供设计依据。由于全省化肥发展很快,每天送来的数十个样品要求立等数据,后研究了土化肥快速分析法,效率提高了5倍,成本降低了17%,学生写出了论文,省委工交部十分赞赏,向全省做了推广。后来又完成硫酸盐快速分析法、钢铁快速分析法等项目,还为各县培养了快速分析人员。硫酸、盐酸等分析试剂,由校办化学试剂厂生产。1959年组织了近200名学生,以毕业设计形式进行科研,完成了53个课题,包括省科委课题"矿石快速分析箱",还试制了甲基红、氯化亚铜、无水硫酸锰等产品,填补了省内空白。那次毕业设计还修订了76个项目的分析方法,编印了5册材料,在内部发行,还编写了《工业分析》《仪器分析》《定性与定量分析》3本教材。

学校还积极开展社会服务。1958年,无机物工艺科承担了化工部委托开办的氮肥训练班,学员来自浙江、安徽、湖南、江苏、广东、广西、河南、福建八个省(区),共计741人。其中本省245人,学制一年,学员文化程度参差不齐,高至大学文化,低至初中尚未毕业,年龄最大的40多岁,最小的18岁。福建送来的100名学员是高考生,后并入二年制专科。当时办学条件十分艰苦,教室不够就实行两部制,轮流上课;食堂不够,就把饭菜送到教室,圆满地完成了培训任务。1958年10月,接受浙江省工交部委托,增设炼油专业,对73名学员进行培训。1959年8月,接受杭州市轻工业局委托,培训炼油专业学员70名。1959年11月,接受省化工厅委托,对100名化工企业干部进行业务培训。这一时间,分析化学科还为广东、广西、河北3省(区)新建的化工学校培养教师5名。1960年初,分析化学科出席杭州市社会主义建设先进集体代表大会,同时当选浙江省级先进集体;无机214班团支部代表乐大枫出席在北京召开的全国学生代表大会。

在实行三结合和教学改革中,当时以群众运动方式进行,违背了教育规律;学生参加劳动和政治活动时间较多,冲击了教学;忽视了教师的主导作用,一定程度上影响了教学秩序和理论教学质量。1958年12月,教育工作会议明确了学校开展"三结合"应以教学为中心,逐步统一了思想认识,并贯彻在日后的教育、教学中。

浙江化工专科学校短暂的两年,使学校办学层次发生根本性变化,从中等技术教育进入高等工程教育,化工类各专业在自己的发展征程中更上了一个新的台阶。

浙江化工学院时期(1960年2月—1980年10月)

为了更好地实现"教育、科研、生产"三结合,浙江省委于1960年2月决定浙江化工专科学校与浙江衢州化工专科学校合并,以浙江化工专科学校为办学基础,在浙江衢县成立浙江化工学院(曾一度称为乌溪江化工学院)。1960年9月13日举行首届开学典礼。

学院开办之初,设置无机物工学、化工机械、基本有机合成、电化学、氟化学、炼油炼焦、高分子工学、化学纤维共8个本科专业,其中7个为化工类专业。设3个系:无机系、有机系、化机系。

大专部迁到衢县后,中专部仍留在杭州,称乌溪江化工学院杭州分部。1962年7月恢复杭州化工学校,划归浙江省化工厅领导。

为适应本科教学对师资队伍的需要,学院开办初期成立师资培训班,副校长李寿恒担任培训班班委会主任,还担任化工原理、普通化学及无机化学等化工基础理论课主讲,无机系、有机系教师,尤其是青年教师踊跃参加听课。此外,还比较系统地进修了数学、物理、化学等相关基础课程(后来也开设过计算机、外语等培训班)。同时充分发挥老教师的作用,以老带新,加速青年教师的培养,强调过好"教学关"。在1960—1961年间,本专科一、二年级学生共开设了20余门基础课,均由老教师主讲,新教师辅导。尚未开课的专业课教师派到相关院校进修,在专家、教授的指导下,加深并拓宽理论知识。1961年组织一批教师参加有机物工学、化工原理、物理化学、分析化学、无机化学等课程教材的编写工作。

由于浙江省教育经费紧缺,有意改变隶属关系。1963年7月,同意将浙江化工学院和杭州化工学校同时上交给化工部。同年10月16日,化工部发文宣布将院校同时收归化工部领导,学校领导体制和归属关系再次变动,同时学院从衢县迁回杭州。1964年7月,李寿恒教授任浙江化工学院院长。1965年8月,浙江化工学院按地方管理的建议,征得化工部同意后,于1966年迁回衢县原址办学。这就是校史中"五年三迁"的故事。此时,杭州化工学校随之下放给省,由浙江省化工厅领导,院校再次分开。直至1970年7月,浙江省革委会决定将杭州化工学校并入浙江化工学院,11月23日举办并校大会,杭州化工学校建制结束。

浙江化工学院开办之初,正逢国家困难时期,办学条件十分艰苦,没有自来水时喝的是黄泥水。搭浮桥、修马路、拉电线、装水泵、铺轻轨、挖土方、运石子、搬砖头等建院劳动,都有师生参加。分析化学科200多名师生在运输砂石中创造了日运411车的纪录,长距离运砖,日运3次,超定额78.4%。由于基建跟不上需要,曾搭草棚当教室。为解决蔬菜供应,1960年9月开展自力更生、大种蔬菜的群众运动,组织干部建设校办农场,还自养猪、牛、鸡、鸭,有机系、无机系师生在校园空地种植蔬菜,参加劳动。

1961年,贯彻中央"调整、巩固、充实、提高"八字方针,办学规模缩小,部分教职工和学生回乡参加农业生产。1961年9月，院务会议决定将无机系、有机系合并为化工系，专业从8个调整至3个，其中电化学、氟化学专业并入无机物工艺；高分子、化学纤维、炼油炼焦专业并入基本有机合成，直至1965年化工系一直保持着无机物工艺和基本有机合成两个专业。在贯彻八字方针过程中，还调整了专业教学计划与教学大纲，学制由四年改为五年，1962年起招收五年制本科生。

1966年5月22日，院内贴出第一批大字报，学院进入十年"文化大革命"动乱时期。"文化大革命"中，教学秩序受到严重冲击，学校停课，连续四年没有招生，直至1967年9月起开始复课。1971年，"四人帮"炮制的"两个估计"又给广大教师套上了"紧箍咒"。"十年动乱"使学院遭受严重破坏，机构瘫痪，规章制度被否定，甚至实验室也成为制造武斗工具的场所，化工系遍体鳞伤。

"文化大革命"时期，化工系师生对"四人帮"的倒行逆施进行了抵制。1967年5月，组织了教育革命小分队赴杭州电化厂、衢化合成氨分厂、义乌化肥厂进行教改探索，与工人结合编写了单元讲义。在义乌化肥厂举办短训班、试点班，开展技术革新等活动。1970年，无机化工招收工农兵学员44名，有机化工（农药）招收41名，以后又增办了分析专业。当时教学还是以教育革命小分队形式，以典型产品带教学的方式进行，如张成荫老师等带领农药学专业教育革命小分队到杭州农药厂结合典型产品开展教学，一个人要承担多门课程，对学习困难的同学加强个别辅导，当时还强调不让一个学员掉队。1971年以后，教学活动从工厂回归到教室。

在教学工作中，强调"基础第一""质量第一"，强调大学生首先要学好基本知识、基本理论和基本技能，当时也称为"三基"。此外，教学还注重与生产劳动相结合，强调真刀真枪。1974年无机化工毕业生为温岭化肥厂完成施工设计任务，1975年为舟山化肥厂完成扩建改造年产1万吨合成氨的设计任务，为德清化工厂设计涤纶生产，为衢州化工厂完成扩建年产30万吨合成氨的设计，为嘉兴绢纺厂科研项目承担有机分析。

这几年还举办钢铁分析、小氮肥工艺、农药工艺、工业分析等短训班或培训班。例如，1975年受化工部委托，开办农药厂技术干部培训班，学员来自江、浙、沪的农药企业共28人，为期两年。

拨乱反正以后，受迫害的干部、教师平反昭雪、恢复名誉。1977年恢复高考，学校组织教师开展教育革命调查研究，历时26天，根据浙江特点和经济建设需要筹建新专业、新学科。化工系在无机物工艺、基本有机合成的基础上，增设工业分析和农药化工两个新专业，其中农药化工专业还面向华东地区招生，在校学生数不断增加。1960年，在校大学生807人，其中化工系582人；1979年，在校大学生1286人，其中化工系958人。

学校十分重视教学质量的提高。恢复高考以后,化工系恢复了三段式教学体系,按公共课、专业基础课、专业课三段组织教学,增加了基础课学时数,加强了"四大化学"基础课的教学,拓宽了知识面,增强了适应性。学校计划中还安排选修课,增强学生学习自觉性,如开设计算机原理和应用等选修课,按全国统一的教学大纲进行教学,恢复考试、考查,改开卷考试为闭卷考试,强调实践环节。教师能严格要求,在第一线授课或指导实践性环节。

1979年,化学工程专业开始招收研究生,物理化学教研室洪瑞槎老师招收了1名研究生,研究方向是化工热力学;1980年,化工原理教研室徐崇嗣老师招收了2名研究生,研究方向是传质过程及设备。研究生培养实行导师制,指导方式主要采用导师与教研室集体培养相结合的方式,安排研究生参加导师所在教研室政治学习、教育管理和教学活动。由于没有硕士学位点,因此毕业时要到浙江大学去申请硕士学位。徐崇嗣教授在回忆这段历史时曾说过:"我们的化学工程学科还是有些长处的。第一,有30年进行化工教学的历史和经验,全国各地有很多优秀的校友;第二,有资深的一级教授李寿恒先生,他是创办浙大化工系的元老;第三,我们在化学工程学科几个主要方向,有几位学术带头人。"

科技工作坚持与生产实际相结合,同时也注重成果的推广应用。院、系两级对科研工作十分重视,各教研室老师以满腔热情与兴趣参加科技活动,据统计,约占教师总数的三分之一,专业课教师参与的人数更多。化工系还成立了催化研究室、三废治理研究室等专职科研机构。科研项目、科研经费、科研成果不断增加。至1980年,化工系已有7项科研成果获国家和省部科技成果奖。例如,化工原理教研室于1972年开始多降液管筛板塔技术开发的研究,在实验室研究的基础上,先后在浙江、江苏、山东等地化工厂推广使用,1979年获浙江省科技成果二等奖。又如催化研究室A110-2型氨合成催化剂,既具有低温、高活性、易还原的特点,又具有优良的耐热性和抗毒性,其耐热性达到和超过国内同类产品的先进水平,其性能已达到国际先进水平,获省1979年度优秀科技成果一等奖,刘化章同志还出席了1978年4月召开的全国科技大会。此外,黄磷炉尾气中氢爆炸范围的研究、φ500单管单环折流式氨合成塔内件、马拉硫磷废水处理等均获省科技成果奖。化工系的科技工作也促进了实验室建设和教师水平的提高。有些科研成果在校办工厂中开展新产品研发,氨合成塔内件的设计为校办机械厂的发展提供了支撑。

浙江化工学院是我们难以忘怀的。学院的诞生标志着学校进入本科教学阶段,毕业生普遍受到社会的欢迎。办学20来年经历了国家困难时期和"文化大革命",在1970年的全省高校调整中,原浙江省13所高校保留6所,浙江化工学院得以幸存。学院以艰苦奋斗、自强不息的精神滋养着精神家园,努力探索"教学、科研、生产"三结合的办学路子。这是不平凡的20年,这是艰苦奋斗的

20年,有理想才有目标,强烈的责任感要求跨出新的步伐,改变当时的办学环境,多培养人才,培养高质量的人才,开展更多的科学研究,出更多的科研成果,更好地为经济建设服务。

浙江工学院时期（1980年9月—1993年12月）

为适应浙江经济发展需要,1978年12月,浙江省委决定筹建浙江工学院。是年12月,经国务院批准,教育部同意设立浙江工学院,1979年4月在杭州破土动工。筹建时原拟以浙江农业大学农机系和浙江大学面向浙江的本科专业作为办学的基础,但因这两所大学本身系科配套的需要,原计划调出的一些教学力量未能落实。

1980年9月,经国务院批准,教育部同意,将浙江化工学院与浙江工学院合并,以浙江化工学院作为建校的基础。这一正确的决策既可加快浙江工学院的建设,又能解决浙江化工学院长期在衢州农村办学给教学、科研工作带来的困难和师生生活上的不便。浙江工学院规划第一期至1985年达3000人,第二期5000人,边建校、边办学、边迁校,迎接改革开放的时代浪潮。

1980年,以浙江工学院名义招收11个专业610名本科生,其中5个班级在杭州上课,15个班级在衢县上课。9月14日,省委副书记薛驹在开学典礼上说:"浙江工学院是为了适应浙江省四化建设需要而创建的,主要任务为本省培养又红又专的工程技术人才。"他希望同学们艰苦奋斗,勤奋学习。1984年,原浙江化工学院迁校结束。

1981年1月,浙江省人民政府批复,同意浙江工学院设电子工程、机械工程、化学工程、土木工程、轻工业工程、管理工程6个系,下设14个专业。化学工程系下设无机化工、有机化工、分析化学、农药化工等专业。1980年9月,化工系曾一度改称化工轻工系,1981年依托化工增设微生物专业,1982年12月恢复化工系。1984年,无机化工专业改为化学工程专业,农药化工专业改为精细化工专业。1988年,增设电化学生产与工艺专业。至1992年,化学工程系设有有机化学、物理化学、化工原理、化工热力学、化工仪表、电化学生产工艺、腐蚀与防腐、精细化工、反应工程与工艺、有机化工等11个教研室及相应的实验室,2个研究所(中心),以及系计算机房、系资料室、玻璃工场等。

1985—1989年,院系连续五年对浙江的工业结构、人才需求以及毕业生在社会适应性等进行跟踪调查、总结讨论,于1990年在校教学工作会议上通过了本科、专科的培养方案等一系列教学规章制度,强调培育创新精神和工程实践能力等要求。

在教学方面,牢固树立以本科教学为中心的思想。重视本科教学质量,开展了许多教学改革和创新,如学分制、学年学分制,对总课时、选修课及学分、各类选修课比例、选修课程学时等进行了具体的规定。

1987年5月,省教委本科教学质量检查组来校检查近五年的本科教学,共抽查了两个系,化工系幸运地被抽到,检查组经过3天的检查(听课、召开各类座谈会、查看教学文件、察看实验室等),认为:办学方向、培养目标比较明确,以教学为中心的指导思想比较突出,本科教学质量较高,教学管理科学严谨,保持了优良传统,校风学风较好。检查组的肯定给予化工系师生莫大的鼓舞。

组织学生参加社会实践活动。1983—1987年,学生社会实践活动由各系和团委组织。1988年以后,学生的社会实践列入教学计划中,本科生为5周,成为必选课。社会实践以参加专业劳动和社会调查为主,如专业考察、专业劳动、咨询服务,以及培训、设计、化验、勤工助学等有偿服务。1990年制定了《社会实践的规范》,提出学生社会实践活动需派经验丰富的指导教师下厂指导或设点指导。1991年提出学生社会实践增加科研体验。1992年开展以"我们在坚实的土地上成长"为主题的活动,内容有:到革命老区、经济开发区考察访问,参加希望工程,建立稳定的大学生社会实践基地等。自1987年以来,全校有14支小分队、17名学生和教师被中共浙江省委宣传部、省委高校工委、浙江省教委和共青团浙江省委授予社会实践活动先进集体和先进个人称号。1987年、1990年、1991年、1992年校团委连续被中宣部、国家教委、团中央和全国学联授予社会实践活动先进集体称号。

课程建设积极开展。1987年9月起,化工原理课程被列为首批重点建设课程,1992年经评估检查确认建成一类课程。1993年9月25日,化工原理课程建设通过国家教委评估,取得优秀成绩。此外,教材建设也有效推进。

学位及研究生工作也取得较大成绩。1983年11月,国务院学位委员会批准浙江工学院为硕士学位授予单位,有权授予硕士学位点的学科专业是化学工程。1985年7月,国务院学位委员会质量检查组来院对化学工程专业培养的硕士研究生的质量进行全面检查,并表示满意。1979—1992年,化工系共招收硕士研究生32名,毕业28名,研究生导师9人。

1992年,化工系共有在职教职工161名,教师中具有正、副教授等高级职称49名,在校学生846人,1953—1992年累计培养中专生、大专生、本科生、研究生共8000余名,毕业生普遍受到社会青睐,"用得上、干得好、下得去、上得来"是社会对化工系人才培养的肯定。

学科建设是全系的重点工作,贯彻"以学科建设为龙头,以科研工作为突破口"的办学思想。1989年,精细化工学科列入浙江省属高校重点扶植学科,1990年省教委又批准工业催化学科列入浙江省高校重点扶植学科。此外,化学工程是校级重点扶持学科。例如,工业催化学科已获得重大科技成果15项,其中10

项已获国家、省部科技成果奖,2项获国家发明专利奖。精细化工学科自1979年以来,承担国家计划科研项目19项(其中国家"七五"科研攻关项目7项),横向合同32项,科研经费达150万元。

化工系的科研工作有声有色。其重点研究方向是:①多相催化及催化理论研究;②化学工程研究;③精细化工产品研究;④腐蚀与防腐研究;⑤工业分析研究(主要涉及色谱、电化学光谱分析等)。

化工系设2个研究所(中心)和2个研究室。

工业化学研究所成立于1985年,1992年获浙江省教委批准。其下设①催化研究室,成立于1970年,研究方向是合成氨、石油化工、煤化工催化剂及其工艺的研究与开发;②农药化工研究室,建立于1985年,研究方向是新农药、农药加工新制剂,以及农药中间体开发研究;③腐蚀与防腐研究室,建立于1977年9月。

催化加氢研究中心于1992年5月获浙江省教委批准,重点研究低压催化加氢还原技术,开发农药、医药、染料的中间体与新农药。

其他学科研究室有化学工程研究室、精细化工研究室等。

1991年10月,浙江省科委批准工业催化实验室为首批浙江省重点扶植实验室。1991年,国家教委授予我校化工原理实验室"全国高校实验室系统先进集体"称号。

化工系的科技工作面向经济建设主战场,累计科研成果91项,其中36项获部、省二等以上的奖励,正式发表论文497篇(其中发表于国外期刊、国际会议文集80篇),被国外期刊摘录或引用的超过180篇。例如,A110-2型氨合成催化剂,继1979年获浙江省优秀科技成果一等奖后,1983年获国家发明三等奖。1985年氨合成催化剂及氨合成塔内件的推广获省优秀科技成果推广一等奖。1987年氨合成节能技术的综合开发获国家科技进步奖二等奖。1989年ZA-3型氨合成催化剂的研制报告,获中国保密发明专利权,并获浙江省发明专利金奖。刘化章同志先后被评为省、国家有突出贡献的中青年科技专家,1988年被化工部授予为我国小氮肥工业发展做出突出贡献先进个人。1993年12月3日,A301氨合成催化剂获化工部科技进步一等奖。1994年6月20日,《人民日报》海外版刊登了题为《尊重知识、尊重人才,浙工大科技成果转化成效显著》的文章,介绍了A301型催化剂转化为生产力,成效显著的情况。又如,在农药方面的相关研究也硕果累累。单甲脒水剂是一种高效低毒的杀螨杀虫剂,主要用于防治柑橘、茶叶、苹果、棉花、食用菌、中草药等的多种害螨,该项研究成果获得国家发明三等奖,1988年获浙江省科技成果一等奖。此外,双甲脒、杀螨脒及中间体的研制及应用获1991年国家科技进步奖二等奖;甲基托布津异臭味的脱除技术获1986年浙江省科技进步奖二等奖、1989年国家发明四等奖;氧化乐果生产工艺的改进获 1981 年省科技成果二等奖;许多农药新剂型,多次获省科技成果奖。1982 年,农药化工教研室获浙江省劳动模范集体称号。

1991 年 4 月,省高校科技授奖大会授予李寿恒、李恩良、邓汉馨、徐崇嗣、阮大文等获国家教委"从事高校科技工作 40 周年"成绩显著的老教授荣誉证书,徐如玉获国家教委"全国高校先进科技工作者"称号。

这是改革的年代,以改革促进发展是时代的主旋律。改革是全方位的,不仅体现在教学科研和学科建设,而且还体现在管理工作。1984 年学校开展了管理体制改革,改变了教师工作量制度,在此基础上进行定编,并与经济挂钩,还制定了定性与定量相结合的考核办法。1985 年,对教师职务评定进行改革,改双轨制为单轨制,提高了教师工作积极性,改善了教师队伍的结构。1986 年,实行系主任负责制,扩大了基层的职权。1985 年毕业分配改为自主择业。1986 年,实行教师职务聘任制、教师职务工资制。1992 年进行新一轮人事分配制度改革。

浙江工学院是一所省属多科性工科院校,工科专业相对齐全,肩负着为地方经济建设与社会发展服务的使命。这是改革开放充满机遇的年代,学院艰苦创业、改革创新、抓住机遇、开拓奋进,各方面工作都有新的起色,走在省属高校的前列,在社会上有良好的口碑,得到省委、省政府的高度重视。

化工系在浙江工学院这 13 年间取得了快速发展,许多是突破性的发展,在本科教学、学位点建设、研究生教育、科学研究、地方合作、社会服务、学科及带头人、重点实验室等方面都走在全院的前列,在国内化工系科中都有较大的影响。

浙江工业大学时期(1993 年 12 月至今)

1993 年 11 月 26 日,国家教育委员会批复同意浙江工学院更名为浙江工业大学,12 月 3 日举行学院更名暨建校 40 周年庆典。

从此,学校的发展目标和定位出现了明显的变化:一是从以工为主的多科性大学向综合性大学转变,为学校进一步发展拓展了新的空间,在学科和事业的布局上注入了新的内容;二是从以本科教学为主的教学型大学向教学研究型、研究型大学转变,在重视本科教学的基础上,更好地重视科研工作、学科建设、学位点建设和研究生培养,从而推进学校各项工作上层次、上水平;三是以地方工科院校作为学校发展的参照系转变为以全国高等学校整体水平作为参照系,对未来提出更新、更高的要求;四是学校综合实力从全国地方工科院校先进水平,向跻身全国高校 50 强转变。曾记否:"争创一流""上层次、上水平""进入全国百强""跻身全国 50 强""内涵发展、创新发展""建设国内高水平大学"等成为学校在不同时期发出的强音。

1995年4月,学校批准化学工程系更名为化学工程学院。5月28日,浙江工业大学化学工程学院揭牌成立。学院下设化学工程、精细化工、有机化工、工业催化、应用化学等5个系。

学院成立前(1994年),全系有教职工163人,其中专任教师130人,教师中具有正、副教授等高级职务48人,中级职务80人。科研实验用房7000平方米,已建成精细化工、工业催化、化学工程、应用化学4个学科,2个硕士点。学院在校生1107人,其中研究生7人。设有化学工程、有机化工、精细化工、工业分析、腐蚀与防腐、电化学工程、环境工程等7个本科专业,以及工业催化专业方向和精细化工专科专业。设有11个教学研究室和相应实验室以及9个研究所(室、中心)。

学院的成立为其改革与发展按下了快进键,教育科研、学科建设、内部管理、党的建设等各项工作都取得了令人瞩目的成绩。不仅化工学科得到快速发展,而且还孵化了生物化工、制药工程、材料科学、海洋技术、环境工程等相关学科,使它们发展成为浙江工业大学的一个个新学院。学院成立至今已有28年,这是一段不平凡的发展时期,值得回顾、品味。这一段院史在化工学院的官网上有比较翔实的介绍,由于本文主要记述学院沿革的前期,这28年的许许多多故事理应由近些年更了解学院发展的同志来书写。

化学工程学院现有在校生3000余人,其中本科生近1400人,硕士研究生1700余人,博士研究生近200人。学院现有教职工300余人,其中专任教师227人,专职科研人员近50人,有正高职教师68人,副高职教师108人,具有博士学位教师210人,博士生导师73人,硕士生导师180人,拥有两院院士4人(含双聘),国家级人才20余人,省部级人才70余人。学院设有化学工程与工艺、应用化学、能源化学工程、安全工程4个本科专业,均入选国家一流专业。设有化学工程与技术、化学一级学科硕士点各1个,材料与化工专业学位硕士点1个,化学工程与技术一级学科博士点1个和博士后流动站1个。学院设有工业催化、化学工程与技术、化学等学科,其中工业催化学科是国家重点培育学科,化学工程与技术是浙江省重中之重学科,化学学科进入全球ESI排名前1%。化学工程与工艺专业进入教育部首批"卓越工程师教育培养计划"。学院建有国家重点实验室(筹)、国家级化学化工实验教学示范中心以及省部级重点实验室、科技创新服务平台共9个,拥有各类仪器设备价值近5亿元,科研、教学实验用房近5万平方米。近年来,承担国家级项目30余项,年到款科研经费超亿元,年发表SCI、EI论文350余篇,年授权发明专利300余项。

浙工大化工学院秉承"团结、勤奋、钻研、贡献"的院训,坚持立德树人,改革创新,如一只展翅的大鹏,向着更高、更远的目标,书写新的华章!

工业催化学科这五十年

刘化章

　　催化科学与技术对整个人类社会的发展起到了无与伦比的推动作用。人类在日益发展的社会中要满足衣、食、住、行、健康以及生存环境等基本需求,而催化科学与技术的应用帮助人类逐渐解决了这些问题。例如,合成氨以及化肥的生产和使用解决了74亿人"吃"的问题;齐格勒-纳塔催化剂及三大合成解决了人类"穿"和"用"的问题;石油炼制技术解决了人类快速便捷"出行"的问题;汽车尾气三效催化剂的应用解决了人类生存环境的问题;不对称催化合成医药的技术大大延展了人类的寿命;等等。这些工作在解决人类基本生存需求的同时,极大地提高了人们的生活质量,成为催化科学与技术对人类社会贡献的里程碑。

　　催化是典型的跨学科综合交叉学科,涉及化学、物理、生物、数学、材料、工程等多个领域,位于基础研究和应用研究的交叉点,与绿色化学和可持续发展紧密相连。催化是化学工业中最重要的科学技术,具有广泛的社会经济影响。催化化学是一门面向能源、资源、环境、化工、材料的有极其重要应用背景和前景的基础学科,是合成新物质、新材料和实现新反应的有效途径。催化作用几乎遍及化学反应的整个领域,在世界范围内,催化被认为是化学工业的基石,是制造燃料、纺织品、食品、药物等的关键科学技术,是解决人类所面临的能源短缺、生态破坏和人口健康三大挑战的关键科学技术。据统计,当今化学品生产的60%和化工过程的90%是基于催化作用的化学合成过程;发达国家GDP的20%—30%是直接或间接通过催化过程和产品贡献的。中国仅石化产业的GDP就占全国的18%—20%。

　　在20世纪粮食短缺年代,国家建设"以粮为纲"。增产化肥、多产粮食就与国家的稳定、人民的温饱息息相关。当时,小化肥厂在全国各地如雨后春笋般兴起,合成氨工业得到蓬勃发展,但技术落后,效益低下,因此研制新型氨合成催化剂具有重要的技术与经济意义。就是在那样的时代背景下,1970年10月,学校成立了催化研究室,我与同事们开始了新型氨合成催化剂的研究。

在科研硬件条件十分困难的情况下,以本人为组长的催化剂研究团队,"发扬没有条件创造条件也要上"的大无畏精神,自力更生,艰苦奋斗,一切自己动手,克服重重困难,没有实验室用房,就自己设计、自己建造实验室;没有高压实验装置,就自己设计、安装,首创我国第一套高压实验装置,为了筹建安装实验装置,还硬是挖掉了房子旁边的一座小山丘;没有高温炉,就自制土炉子,没有电动鼓风机,就用手摇鼓风机,直摇得满头大汗、手酸背痛;经过六年艰苦努力建成了我校第一个专业科研实验室(1993年更名为工业催化研究所)。在这简陋的实验室里,师生们边建设,边进行氨合成催化剂的研究。1976年研制成功我国第一个A110-2低温型氨合成催化剂,达到国际同类先进水平。这是我校第一项重大科研成果,并开创了我国A110系列催化剂之先河,成为我国近40年、迄今依然应用最为广泛的工业催化剂。

在学科建设和发展过程中,催化学科的师生始终坚持艰苦创业、开拓创新、争创一流的"三创"精神。实验室建设历经三次搬迁。1984年随学校从衢县搬回杭州,先安置在原机械厂后面的临时工棚,而催化剂制备装置仍然留在衢县。在杭州搞研究,然后带着配方到衢县去制备催化剂样品,再拿回杭州做催化剂性能评价,奔波于两地之间,其困难可想而知。1986年搬迁到"三化"大院简易房。1990年,才搬迁到现在的化工楼一楼。

工业催化学科是在"零"起点、"零"投资、十分简陋和困难的条件下,从一个课题组发展而成的。在50多年艰苦创业、自主创新中,创造了我校一系列从"0"到"1"的骄人业绩,为实现我校办成区域特色鲜明、国内一流的研究型大学的目标,做出了应有的贡献。

工业催化学科坚持学科建设与学位点建设相结合,使学科成为高层次人才培养基地。1989年被批准为浙江省重点扶植学科,1999年被批准为浙江省重点学科,2005年入选浙江省重中之重学科,2007年列入国家重点(培育)学科。1991年批建浙江省多相催化重点实验室,2003年省多相催化重点实验室更名为浙江省绿色化学合成技术重点实验室,建成绿色化学合成技术国家重点实验室培育基地。1998年批准工业催化博士点,2003年批设博士后科研流动站,2005年工业催化和生物化工博士学位点联合申报成功,成为我校第一个一级学科博士学位点,在2002年中国大学(工学)各研究生专业排名榜中,学科列全国同类专业第一名,学科整体水平已处于全国一流。

工业催化学科已培养研究生1092名,其中博士187人、硕士905人,博士后28人,培养本科生214人。目前,在读研究生282人,其中博士33人,博士后17人,在读本科生117人。一个学科的教师和在读学生规模已经超过我校一些学院的规模。

在毕业的研究生中,有我校第一位土生土长的院士郑裕国,第一位土生土长的校长李小年、副校长郑华均、浙江省特级专家许丹倩、化学工程学院院长陈银飞、机械工程学院院长姚建华、食品科学与工程学院院长丁玉庭、浙江化工研究院副院长刘武灿、浙江龙盛集团研究院副院长陈玉良、浙江诺亚氟化工有限责任公司研发中心主任韩文锋、校办企业厂长4名；有教授吕德义、史鸿鑫、祝一锋、黄晖、甘永平、杜晓华、周春晖、郑遗凡、于凤文、倪哲明、饶国武、俞传明、施介华、沈忱、单尚、褚有群、钟依均、卢晗锋、郑启富、谢冠群、罗书平、卢春山等22人。他们都是我校教学科研的领军人才和栋梁，而且都是本校土生土长，经过工业催化学科培养起来的。

学科坚持科学研究带动学科建设，使学科成为知识和技术的创新基地。只有加强科学研究，才能提高学科的学术水平和地位，才能提高教学质量和水平。科学研究要与国家需求与学科前沿密切结合，在实践中了解国家和社会需求，从国家和社会需求中寻找创新的机会。学科紧紧围绕国家粮食战略需求，致力于合成氨催化剂的基础研究和产业化。从1978年迄今，研发成果全部实现产业化，在全国大中小型合成氨厂得到最广泛的应用，其中包括世界上最大规模的年产60万吨合成氨的特大型合成氨厂，支撑了我国合成氨工业的"半壁江山"，且已持续40年之久；科研获得的成果受到了浙江省和原化工部的高度评价，省科技厅原主管领导曾指出，"实践表明，浙工大工业催化学科所走的道路，正是高校产、学、研并重，科、工、贸结合的成功之路，也是我省高新技术成果真正实现商品化、产业化的典范"。

催化剂研究取得一系列重大突破，发明了国际首创、世界领先的$Fe_{1-x}O$基氨合成催化剂。这是我国独创的一项重大原始创新成果。为保障国家粮食和能源安全和中国及世界合成氨工业技术进步做出了杰出贡献。

1996年学科进入清洁能源催化转化领域，2005年扩展到催化氢化、计算化学、纳米催化和能源电催化材料基础科学、纳微催化剂及材料的设计、制备及应用等领域。在新型高效催化剂、绿色催化氢化技术、催化新材料及其催化反应工程领域取得了一批标志性的研究成果，主要研究成果居国际领先水平。工业催化学科科研创新能力强，科技成果转化率高，产业化特点与优势鲜明，社会经济效益显著，与浙江省经济建设关系密切，在国内外有较高知名度。先后获国家技术发明奖二等奖2项、三等奖1项、国家科技进步奖二等奖3项、三等奖1项和省部级一等奖8项等重大科技成果奖20多项，获美国、欧洲、中国发明专利340多项，发表学术论文1000余篇，出版教材、专著6部。

学科现有教师57人，其中正高17人、副高20人，具有博士学位教师52人（占90.5%），博士生导师14人、硕士生导师27人。他们中涌现出一批国家和省部级高层次人才，包括国家有突出贡献科技专家3人，全国杰出专业技术人才1人，长江学者特聘教授1人，国家杰出青年科学基金获得者1人，国家青年千人计划2人,国家"百千万"人才工程人才2人,中组部"万人计划"科技创新领军人才1人,教育部新世纪优秀资助计划人选2人,国家优秀青年科学基金获得者1人,浙江省特级专家1人,浙江省"钱江学者"特聘教授4人,中国催化成就奖、侯德榜化工科技奖成就奖获得者各1人,省级有突出贡献科技专家7人,浙江省"万人计划"1人,浙江省新世纪"151"人才工程人才13人,其中重点1人、一层次2人、二层次3人、三层次7人,省高校中青年学科带头人2人,浙江省杰出青年科学基金获得者7人。

教师队伍中,有土生土长的校长李小年、副校长葛忠华、化学工程学院等学院院长5人、正处级干部7人、校办企业厂长4人,全国先进工作者、全国模范教师、全国五一劳动奖章、浙江省功勋教师、庆祝中华人民共和国成立70周年纪念章获得者5人,各种荣誉称号获得者9人,浙江省政协委员4人。

学科坚持"三创"精神和"三基地"的理念,经过50年的建设和发展,已成为集重点实验室、重点学科、博士点和博士后科研流动站于一体的科研、教学和高层次人才培养基地,在国内外催化学术界和企业界享有较高知名度,是我校最具实力的学科之一,也是我校乃至我省一个标志性学科。

能源化工专业的创新模式

陈银飞

随着世界经济的不断发展,人类社会对能源的需求越来越多。能源问题成为21世纪人类面临的最基本问题。从长远来看,在全世界范围内,一次能源仍将占主要地位。但随着时间的推移,一次能源逐渐消耗殆尽,煤、石油和天然气等含碳能源的洁净、高效利用,太阳能、风能、地热能、生物质能、潮汐能等具有清洁、低碳、可再生等优势的新能源的开发利用,将成为未来世界经济可持续发展的关键。能源化学工程(Energy Chemical Engineering)作为一个全新的专业应运而生。

能源化学作为化学的一门重要分支学科,是掌握煤炭综合利用,了解非煤矿物能源,普及新能源和可再生能源知识,实现能源科学利用和可持续发展的重要科学技术基础。它利用化学与化工的理论与技术来解决能量转换、能量储存及能量传输问题,以更好地为人类经济和生活服务。化学变化都伴随着能量的变化,而能源的使用实质就是能量形式的转化过程。能源化学因其化学反应直接或者通过化学制备材料技术间接实现能量的转换与储存。能源化学工程属于一个全新的专业,之前仅在化学工程与工艺专业里涉及了一点,主要关注怎么利用能源、对大自然造成较少的伤害。主要研究方向为能源清洁转化、煤化工、环境催化、绿色合成、新能源利用与化学转化环境化工。如今上升到一个全新的专业独立出来,可见其重要程度。

能源化学工程专业开展化石资源优化利用的基础与应用基础研究,重点解决高效新型催化剂研制及其工业放大等重大问题;研发高效、低成本、上规模、环境友好的非石油基醇醚酯合成工艺路线;清洁能源的制备、存储及其转化。研制基于液相反应的新型超级电容器;研发锂离子电池、燃料电池和太阳能电池的新型材料。能源化学工程专业主要学习能源化学工程专业基础理论知识,具备在煤炭行业、电力行业、石油石化行业、生物质转化利用行业从事低碳能源清洁化、可再生能源利用,以及在能源高效转化、化工用能评价等领域进行科学研究、生产设计和技术管理的能力。能源化学工程专业培养掌握化学和能源转化与利用的基本理论、基本知识和基本技能,培养具有良好科学素养、基础扎实、知识面宽,具有创新精神和国际视野的高级专门应用型人才。专业人才培养目标的制定应建立在对专业深入了解和分析的基础上,并结合国情、校情,能源化学工程专业人才培养目标也不例外。

我校能源化学工程专业源于2011年成立的能源与资源工程专业,是国家首批战略性新兴产业本科专业,2013年更名为能源化学工程专业。专业依托我校化学工程与技术A-学科的省重中之重——工业催化学科。学科积淀深厚,在学科的大力支持下,能源化学工程专业发展迅速,于2014年入选浙江省"十二五"新兴特色专业,2016年入选浙江省"十三五"特色专业,2019年成为浙江省"双一流"专业建设点,2021年被遴选为国家一流专业建设点。

能源化学工程专业紧密依托工业催化学科办学,拥有以国家突出贡献专家刘化章教授和教育部长江学者李小年教授为代表的59名专任教师,其中具有国家级、省级人才项目的教师20人,占比达到33.9%。建有催化剂工程(能源催化转化原理)、可再生能源工程、能源环境工程、新能源储存与利用技术(新能源材料)、现代催化表征技术、结构化学等六个教学团队。能源化学工程专业教研室因工作突出,荣获2020年度校优秀基层教学组织。

能源化学工程专业非常注重青年教师培养。通过实施青蓝工程、青年教师导师制等,以老带新,形成传承,加快青年教师过好科研关和教学关。鼓励学科青年教师参加学校和学院组织的各类教学比赛,参赛人数名列前茅,并屡次取得很好的成绩,如:浙江省高校第九届青年教师教学技能竞赛工科组一等奖(岑洁)、浙江省高校第十一届青年教师教学技能竞赛理科组特等奖(丰枫)、浙江工业大学化学工程学院第一届青年教师教学大比武特等奖(钟兴)、浙江工业大学化学工程学院第三届青年教师教学大比武一等奖(刘易),以及二等奖和优秀奖等多项。

专业还加强与能源行业产业的交流与合作,以学校开展的"校外精英入校园"政策为契机,聘请行业龙头企业的高级专业及管理人才为课程责任教授,如浙江省生态环境低碳发展中心副主任吴建、浙江润德环境工程有限公司总经理王鹏、中石化宁波新材料研究院副院长黄朝晖等,承担专业课程教学与建设。

能源化学工程专业除了依托国家级化学化工实验教学示范中心、国家级化学化工虚拟仿真实验教学中心、学校工程实训中心以及国家级校外实践基地等开展实验实践教学之外,自身还拥有近400平方米的专业实验室,建有化学吸收法碳捕集小试实训、CO_2加氢制甲醇和甲烷、甲醇重整制氢、CO_2聚光催化还原、燃料电池性能测试、光催化合成氨、电催化制过氧化氢和氨等实验装置,形成了覆盖新能源的生产、储存、利用、节能环保的全生命周期实验体系。能源化学工程专业还与聚光科技(杭州)股份有限公司、浙江东盛慧谷科技有限公司、杭州快凯高效节能新技术有限公司等企业共建校外工程实践教育中心（基地），为学生工程实践能力培养提供良好支撑。

能源化学工程专业自2011年至2021年，每年招生30人，加上其他专业转入人数，共招生333人，目前已毕业240人。专业在学生中有良好的口碑，每年专业分流报名学生人数及其绩点名列学院前茅，自2022级起招生规模扩大至2个班（60人）。

能源化学工程专业采取"一人一师、一人一题、一人一赛"的拔尖创新培养模式，鼓励学生积极参加各类学科竞赛。每届学生参赛率近100%，学生竞赛成果丰硕，获得的竞赛奖励有：全国大学生节能减排社会实践与科技竞赛获二等奖1项（第十届）、三等奖1项（第十二届）；第四届浙江省"互联网＋"大学生创新创业大赛铜奖1项；全国大学生化学实验邀请赛二等奖1项；国际大学生数学建模竞赛（2022年）S奖1项；全国大学生"互联网＋"创新创业大赛浙江省银奖1项；大学生化工设计竞赛获浙江省一等奖2项、三等奖1项，华东区三等奖1项，全国二等奖1项、三等奖1项；浙江省"挑战杯"课外科技竞赛一等奖1项、二等奖2项；全国大学生化工实验大赛华东赛区一等奖2项；华东赛区创新实验大赛二等奖2项；校"运河杯"特等奖1项、一等奖2项、二等奖3项、三等奖17项；校节能减排社会实践与科技竞赛一等奖2项、二等奖4项和三等奖6项；其他各类校级课外科技竞赛获奖40余项，浙江省及全国高等数学竞赛等获多项奖。

能源化学工程专业历届毕业生质量高，特别是出国升学率逐年提升，如2015年首届毕业生29人，就业率达到95%，升学率35%，其中浙江大学2人，中科院广州能源研究所1人，华东理工大学2人，浙江工业大学5人。

2018年毕业生30人，升学率上升到60%，其中8人考入了天津大学、厦门大学、浙江大学等985国内一流大学以及研究所，还有11人成功报考了本校，加入了知名学者研究团队。除传统化工领域外，有近70%的毕业生进入新能源与环保行业。

特别是2020年至2022年，毕业生升学率居学院第一，2020届全校第一，升学率达到74%，其中，进入985高校11人，出国5人。

能源化学工程专业立足长三角地区，面向国家能源战略和区域经济发展需求，聚焦新能源的开发、储存、利用以及节能环保，培养具有家国情怀、国际视野、创新精神、职业道德、社会责任感和良好心理素质，具备坚实的自然科学、工程基础、能源化工专业知识，具有较强的工程实践、工程设计和研发创新能力，在能源、化工、环保等相关行业从事科学研究、工程设计、技术开发和管理、德智体美劳全面发展的高素质工程技术人才，成为社会主义事业合格建设者和可靠接班人。

理学院初前期重大事件回顾（上）

程 成

引 子

　　浙江工业大学理学院于2000年从基础学院改名为理学院，基础学院之前的历史是服务于全校基础数学、物理、外语教学的基础部，更早期还有制图教研室等，没有自己的专业学生。1998年开始，在全国高校合并以及浙江大学四校合并的浪潮中，省属高校（尤其是在杭州的省属高校）数量一下子少了很多，基础较好的浙江工业大学自然就被省里列入了重点关注的行列。原本以工科的化工、机械等见长的浙江工业大学，上下都出现了要办成综合性大学的呼声。在这样的背景下，理学院从基础学院脱胎而来，应运而生。

　　为了解决部分学院及新建学科带头人缺位的问题，2000年5月11日，浙工大同时在《光明日报》《浙江日报》等报纸上刊登启事招聘七个学院的院长，包括信息工程学院、建筑工程学院、生物与环境工程学院、理学院、人文艺术学院、法学院、外国语学院。招聘启事称"学校给予优厚岗位津贴……配备相应实验设备及研究经费，按规定享受120平方米住房，给予一定的安家费，帮助安排随迁家属的工作……"。我当时在杭州师范学院（现杭州师范大学）任物理系系主任，一个偶然机会看到了这则招聘广告，心里一动想试一下，于是投了简历给浙工大。浙工大组织部接待人员先后有何作井等，他们态度亲和、举止儒雅，给我留下了较深印象。时任学校组织部部长宣勇及后任组织部部长王兴杰、党委副书记沈传缘等与我先后进行了面谈（面试），确定了拟引进。后来，我跟理学院时任党总支书记吴锋民也进行了交流。在引进过程中，由于当时我在杭师院是仅有的首批三个年轻教授之一，又任职中层，杭师院不愿意放人。浙工大时任党委书记汪晓村亲自率组织部部长宣勇到杭师院跟院长林正范面谈，恳请放人，支持浙工大新建学科。这样，经过大半年的折腾，杭师院终于同意放人，但条件是要收回我已买下的房改房。此时我心已渐渐地从试一试变成去意已决，遂同意交回房子,尽管在经济上吃亏也要离开。最终,我于2001年5月离开杭师院,正式到浙工大报到,浙工大党委发文进行了理学院院长聘任。按经济适用房价格卖给了我一套住房,但承诺的"配备相应实验设备及研究经费"则不见了踪影。浙工大这次招聘,除了理学院之外,从外校聘到院长岗位的是孙力平(人文艺术学院)、张旭(法学院)、郑建军(建工学院),以及后来艺术学院从人文艺术学院独立出来之后的周旭等,从本校到岗的有寮菲(外国语学院)、俞立(信息学院)、陈建孟(生物与环境工程学院)等。这样,招聘的七个院长岗位都先后到位了。

理学院于2000年8月开始首次招收四年制本科生,两个专业——应用数学、应用物理学,各招收30名本科生,我到任时学生已经入学。虽名为"学院",但其实各方面的基础和条件都相当薄弱。院长办公室先是在东配楼的一楼,和书记合办,房小屋暗,白天得开灯。学院办公室很小,办公室人员也很少,办公室2003年前后移到新教楼14楼的一间大统间办公。当时,第一届本科生刚刚入学,教学大纲、主讲教师等都在完善补充当中。教师没有科研项目,没有科研团队,只有教课,许多教师甚至不知道什么是SCI。全院除了极个别教师偶有省级项目资助之外,几乎没有纵向项目。我记得当时范竞藩老师曾经跟我谈起过他们之前也想搞科研,想在光学方向开展工作,前几年引进了几位光学方向的教师(段向阳、何良芳等),但一直没有进展,他希望我来了之后能有所突破。范竞藩是值得敬重的一位老师,他退休后仍关心学院的工作,记得有一次他主动将他在北大的同学、天津南开的母国光院士的家庭地址和电话交给我,希望能对我院的学科建设有所帮助。

就这样,我在众人满怀希冀和自己的踌躇满志之中,担任了理学院的首任院长,开始了我长达11年多的院长生涯。

理学院中长期发展规划(2001—2010年)

面对几乎是一张白纸的理学院,我上任之后,主要抓了这么几件事:一是制订理学院中长期发展规划;二是制定并实施了理学院岗位聘任条例和实施细则;三是硕士学位点、省重点学科的建设和申报。这些工作的基础,是人才引进和培养。

2001年前后,是全国全省高等教育迅速发展、高教园区大规模建设的一个时期,省委、省政府对当时在杭少有的省属高校之一——浙工大提出了新的要求。在学校的统一安排下,我带领大家制订了2001—2010年理学院十年发展规划。由于是理学院的第一个发展规划,其重要性不言而喻。此时,学校根据省委、省政府的要求,提出了新时期新的学校定位和建设目标:把学校建设成为国内知名的综合性教学研究型大学。既然是综合性,那么对理学院就有很高的要求。我们根据学校中长期发展规划的要求,在认真梳理学院现有情况的基础上,结合具体情况,通过开座谈会、讨论会、个别征求意见、发书面征求意见稿等形式,集思广益,反复修改,制订了理学院2001—2010年发展规划。规划的制订过程,是全院明确思想的过程,是明确学院定位和奋斗目标的过程,也是教师自身要考虑的今后如何发展的过程。事实证明,学院中长期发展规划的制订,对学院的发展产生了积极而深远的影响,是一个指挥棒,对教师产生了相当大的引导作用。下面给出当年理学院第一个中长期规划(节删),尽管啰唆,但能比较全面地了解当年理学院的基础和背景。

1 背景

学校提出了新的发展目标:把学校建设成为国内知名的综合性的教学研究型大学。

2 学院面临的挑战

近年来,宁波大学、浙江师范大学和筹建中的杭州师范大学等院校也在大力发展理科,纷纷成立了理学院。必须指出,宁波大学、浙江师范大学、杭州师范学院等院校的理科都已经有较长发展的历史,具备了一定的规模,而我校的理科才刚刚起步。从总体上看,目前这些院校的理科办学条件要比我校好,基础也比我校扎实。而且,从现在看来,他们对理科建设极为重视,如宁波大学已经引进了院士担任理学院院长,发展势头很好。我校理学院面临着极大的挑战。

3 理学院现状

年轻的理学院还带有明显的基础学院的痕迹。目前仍然以基础教学为主,学院的规模、学科水平、师资队伍、实验条件等都相当薄弱,远远满足不了我校向教学科研型大学发展对理科的相应要求。

3.1 学科力量弱

当前的理学院仅数学、物理两个一级学科。从总体上看,学科的力量很弱,具体表现在:

(1)研究方向分散,缺乏整体力量。从现有的数学、物理两个一级学科看,数学学科现有基础数学、应用数学及计算数学三个二级学科,物理学科现有理论物理和物理电子学两个二级学科。虽然教师承担过国家、省自然科学基金,也发表了许多高水平的学术论文,但总体上讲,二级学科的力量比较分散,目标不够明确,缺乏高层次的学科带头人,尚未真正形成一支水平较高,年龄、职称结构合理的二级学科梯队。

(2)师资力量薄弱。理学院现有教师及实验室人员60人、专职行政人员3人,其中,教授3人,副教授等副高级职称25人,博士7人,在读博士生3人,硕士

25人。教师中有固定的研究方向,并能做系统的研究工作的人较少。

（3）至今没有学位点。学位点是衡量学院的学科力量强弱的一个重要标志。由于理学院刚建立,加上现有学科力量较弱,至今还没有学位点。

（4）与工科的结合很少。虽然近年来理学院的部分教师与化工、机电、信息学院的有关教师联合申报国家及省自然科学基金项目,但没有真正形成合作研究的局面,更没有取得高水平的理工结合的研究成果。

3.2 专业规模小

理学院目前共有两个新建专业,即信息与计算机科学及应用物理学,已在2000年秋季开始招生,招生规模较小(现有两届共六个小班的学生),学科建设、队伍建设困难很大。理学院现在还处在一个专业建设刚起步、规模很小的阶段,离我校和学院发展的要求相差甚远。

3.3 办学条件差

理学院刚成立,办学的条件还比较差,尤其是:

（1）缺少办学活力,无法实行真正意义上的学院自主理财制。目前,我校各学院实行自主理财制,为学院办学带来活力。但由于理学院学生规模小,只有很少的学生学费来源,教师奖酬金按工作量的形式通过职能部门及各专业学院计算下来,余量很少,变化性大,并伴有一定的随意性,理学院无法实行有力度的二次分配方案,在分配中难以对学科及科研工作进行有效支持。

（2）实验室投入不足,没有专业实验室。理学院现有实验室主要从事全校本科学生的物理基础教学。在省教育厅合格评估后,省教育厅和学校对基础实验设备进行了230万元的投入,使物理实验中心仪器陈旧落后面貌有较大改变,但离我们要把物理实验中心建设成为省乃至国家的基础实验示范中心目标还有较大差距,基础实验室的投入依然不足。此外,理学院至今没有专业实验室,严重制约着学科的发展和专业水平的提高。

3.4 观念需要转变

从基础部、基础学院发展到今天的理学院,广大教师的专业和学科的观念还没有完全转变,缺少专业意识和学科意识。例如教研活动虽能正常开展,但学术活动少,各学科正常的论文讨论班比较少,没有形成浓厚的学术气氛。科研项目比较少,科研作为高校主要任务之一在理学院没有得到落实。教师的教学负荷过重,客观上影响学科建设和科研工作的开展。

理学院成立时间短,而且是处在工科的大背景中,客观上存在全校范围内的观念转变过程,需要学校领导、有关职能部门和全校教职工站在新的高度去认识理学发展对于实现学校发展目标的影响。

4 理学院中长期发展目标

理学院未来发展的总目标是:通过五年左右的艰苦努力,把我院建成省属高校理科的教学和科研中心;通过十年左右的艰苦努力,把我院建成学科形态较为完整,在国内具有一定知名度的理学院。总体目标的内涵有三点:

(1)办学规模较大,规划布局合理,有不同的层次。

(2)有特色学科,水平较高,其中一两个学科在省内乃至国内有影响。

(3)能为学校的其他学科提供强力支撑(包括本科、研究生教学和科研),在某些领域,能引导其他学科的发展。

5 实现目标的两个发展阶段

第一阶段(2001—2005年):以师资队伍建设为突破口,重点是搞好数学、物理的学科建设,拓展数学、物理学科的办学空间,夯实基础,使学院的办学条件明显改善,办学的规模大大扩展,师资队伍明显加强,实验设备和实验用房大为改观,学位点的建设实现零的突破,为下一阶段的发展打下良好的基础。

第二阶段(2006—2010年):着重提高,上水平、创优势,初步形成相对完整的理学学科形态和一定的学科优势,在搞好本科教育的同时,积极发展研究生(硕士和博士)教育,促进学科间的相互渗透,具有鲜明的理工紧密结合特色,使理学学科为学校的其他学科提供理科的支撑作用,并建成1—2个在省内乃至全国有较大影响的二级学科。

5.1 至2005年的具体目标

(1)办学规模:全日制在校学生700人,其中本科生670人,研究生30人,并且在2005年本科生招生规模达到210人,研究生15人。

(2)专业数量:理学院将设4—5个专业,其中数学类2个、物理类2—3个,每个专业有完善的培养方案、教学计划及高质量的教学。

(3)学科、学位点:数学、物理这两个一级学科下都有1—2个颇具实力的二级学科,其中有1—2个二级学科进入校重点学科行列,力争有1个二级学科进入省级重点学科或重点扶植学科行列,3—4个二级学科有硕士点。

(4)科学研究:建成研究所5个,每个二级学科上建研究所,每个二级学科每年能出10篇以上高质量论文,有完善的学科负责人制度及比较浓厚的学术研究氛围。

(5)教师队伍:教师人数达90人,其中教授占15%,副教授占40%;博士学位者占20%,硕士学位者占40%,每个教师都能胜任公共基础课或专业基础课的教学工作,同时80%的教师有自己固定的研究方向,并进行学术研究。

(6)基础课教学:全校性公共基础课及理学院专业基础课有稳定的高质量的教学,每年能完成2—5项教改研究项目;建成我校大学生数学建模培训基地,培养一批稳定的高水平的建模辅导教师,争取每年能获国家级奖;正式出版2—4本基础课程教材,其中力争出版1本省级统编教材(由我院牵头)。

(7)实验室建设:高水平、高起点、高标准建设基础实验室和专业、科研实验室,使其有完善的基础实验及专业基础、专业实验设备,为专业教学和科研工作提供实验保障,建立完善高效的实验室管理体制,建成我校的物理实验创新基地,培育学生的创新能力,把物理实验中心建设成为省级的示范中心。

5.2 至2010年的具体目标

(1)办学规模:全日制在校学生超过1200人,其中本科生超过1000人,硕士、博士研究生达到200人。

(2)专业规模:理学院将设5—7个专业,其中数学类2—3个、物理类3—4个。

(3)学科、学位点:数学、物理每个一级学科下都有1—3个颇具实力的二级学科,其中有2—3个二级学科进入校重点学科行列,2—3个二级学科进入省级重点学科或重点扶植学科行列,5—6个二级学科有硕士点,2个二级学科有博士点;每个二级学科都有水平较高的学科带头人,形成年龄、职称结构合理的学科队伍。

(4)科学研究:建成研究院所5—6个,其中省、部级研究机构1—2个,科研经费到款数150万元。

(5)教师队伍:教师人数达110人,其中教授占20%,副教授占40%;博士学位者占35%,硕士学位者占50%,每个教师都有自己固定的研究方向,进行学术研究。

(6)实验室建设:继续完善基础实验及专业基础、专业实验设施,为学院的教学、科研提供保证。力争把物理实验中心建设成为国家级的示范中心。

在搞好现有的数学、物理两个一级学科建设的同时,积极向化学、生命科学、力学等理学学科拓展,在学位点建设、专业设置与招生规模、师资队伍建设、科研及实验室建设等方面都有相应的发展。

6 学院的任务与措施

6.1 重视本科教学,提高教学质量

6.2 加强学位点建设,重视研究生教学

到2005年,争取建成3—4个硕士点;到2010年在数、理学科建成5—6个硕士点,2个博士点。积极发展研究生教育,力争2005年在读硕士研究生达到30人;2010年在读硕士、博士研究生达到200人。

6.3 以学科建设为主线,加强科技工作,提高学科水平

2005年建成1—2个校重点学科,力争建成1个省级重点学科或重点扶植学科;在2010年建成2—3个校重点学科,建成1—2个省级重点学科或重点扶植学科,建成研究院所5—6个,科研经费达到150万元。

6.4 以师资队伍建设为重点,建设一支高水平的教师队伍

6.5 切实加强实验室建设,完善实验设施,为学院的教学科研提供必要的

实验条件。把物理实验中心建设成为省级的示范中心。建成我校大学生数学建模培训基地,争取每年能获国家级奖

6.6 健全管理制度,调动广大教职工的积极性,保证各项工作的顺利进行

6.7 加强学院的思想政治工作和精神文明建设,增强集体凝聚力

6.8 加强对外开拓,扩大学院影响

7 近两年迫切需要学校帮助解决的问题

7.1 制定并落实积极扶植理科发展的配套政策

我校理学院刚刚成立,理科还很弱小,正处在一个刚刚起步的阶段,学科的师资力量、科研水平、实验室的装备等还非常落后,迫切需要学校对我院的人才引进的有关政策、实验室的用房、专业实验室的建设、校重点学科的评定及相关科研经费的投入、教师奖酬金的分配政策等具体问题上给予倾斜,特别是教师奖酬金的分配上,减少每年的波动性与随意性,制定相对固定的倾斜政策,实行对理科进行特别扶植政策。所以,期望学校能专门制定一个积极扶植理科建设的配套政策,使我校的理科建设有政策上的保证。建议学校成立理科发展委员会(或文理科发展委员会)。

7.2 加强人才培养力度,大手笔引进人才

希望学校特别重视理科中青年学术、教学骨干的培养,加强人才培养力度,要在人、财、物、工作条件和生活待遇等各方面积极给他们创造条件,解决他们的实际困难。

要大手笔引进人才,在引进理科方面的国内有较大影响的学科带头人、年轻教授、优秀留学回国人员、优秀博士生时,能在工作条件、实际待遇(包括住房)、帮助安排爱人的工作等方面提供优厚的条件,并争取能尽早引进理科院士。

7.3 切实解决理学院用房非常紧张的困难

按照理学院今年制订的"理学院实验、办公用房面积的规划"(仅包括数学、物理两个学科),理学院在最近两年中急需实验、办公用房4600平方米。其中,学院办公用房400平方米,应用数学系办公用房500平方米,应用物理系实验、办公用房3700平方米,但目前理学院现有的实验、办公用房仅为1000余平方米,缺口达到3600平方米。所以,希望学校在新造教科大楼中,为理学院预留足够的实验、办公用房。

此外,建议学校在适当的时候建设一座理科大楼。

7.4 尽快启动理学院专业实验室建设项目

理学院现有"物理实验中心"一个实验室。下一步,我院希望学校安排经费启动专业物理实验部分的建设项目,该项目的完成对改善我院的办学条件、推动学科建设具有重大的作用,我院希望学校能在2002年启动该项目。

上面的文字，基本反映了理学院建院初期的状态、面临的压力和广大教师对理学院未来发展的热切期盼。近年来，新引进的年轻教师对理学院的历史不太了解，以上的文字可供年轻教师了解理学院的历史，理解理学院一步一步走来之不易，懂得珍惜今天。

事实证明，经过五至十年的发展，理学院无论是五年发展目标还是十年发展目标，绝大多数都已经达到，有的已经超过，个别目标没有达到（如博士点），其中部分原因是国家对博士点的紧缩政策。

人才队伍建设

我于2001年刚到岗时，理学院全院只有50多位教师，面临的是公共基础课上课教师都奇缺的局面。当时对人才有点饥不择食，硕士毕业生少，博士毕业生更是稀缺，只要是大致可以的就引进。

在人才引进方面，与数学学科相比较，物理学科引进的力度更大一些，时任数学系主任邹学军比较谨慎。记得第一位引进的物理教师是俞攸红（2001），第一位引进的数学教师是丁昌明教授（2001，杭师院）。后面，物理方面陆续引进了吴忠超教授（2002，美国）、王安忠教授（2003，美国）、黎忠恒教授（2005，湛江师院）等。数学系在我到岗时已有先期从外省引进的邸继征教授、王定江教授，2004年又从中国矿大引进了薛秀谦教授。先后引进的年轻物理硕士毕业生有周寒青、辛晓天、徐军、武强、许周速、蔡萍根、陈曙英、张夕飞、李珍、许晓军（后去江苏）等。初前期引进的物理博士生有刘玉玲、张航、李博、李海斌、陈刚、胡来归（后去复旦）、聂青苗、严金华、杨杨、马德伟、鄢波、杨则金、朱涛等。数学方面也引进了许多年轻的博士，在此不再一一列数。

在初步解决公共课教师紧缺的困境之后，我们开始有选择地引进，拟引进的人才除了能力强之外，还要到我们主要的学科方向上去。当时高校是铁饭碗，一旦引进，就可高枕无忧、躺平不干，或者干自己的活，脱离学科发展的方向，这是个棘手的问题。我于2004年到美国做了半年的高访，了解到美国高校管理的一些做法，觉得对新引进的教师可以采用类似的"终身轨道制"（tenure track）。2005年回国后，我跟时任人事处处长肖刚商量，人事处经过讨论之后，同意我们先行试点。下面是我们跟新引进教师签订的协议书。后来，根据数学、物理以及实验室人员工作性质不同的特点，进行了分类，分别拟了相应的引进协议书，如下所示（模板）。

协议书

根据浙江工业大学发展规划,为加强理学院的学科与师资队伍建设,经理学院办公会议研究决定,对新引进人员(以下简称乙方)协议如下:

1. 乙方在研究方向开展研究工作,并圆满完成教学和其他任务。

2. 乙方在3年内,以第一作者并浙江工业大学为第一署名单位在上述研究方向上发表SCI或EI或ISTP检索的研究论文3篇(含)以上。

3. 乙方上述任务的完成与否,在一个聘期结束时由浙江工业大学理学院学术委员会认定。

4. 乙方如没有完成上述任务,甲方不再续聘乙方,由浙江工业大学人事处按聘用合同进入解聘程序,乙方对此无异议。

5. 本协议有效期自____年____月____日起到____年____月____日止。本协议书作为学校聘用合同补充内容要求。

6. 本协议书一式三份,甲乙双方各执一份,校人事处存档一份,具同等法律效力。

甲方(盖章):浙江工业大学理学院　　　　　乙方(签字):

日　期:　　　　　　　　　　　　　　　　日　期:

上述协议书只对研究方向(由学科商议具体确定)和SCI论文数做了限定,重点是研究方向,没有对国家基金项目等做限定,这是由于考虑到国家基金申报成功的难度较大,但论文可以通过个人努力较快完成。此外,对论文的层次也没有做限定,留下了较大的余地。

该协议在学院执行了若干年,在最初几年起到了作用,新引进的年轻教师按承诺行事,在学科需要的方向上开展工作。然而,有的仍旧在做自己攻读博士时的研究方向,修修补补,于学科建设无益,基金也拿不到。其原因是多方面的,例如,学校考核的是个人,个人自然要做自己最拿手的科研,如此才能多出论文,团队指定的方向他不熟悉,无法在短期内出论文,尽管团队指定的方向持续做下去很有前途。另外,更重要的是高校劳动人事制度的改革还没有发展到如此这般的程度,铁饭碗依然如故,几乎没有谁被解聘。后来,经过了十多年的改革发展,只有像浙大这类985高校,在人才来源远远多于需求的情况下,才真正实行了"非升即走"。这个协议在执行了几年之后,人事处处长变动,学校没有大面积推广,理学院也没有人为此而不聘的,此事不了了之。

到了2006年6月,理学院在编在岗的总人数达到了88人,其中应用物理系36人(含实验室),应用数学系41人,学院办公室11人。在此五年前理学院总人数约55人,五年增幅达到了60%,增加的主要是骨干教师。到了2011年10月,学院在编在岗的总人数达118人,教师队伍规模进一步扩大,就人数而言,成为浙工大的大院。但实事求是地说,在集中研究方向方面,做得并不好,许多还是各自为政、单兵作战,没有凝聚成强有力的团队,因而,这许多年下来,没有获得国家和省部科研大奖。

在人才培养方面,我们采取了积极鼓励教师在职攻读博士、硕士学位的政策,如工作量可减半、给予差旅费补助等。记得数学系罗和治老师住在下沙,在上海读博,又要在杭州城西的小和山上课,来回跑,非常辛苦,学院给予了相应的政策照顾,等等。

理学院教师岗位聘任条例和实施细则

我刚到岗时,理学院成熟的规章制度相当欠缺,其中最关键的是没有一部岗位聘任条例。当时,高校正处于前所未有的变革浪潮当中,高校的管理从前几年的"大锅饭"改变为"考核制",考核制的前提是"岗位",因此,针对理学院的具体情况,制定一部理学院教师岗位聘任条例和实施细则就显得十分急迫。

没有先例和模板可供参考。我们根据学校的岗位聘任原则和要求,召开教师开座谈会、个别和系部征求意见等形式,集思广益。我本人亲自起草,从聘岗范围、岗级划分、岗位职责、绩点要求等都进行了撰写。总的指导思想是鼓励科研,平衡教学,突出奖励,拉开差距。草案出来后,在数学系、物理系以及学院层面,召开了几次座谈会,征求了广大教师的意见,大改了几次,制定了理学院第一部教师岗位聘任实施细则(里面包含了两部分内容——聘任条例、实施细则,当时统名为"实施细则"),最后提交给理学院教代会表决。作为历史文档,下面将2004年1月理学院教代会投票表决通过的《理学院教师岗位聘任实施细则》陈列于下(节删)。

理学院教师岗位聘任实施细则
(2004年1月9日理学院教工代表大会通过)

为贯彻执行浙工大〔2000〕30号《关于实行岗位聘任和岗位津贴制度的办法(试行)》,根据浙工大发〔2003〕65号《2003年学院(部)岗位设置和人员聘任实施细则》,特制定本实施细则。

一、组织机构和职责

1. 成立理学院岗位聘任委员会,人数为7人,其职责是:制定理学院岗位设置、聘任和考核管理办法;接受教师应聘申请或向学校岗位聘任委员会推荐人选;确定理学院岗位聘任人员。

2. 理学院岗位聘任委员会以无记名方式,投票表决确定岗位聘任或推荐人选,按照组成委员人员的三分之二通过为有效。

二、人员聘任的办法与程序

校聘岗位的聘任办法与程序完全按照《2003年学院(部)岗位设置和人员聘任实施细则》执行。

院聘岗位人员聘任办法与程序:

1. 人员聘任前必须完成前一聘期的考核。考核对象填写《浙江工业大学岗位考核及聘任表》,对照岗位聘任的工作职责和任期目标,总结聘期内的工作业绩,由学院负责考核,期满考核结果分为称职、不称职。

2. 对年度岗位考核不合格者予以提示并暂时停发下一年度的岗位津贴,聘任期满考核合格时予以恢复。聘任期满考核不合格的不能再续聘原岗位或等级更高的岗位,将降级或解除聘约关系。

3. 由聘任委员会无记名投票确定上岗人员,聘任委员会有权对应聘人员降级聘任。

4. 院聘岗位人员聘任程序

(1)公布方案。在相应范围内公布岗位设置方案,包括岗位名称及等级、岗位职责、任期目标和津贴等级等。

(2)个人申请。个人申报应说明对岗位职责的承诺和对任期目标的执行计划,并将个人的申报材料递交学院。

(3)确定名单。院岗位聘任委员会在充分听取群众意见的基础上,召开会议,充分讨论,投票表决,聘任或推荐各级岗位人员名单。

(4)人员名单公布。经异议期后,报学校备案,由学院聘任,签发聘任表,负责日常管理与考核。

三、投诉和申诉

1. 学院岗位聘任委员会投票表决结果产生公布后的一周为异议期;在异议期内,教职工有权就各级岗位申请人的情况和学院岗位聘任委员会的工作提出异议;在异议期内,应聘申请人或相关部门有权就学院岗位聘任委员会的决定提出申诉。

2. 成立理学院岗位聘任工作监督协调小组,监督聘任过程,调解聘任过程中出现的矛盾,接受教职工的申诉和投诉,并对投诉和申诉进行调查,提出意见,调查结果送学院聘任委员会审议。

3. 学院岗位聘任工作监督协调小组的日常工作设在学院分工会。

4. 教职工的申诉和投诉必须以书面形式,并要签署真实姓名,学院岗位聘任工作监督协调小组有义务为投诉人保密。投诉人必须以事实为依据;经查实,属于有意诬告的,将严肃处理。不署名的投诉不予受理。

四、各级岗位的聘任条件

（一）基本条件

1. 应聘者应具有良好的思想政治品德和职业道德，热爱教学工作，身体健康，能教书育人（管理育人）。

2. 应聘者的主要精力放在我院的工作上，关心并参与课程建设或实验室建设，服从学院和系的工作安排，按质按量完成教学任务。

3. 近两年中每年考核在B及以上。

4. 参加院、系或二级学科的科研报告会，到会率在80%以上。

5. 青年教师必须参加学院组织的讲课比赛。

（二）聘任条件及岗位要求

岗位等级		6	5	4	3	2	1
上岗资格		教授 副教授	副教授 讲师	副教授 讲师	讲师、助教、博士	助教 硕士	助教
岗位要求	总绩点要求	420/年	350/年	300/年	270/年	240/年	210/年
	做学术报告	面向全院 1次/年	面向院或系 1次/年	面向二级学科1次/年			
	最低教学绩点要求	180/年	180/年	180/年	180/年	180/年	180/年
上岗基本条件		前一聘期考核合格					

总绩点＝教学绩点＋科研绩点＋其他绩点

对不满足上述基本条件或前一聘期考核不合格者，学院不聘或降级聘任。

（三）各级岗位的职责见《理学院教师岗位职责》

五、绩点计算方法

（一）教学绩点计算方法

1. 公共基础课程：教学绩点计算同校教学工作量的计算方法。

$$每个合班教学绩点 = \frac{合班人数}{30} \times \alpha \times 该课程的学时数（其中\alpha为合班系数）$$

2. 专业课程：

$$每个合班绩点 = \frac{合班人数}{30} \times \beta \times 该课程的学时数（其中\beta为合班系数）$$

合班人数	30	60	90	120	150	180
公共课程系数 α	0.8	0.5	0.45	0.45	0.45	0.45
专业课程系数 β	1.3	0.8	0.617	0.525	0.46	

注:(1)专业课首开课系数1.3,新开课系数1.2,省精品课程、优秀课程等按学校政策处理。

(2)专业选修课不足30人的按30人计,介于表中合班人数之间的系数β取线性值。

参考标准班每学时系数:

标准合班数	1	2	3	4	5	6
公共课程总系数	0.8	1	1.35	1.8	2.25	2.7
专业课程总系数	1.3	1.6	1.85	2.1	2.30	

3. 导师制、毕业环节:本科生导师绩点补贴按《理学院本科生导师工作条例》执行;毕业环节导师补贴每生15个绩点。

4. 硕士生课程教学绩点按学校有关规定。

(二)科研绩点计算方法

1. 科研项目:

项目	国家基金	省基金 (含部项目)	厅局项目 (含国家一级学科学会)	省教育厅 科研项目
绩点(每项)	500	125	60	10

注:(1)上述项目指以浙工大理学院或系为第一申报人,由第一申报人在其项目组成员中分配绩点。

(2)跨年度项目绩点计算法:每年绩点 $=\dfrac{\text{项目总绩点}}{\text{项目所跨年数}}$。

(3)国家(省)基金指国家(省)自然科学基金和国家(省)社科基金。

(4)教改项目按项目来源与上表对应。

(5)横向项目按实际到款计,绩点 $=\dfrac{\text{学院所扣管理费}}{\text{当年每超工作量绩点酬金}}$,学院管理费按《理学院科研经费管理试行办法》执行。也可不扣学院管理费,绩点按每万元20计,酬金不计。

2. 科研论文：

论文等级	SCI	EI	院定一级期刊、ISTP	核心期刊	其他正式学术期刊
绩点（每篇）	80	60	40	20	10

注:(1)上述论文只计署名为浙江工业大学理学院或系的前两位作者,绩点计算如下:
两位作者均为学院内的由第一作者分配绩点,与学院外合作的第一作者计绩点的2/3,
第二作者计绩点的1/3。
(2)院定一级期刊指下列8种期刊:《中国科学》《物理学报》《中国物理快报(英文版)》《中
国激光》《数学学报》《数学年刊》《应用数学学报》《软件学报》。
(3)核心期刊的认定:①中国科技期刊引证报告最新版(中国科技信息研究所);②中文核
心期刊要目总览最新版(北京大学图书馆);③《浙江工业大学学报》。
(4)增刊的绩点打对折。

3. 专著及教材：

专著或教材	专著	教材主编	教材参编
绩点（每本20万字以上）	100	30	3/万字

注:(1)教材只计第一、第二主编,补贴方法与论文绩点的补贴方法相同。
(2)被列为省重点教材并通过验收合格后绩点按1.5倍计。

4. 教学科研成果奖：

获奖等级	省（部）			厅（局）			授权发明专利
	一	二	三	一	二	三	
绩点（每项）	100	50	30	25	15	10	50

注:(1)上述项目指以浙江工业大学理学院或系为第一申报人,由第一申报人在其项目组成
员中分配绩点,不含省自然科学优秀论文奖。
(2)获奖绩点按最高级计,不重复计点。

5. 课外科技、学术竞赛获奖指导：

级别	国家一等奖	国家二等奖	国家三等奖	"挑战杯"省特等、一等奖
绩点	100	50	25	15

注:获奖绩点按最高级计,每个指导组只计一项。

（三）其他绩点补贴

岗位	公共基础课首席责任教师	公共基础课助理责任教师	系主任、实验中心主任	系副主任、实验中心副主任	系秘书	专业课程负责人	数学建模负责人	院分工会主席
绩点（每年）	80	40	80	40	30	40	30	40

注：（1）兼职多项，第二项折为0.5倍计绩点，第三项开始不计绩点。

（2）班主任绩点按《理学院班主任工作管理条例》计算。

（3）教学督导组组长补贴绩点25/年，督导组员补绩点12.5/年。

（4）有工作量要求的实验中心副主任另加30个绩点/年。

六、自由申报学术岗（不受学历、职称、年资、原岗级限制）

岗位	6	5	4
条件（两年）	5篇SCI或主持1项国家基金	4篇SCI或主持1项省基金且科研绩点不低于320	3篇SCI

注：论文只计第一作者。

七、校聘岗位绩点要求

校聘岗位总绩点要求达到每年420（含）以上.

八、其他有关事项

1. 实验中心岗位聘任，按学校下达给学院的平均岗级及相关方法，切块设岗，另行设置，原则上实验高岗级人员应承担难度高的实验工作。

2. 如果总绩点未达到岗位绩点要求，可将经学院安排的教学工作量（如之江、成教、考研复习等）折算成相应的绩点补充入该岗位，折算方法如下：

$$每绩点的折算金额 = \frac{该岗级的年津贴总和}{该岗级要求的总绩点数}$$

3. 凡是学校给予经济奖励（如SCI论文及发明专利等）的绩点，超出总岗位要求绩点的部分（最大限度计算）绩点照算，酬金不计。

4. 实验、行政全岗人员，没有经费来源的科研绩点照算，酬金折半。

5. 科研绩点有争议由院学术委员会做出裁定，其余由院聘任委员会负责解释。

6. 本实施细则有效期为下一聘期。

上述聘岗条例特地设置了"自由申报学术岗"，岗位不受学历、职称、年资、原岗级限制，鼓励年轻教师脱颖而出。跟上述实施细则相匹配的还制定有"校聘岗位职责""院聘岗位职责""实验岗位职责"等，组成了理学院首批一整套的聘岗条例，作为理学院岗位聘任的"法律"文件，限于篇幅，这里不再罗列。

按绩点进行的定量考核打破了"大锅饭"，明确区分了岗位职责以及相关报酬等，激励了科研较突出的教师的积极性，也为今后广大教师应该朝哪个方向努力指明了方向。在之后的几年中，理学院的科研、学科建设、学位点建立等局面的打开跟该聘岗方案有很大关系，这是它积极和进步的一面。在以后的几轮岗位聘任中，基本参照了上面聘岗方案的设置，只是在岗位要求、具体比例和细节上有些改动。时间过去了20年，至今理学院的聘岗条例还带有当年这第一部条例的味道，甚至有的文字就是我当年写的。但是，从教育的本质以及现在的观点来看，它的缺陷同样明显，带有明显的时代痕迹。近年来，过去的聘岗办法逐渐被更科学的方法所代替，此是后话，这里不予置评。

硕士学位点申报

学位点和学科是高校的细胞，有了良好的细胞，才能健身康体。它既是一个标志，也是一个平台，是人才培养体系中不可或缺的一环。它体现了一种凝聚力，体现了学科的特色，也是落实理学院发展规划的一个抓手。

下面根据理学院硕士学位点申报年份的先后次序，分别给出几个硕士点申报的原始材料（有节删），以便还原历史原貌，一是留档可查，二是给做出了贡献的教师留有其名，不会被淹没在历史的长河中。

申报过程其实是一个了解自身优势和缺陷、整合学科发展力量、厘清学科发展思路的过程，且不说成功与否，仅就申报过程来说，学科建设也获益匪浅。理学院第一个硕士点是2002年12月申报的"光学"（理学类），其次是2005年申报的"光学工程"（工学类）和数学系的"应用数学"，再后面是2010年的一级学科"物理学"和"数学"硕士点。数学第一个硕士点"应用数学"的申报由丁昌明老师牵头，丁老师是我来理学院之后首位从外校（杭师院）引进的数学教授，遗憾的是申报成功后不久就离开了。我对数学是外行，这里不做叙述。

1. "光学"硕士点申报

下面给出2002年申报的"光学"硕士点的申报书主页及主要数据。

申请硕士学位授予权学科、专业基本数据

学位授予单位名称(代码)：＿＿＿＿＿浙江工业大学＿＿＿＿＿(10337)

申请学科、专业名称(代码)：＿＿＿＿＿光　学＿＿＿＿＿(070207)

项目	统计起止时间	基本数据			
学术队伍	2002年12月(在编)	教授(或相当专业技术职务)4人	副教授(或相当专业技术职务)7人	讲师(或相当专业技术职务)5人	具有博士学位3人	具有硕士学位8人
科学研究	1998年1月—2002年12月	发表论文共102篇	在学术刊物发表82篇	在学术会议发表20篇	SCI、EI、ISTP收录42篇
		高级专业技术职务人员平均发表论文　1.9篇/年·人			
		出版学术专著共0部		出版译著共0部	
		获国家级奖共0项	获省部级奖共1项	获高校人文社科奖共0项	获其他科研奖共16项
		获得发明专利共0项	科研成果转让共3项	科研成果被采用共13项	直接经济效益2835万元
	2000年1月—2002年12月	三年内支配科研经费合计530.4万元，平均每年176.8万元			
		高级专业技术职务人员平均科研经费16.1万元/年·人			
	2002年12月	目前承担科研项目共14项	其中国家及国务院各部门项目1项	国家自然科学、社会科学基金3项	国防科研项目0项
		目前承担的科研项目的经费合计172.6万元			
教学与人才培养	1998年1月—2002年12月	2002年12月在校本科生329人		2002年授予学士学位0人	
		获国家级优秀教学成果奖共0项		获省部级优秀教学成果奖共1项	
		出版教材(教学用书)共5部			
工作条件	2002年12月	拥有专业实验室面积合计1025平方米	拥有万元以上仪器设备合计21台(件)	仪器设备值合计420万元	
		本学科中外文藏书合计12万册，拥有中外文期刊85种			
	1998年1月—2002年12月	投资仪器设备费合计430万元	用于购置本学科图书经费合计20万元	用于改善本学科点工作条件的其他投入合计30万元	
备注					

注：联合申报硕士点的，此基本数据表由联合申报单位复制后分别填写，并在备注栏填写单位名称。

Ⅰ 学术队伍

Ⅰ-1 本学科、专业点的组成及其人员配备

见上表，略。

Ⅰ-2 本学科、专业点学术带头人及主要学术骨干

研究方向一，激光物理及技术：程成（教授，博士），姚建华（教授，硕士），林国成（副教授，硕士），熊宏伟（讲师，硕士）。

研究方向二，光电子技术及其应用：隋成华（教授，博士），乐孜纯（教授，博士），段向阳（副教授），魏高尧（高级工程师，硕士）

当时，理学院刚刚从基础学院脱胎出来，学科建设基本是空白，要在这样的基础上申报学位点，巧妇难为无米之炊，难度之大可想而知。经过反复考虑，我们凝练出两个研究方向：激光物理及技术、光电子技术及其应用。根据我自己的研究方向，结合机械学院姚建华的激光加工中心，凝练出"激光物理及技术"这样一个方向。根据隋成华的情况，结合信息学院乐孜纯的材料，凝练出"光电子技术及其应用"这样一个研究方向。上面表格中除了4位学术带头人之外，主要学术骨干有副教授/讲师4人：林国成、熊宏伟、段向阳、魏高尧。当时熊宏伟还是讲师，2002年有一项国家青年基金立项（理学院唯一），还有许多高层次学术论文，这些在申报中起了作用。当时，有教授职称的实属稀罕，理学院物理系只有两位教授，从今天的角度看，我们当年无论是研究力量，还是研究方向，抑或是研究水平和基础条件等，都令人汗颜，战战兢兢。

硕士点的评审要在全国范围内送审，国务院学科评议组进行投票表决，难度相当大。后来听说硕士点的评审权力下放到省里，博士点依旧由国家组织评审。当时有人建议找找专家，但这种"找专家"的做法与我的价值观不符，我坚持不找，那时的科研风气还比较正常，我认为专家会有一个客观评价。后来了解到，我们的硕士点申报得了85分，这对于刚刚成立处于"婴幼儿时期"的理学院，对于学院参差不齐的实际水平，这个分数已属很高，超出了我们的预期。

"光学"硕士点是浙工大第一个理学类硕士点，是一个零的突破，是一个标志，也是一个稀罕物。这极大地鼓舞了学院全体教职员工，鼓舞了尚在准备下一轮申报学位点的应用数学系的教工，也得到了学校的赞扬。硕士点批准后，记得恰逢浙工大暑期中层干部会在千岛湖召开，喜讯传来，宣勇当着许多人的面说了一句"你们看，我们当时没有引错人吧"（指2001年的院长引进），这令我记忆犹新。

2003年硕士点批准，2004年开始招生。我们公布了考试大纲，确定的考试科目除了国家统一的科目之外，自行出试卷的科目是普通物理、电动力学或量子力学（二选一）。"普通物理"试卷我请普物组组长徐志君老师出，"电动力学"

试卷我自己出,"量子力学"试卷请当时担任本课程的徐东辉老师出,每科目都要有A、B卷和参考答案,在考试前封存上交学校。2004年报考并参加考试的学生人数不多,记得参加"电动力学"科目考试的学生只有五人,最终按分数高低录取的是许周速(本校应届毕业)、汪小燕(本校应届毕业)、赵浙明(丽水学院本科毕业)。

理学院第一届硕士研究生毕业照(2007年6月)

前排左起:励立庆、王雷、江林海、程成、隋成华、杨帅杰;后排左起:
王月华、赵浙明、汪小燕、许周速、雷哲敏、朱成康

理学院第二届硕士研究生毕业照(2008年6月)

前排左起:张航、隋成华、周明华、程成、江林海、朱杭军、乐孜纯、姚建华、
徐志君、朱成康;后排左起:许周速、雷哲敏、傅纪斌、陈君、马行超、
张庆豪、李燕、周红、阎海珍、王月华、单莉丽

2."光学工程"硕士点申报

"光学工程"硕士点是工学类的一级学位点,初看起来由我们理学院来申报并不十分合适。在2002年申报硕士点时,我就曾经犹豫过在"光学"和"光学工程"两者之中二选一。考虑到浙工大全校尚未有一个理学硕士点,申报"光学"实现理学学位点零的突破意义更大。两年后,到了2005年开始新一轮硕士点申报时,物理系还是只有两位教授(程成、隋成华),那么,"光学工程"点如何申报呢?仔细理解教育部的申报文件,且学位点名称是冠以浙江工业大学××授权学位点,是浙工大的学位点,而不是理学院的学位点,显然,组合其他学院(机械、信息)的相关领域的力量,是允许和可行的。

下面是当时的原始申报表主页,上报时间是2005年6月12日。

申请硕士学位授予权一级学科基本数据

学位授予单位名称(代码)：　　　　　　浙江工业大学　　　　　　　(10337)

申请一级学科名称(代码)：　　　　　　光学工程　　　　　　　　(0803)

项目	统计起 止时间	基本数据			
基本 状况	2005年 3月	已有博士点 0个	已有硕士点 4个	现有国家级重点学科 0个	现有省部级重点学科 3个
		国家重点实验室0个		省部级重点实验室3个	
学术 队伍	2005年 3月 (在编)	教授(或相当 专业技术职务) 5人	副教授(或相当 专业技术职务) 8人	讲师(或相当 专业技术职务) 9人	博士生 导师 0人
				具有博 士学位 11人	具有硕 士学位 11人
科学 研究	2000年 4月— 2005年 3月	发表论文 共112篇	在学术刊物 发表98篇	在学术会议 发表14篇	SCI、EI、ISTP 收录73篇
		高级专业技术职务人员平均发表论文1.72篇/年·人			
		出版学术专著共1部		出版译著共2部	
		获国家级奖 共1项	获省部级奖 共1项	获高校人文社科奖 共0项	获其他科研奖 共22项
		科研成果转让 共29项	科研成果被采用 共15项	直接经济效益 3500万元	
	2002年 4月— 2005年 3月	3年内拥有科研经费合计1037.5万元,平均每年346万元			
		高级专业技术职务人员平均科研经费26.6万元/年·人			
	2005年 3月	目前承担的科研 项目共16项	其中国家及国务 院各部门项目5项	国家自然科学基金、 社会科学基金0项	国防科研项目 0项
		目前承担的科研项目的经费合计962.5万元			

项目	统计起止时间	基本数据	
教学与人才培养	2000年1月—2004年12月	招收博士生合计0人	授予博士学位合计0人
		招收硕士生合计77人	授予硕士学位合计15人
	2000年4月—2005年3月	获国家级优秀教学成果奖共0项	获省部级优秀教学成果奖共2项
		出版教材(教学用书)共6部	
工作条件	2005年3月	拥有专业实验室面积合计820平方米 / 拥有万元以上仪器设备合计52台(件)	仪器设备值合计1090.27万元
		本学科中外文藏书合计17万册,拥有中外文期刊88种	
	2000年4月—2005年3月	投资仪器设备费合计1300万元 / 用于购置本学科图书经费合计20万元	用于改善本学科点工作条件的其他投入合计435万元
备注			

注:重点实验室指重点实验室、专业实验室、工程技术研究中心、文献中心。

Ⅱ 学术队伍

Ⅱ-1 本一级学科的组成及其人员配备

见上表,略。

Ⅱ-2 本一级学科点有代表性的研究方向及学术带头人、主要学术骨干

研究方向	姓名	出生年月	获博士学位年月	专业技术职务	是否博士生导师	培养博士生		培养硕士生	
						毕业人数	在学人数	毕业人数	在学人数
激光理论与技术	程 成	1953年11月	2002年3月	教授				1	3
	李 博	1975年5月	2003年6月	副研究员					
	林国成	1965年10月		副教授					
激光加工工程	姚建华	1965年12月		教授				3	4

续表

研究方向	姓名	出生年月	获博士学位年月	专业技术职务	是否博士生导师	培养博士生		培养硕士生	
						毕业人数	在学人数	毕业人数	在学人数
激光加工工程	楼程华	1954年10月		实验师					
	宋仁国	1965年11月	1996年3月	教授					2
光电子技术与器件	乐孜纯	1965年9月	1997年6月	教授				3	8
	郭淑琴	1970年8月	2002年8月	副研究员					
	童建平	1966年2月		高工					
光子学及生物医学工程应用	隋成华	1956年2月	1999年3月	教授				4	2
	张 航	1970年9月	2002年3月	副研究员					
	魏高尧	1962年10月		高工					

注:本表(Ⅱ－2栏目)不要另加附页。

由上述申报表可见,从2002年第一个硕士点申报以来,经过两三年的发展,我们自身的力量增强了很多,研究方向逐渐凝聚,已有"光学"硕士点和省重点学科平台(此时我们的光学学科已评上了省重点学科)。同时,由于组合了机械学院和信息学院的部分相关力量,整体实力看起来还过得去。有四个研究方向:激光理论与技术(程成牵头);激光加工工程(机械学院姚建华牵头);光电子技术与器件(信息学院乐孜纯牵头);光子学及生物医学工程应用(隋成华牵头)。四位带头人的项目、论文、获奖等占了绝大多数,其他的有李博的一个国家人事部项目、张航一篇论文、徐志君三篇论文、段向阳(二作)两篇论文。机械学院的宋仁国教授后来作为人才引进去了常州大学,表格中出现的人名,有的亦已退休或即将退休。

"光学工程"硕士点的申报成功,大大丰富了理学院以光学为特色的办学内涵,拓宽了理学院的办学之路,给许多教师创造了指导工科研究生的机会,从而可将自己的研究方向和成果转向工程应用而获得企业的资助,对理学院的后续发展提供了强劲的动力,意义很大。这个硕士点落位于理学院,意外之处是这使得其他学院失去了申请的机会,悔不当初,这是我当时没有想到的。假设(仅仅是假设)当年"光学工程"硕士点由某某工科学院来申报,十多年过去了,借助其强大的工科背景,发展应当很快,甚或现在已经成了博士点,然而基于理学院的该硕士点仍在原地踏步,失去了很多机会。可惜时过境迁,木已成舟,河水无法倒流,时光无法逆转。"光学工程"硕士点批准之后,我们每年都请外院对申报有过贡献的教师带研究生。后来,2006年在学校新一轮的岗位聘任时,原在信息学院工作的乐孜纯教授申请调入了理学院,成了理学院的一员。

3. "物理学""数学"一级学科硕士点申报

2010年,经过了五年多的学位点不新增的沉寂期之后,国家开始了新一轮的学位点申报。随着近年来高校办学规模的扩展,学位点数量迅速增多,学科建设的发展从前期的规模扩展,逐渐转向为要求从严,数量从严,且以一级学科进行申报(除了个别特殊情况之外)。硕士点的评审权限下放至省级,博士点的评审仍由国家实施。

"物理学"一级学科硕士点申报,此时,我们只有孤零零的一个"光学"二级学科硕士点(物理学下面有八个二级学科),依托于省重点B类重点学科。申报表中的许多栏目,例如博士点、国家级重点学科、其他已有二级硕士点等一概是空白,面临的困难可想而知。我们集中了物理全系的力量,组合了化工学院、信息学院和机械学院的相关力量,将机械学院的特种装备制造与先进加工技术(教育部重点实验室)、信息学院的浙江省嵌入式系统联合重点实验室作为相关实验室(这与事实相符),"凝聚"成了四个二级学科方向。为了尊重历史,丑媳妇不怕见公婆,下面原汁原味地将申报表的主页展示如下。

Ⅱ 学科简介

本一级学科点的特色、优势和申请的必要性(限1000字)

浙江工业大学物理学学科经过长期的建设和发展,形成了四个特色鲜明、相对稳定的二级学科方向:光学、理论物理、无线电物理和凝聚态物理。其中光学学科是浙江省重点学科,相对论与引力方向的研究团队是该领域在全国有影响的团队;已拥有光学硕士点,另还有光学工程一级学科硕士点,已授硕士学位36人(含2010年15人)。

学科现有人员58人,其中,教授19人,副教授22人,具有博士学位的29人;博士生导师7人,硕士生导师18人;拥有"钱江学者"特聘教授1人,全国百篇优秀博士论文获得者1人,入选浙江省151人才工程11人,其中第一层次3人。学科成员的部分论文发表在国际顶级学术期刊 *Science* 和 *Physical Review Letters* 上。

学科依托浙江工业大学国家级物理实验教学示范中心、特种装备制造与先进加工技术教育部重点实验室和浙江省嵌入式系统联合重点实验室，获得了一批国际先进水平的研究成果。近五年，在 *Physical Review D*（IF：4.922）、*Journal of High Energy Physics*（IF：6.019）等中科院 TOP 期刊上发表学术论文 35 篇，被 SCI 收录 150 多篇，被 EI 收录 70 多篇；授权发明专利 39 项，成果转让产生直接经济效益 3000 多万元；获国家科技进步奖二等奖 1 项，浙江省科学技术奖二等奖 3 项。学科成员应国际著名大学和国际会议邀请做学术报告 20 多人次。学科带头人 2009 年应诺贝尔物理学奖委员会邀请，提名诺奖候选人。以上这些都表明我们的学术地位得到了国内外学术界的认同。

学科科研经费充足。五年内，承担国家科技部"十五"攻关项目 1 项、863 计划课题 1 项；主持全国百篇优秀博士论文专项基金 1 项、国家自然科学基金 12 项、教育部和人事部择优项目各 2 项、国际合作项目 3 项、省科技厅重大 4 项、省基金重点 1 项、省杰出青年团队 1 项和省自然科学基金 7 项；纵向科研经费 900 多万元，总科研经费达 1700 多万元，分别是申报硕士点要求的 11 倍和 10 倍以上。

学科注重营造学术氛围和学术环境。2009 年承办了"全国先进光学技术及其应用研讨会"，出席会议的有 8 位院士及来自全国各地的 400 多位专家学者；2004、2005 连续两年举办了"全国引力论与宇宙学杭州讨论会"；与美国、英国、日本等国的国际知名大学以及浙江大学、国家天文台等国内大学或院所有经常的合作交流关系。

本学科拥有国家级物理实验教学示范中心和物理系列课程国家级教学团队，实验室面积 3500 平方米，10 万元以上的设备 33 台。近五年，获国家教学成果二等奖 1 项，浙江省教学成果一等奖 2 项、二等奖 1 项。无论在学术队伍、科学研究、教学与人才培养以及工作条件等方面都完全具备了申报硕士学位授权一级学科点的条件。

注：此页不要另加附页。

Ⅲ　学术队伍

Ⅲ-1　本一级学科点现有在编人员结构

专业技术职务	人数合计	35岁以下	36至45岁	46至55岁	56至60岁	61岁及以上	具有博士学位人数	具有硕士学位人数
教授（或相当专业技术职务者）	19	0	8	8	2	1	29	22
副教授（或相当专业技术职务者）	22	7	9	6	0	0		
讲师（或相当专业技术职务者）	17	11	5	1	0	0		

Ⅲ-2 本一级学科点的学科方向及其学术带头人、主要学术骨干

学科方向	姓名	出生年月	获博士学位年月	专业技术职务及专家称谓	培养博士生		培养硕士生	
					近五年获学位人数	在学人数	近五年获学位人数	在学人数
光学	程成	1953年11月	2002年3月	正高级	0	3	8	12
	郭淑琴	1970年6月	2002年7月	正高级	0	0	9	11
	徐志君	1963年5月		正高级	0	0	2	2
理论物理	黎忠恒	1961年5月		正高级	0	0	1	1
	施建青	1964年12月		正高级	0	0	0	0
	吴忠超	1946年10月	1984年2月	正高级	0	0	0	0
无线电物理	隋成华	1956年2月	1999年6月	正高级	0	0	10	7
	乐孜纯	1965年9月	1998年4月	正高级 其他	1	2	29	9
	杨马英	1966年5月	1996年12月	正高级	0	0	14	4
凝聚态物理	王建国	1974年8月	2004年6月	正高级 其他	0	0	0	7
	张文魁	1971年4月	1997年7月	正高级 其他	0	0	10	8
	卢建树	1962年9月	2002年3月	正高级	0	0	8	4

注:(1)学科方向的填写不少于4个,不超过6个。

　　(2)专家称谓指:院士、教育部长江学者奖励计划特聘教授、国家杰出青年科学基金获得者、"百千万人才工程"一层次或二层次入选者、教育部跨世纪人才、教育部新世纪人才。一人有多项专家称谓的只选填一项。

　　四个方向(或二级学科)的带头人分别为程成(光学)、理论物理(黎忠恒)、无线电物理(隋成华)、凝聚态物理(王建国,化工学院)。其中理论物理带头人是黎忠恒教授,他虽然没有博士学位,但研究工作相当出色,连续承担了多项国家基金,得到了同行的普遍认可。记得当年兰州大学毕业的博士生朱涛来应聘,面试时我问他:你怎么会想到浙工大来应聘的?他回答:我知道浙工大有一

个团队，工作做得很好……当时天体物理主要有黎忠恒、武强等。对于凝聚态物理方向，院内的力量较为分散，没有一位强有力的带头人。化工学院王建国教授是做凝聚态物理的，于是，我请黎忠恒跟王建国联系，王老师爽快地答应了，并提供了其他几位相关教师的信息。王建国曾在SCI正刊以第二作者身份发表论文，当时是浙江省特聘钱江学者，后来是国家杰青。他的加入给我们的申报提供了强大的支撑，使我们能组织起一级学科申报所要求的至少四个研究方向。

在申报过程中，经审查，我省中国美术学院等17家单位申报的20个博士一级学科点和153个硕士一级学科点的申报材料符合申报最低要求，其中物理学一级学科硕士点申报的有宁波大学、温州大学、浙师大、杭师大和浙工大共5家。按规定要将申报材料上传至教育部学位与研究生教育发展中心授权审核工作信息服务平台，让竞争同行挑毛病。结果，我们的材料公示后，有人挑出毛病，如：称教育部重点实验室以及有申报成员不隶属于物理系等。我们回复：硕士点的申报，没有要求重点实验室以及学术队伍成员隶属必须是物理系的，表格中重点实验室是"相关"，符合规定，相关人员在浙工大一直从事凝聚态物理研究，所发论文和承担的项目都是……。回复之后，就没有了下文。

下面给出2010年浙江省申报数学、物理硕士学位授权一级学科点情况汇总表。

申报一级学科	学位授予单位名称	学科代码	教授数	博士数	科研经费/万元	纵向科研经费/万元	授硕士学位数
数学	浙江工业大学	0701	16	37	593.7	563.8	3
	浙江理工大学	0701	12	20	681.9	325	2
	杭州师范大学	0701	11	21	888.5	856.5	53
	中国计量学院	0701	7	23	283.7	172.2	8
	杭州电子科技大学	0701	15	58	496.2	362.4	45
	温州大学	0701	12	17	296.5	280.5	57
物理学	浙江工业大学	0702	19	29	1700	900	36
	宁波大学	0702	19	36	805.6	780.1	45
	杭州师范大学	0702	10	24	378.4	378.4	22
	温州大学	0702	13	14	667.5	664.5	38
	浙江师范大学	0702	28	43	1319.5	663	75

2010年浙江省省属高校已有数学、物理学硕士点分布情况如下。

学校	数学（二级学科学位点）	物理（二级学科学位点）
浙江工业大学	应用数学	光学
浙江师范大学	有数学一级学科 基础数学 计算数学 应用数学 运筹学与控制论	理论物理 凝聚态物理 光学
宁波大学	基础数学 应用数学	理论物理 凝聚态物理 光学
杭州电子科技大学	应用数学 运筹学与控制论	
浙江理工大学	基础数学	
杭州师范大学	基础数学 应用数学	理论物理 凝聚态物理
温州大学	应用数学	理论物理 凝聚态物理
中国计量学院	应用数学	

由以上官方发布的统计数据可见，当时浙工大的物理和数学在省内并不比其他高校强，就已有数学或物理二级学科硕士点数量而言，我们各只有一个，比浙师大、宁大、杭师大、温大都少。据悉一级学科硕士点全省只评1—2个，这给了我们相当大的压力。

在评审之前，为了将申报材料做得更可靠，我们决定找几位学科评审专家先看一下。选定的是浙大和厦大等。王定江老师和我一起去了浙大研究生院，时任浙大研究生院院长接待。后来，通过数学系邱继征教授牵线，我和数学系的沈守枫老师一起去了一趟厦门大学，请他们给予指导。在评审过程中，时任党委书记施建青等也出了很大的力。

为了留住历史，下面给出数学一级学科硕士点当年的申报材料主页，材料的起草人主要是王定江、邱继征、沈守枫等。出现在材料中有科研项目和论文等的教师有：

方向一：动力系统与微分方程——王定江、张隽、沈守枫、丁昌明、徐利光、周明华等。

方向二：调和分析与李代数——邱继征、戴欣荣、金永阳、姜丽亚、朱海燕、张素红等。

方向三：科学计算与图形学——寿华好、王金华、缪永伟、成敏、潘永娟、刘志等。

方向四：最优化方法与控制——杨志民（之江学院）、罗和治、张冬梅、颜于青等。

Ⅱ 学科简介

本一级学科点的特色、优势和申请的必要性（限1000字）

本学科有四个优势方向：动力系统与微分方程、调和分析与李代数、科学计算与图形学、最优化方法与控制。

本学科有三大特色，具有很好的发展优势。

其一，将研究工作与地方工农业生产、经济、管理等实际工作相结合，直接解决实际问题。

在动力系统与微分方程方向，研究人员将常微分方程的传统方法和偏微分方程的现代方法应用于生物种群动力系统的研究，系统地探讨了松材线虫的传播规律，建立了一套比较完整的浙江省林业病虫害预报及控制方案。在科学计算与图形学方向，研究人员致力于研究计算机辅助生产决策管理系统，取得的成果得到业界的高度评价。

其二，学科多方向交叉融合，形成高水平的学术团队，取得一系列重要的学术成果。

本学科的调和分析与动力系统方向相结合，在度量空间上的动力系统和孤子方程及其传播动力学方面做出了一系列重要成果。调和分析与李代数结合，在一类基于 Heisenberg 型群上的新型 Greiner 算子的基本解及相应于此向量场的 Hardy 型不等式等方面取得了丰富的成果。小波分析理论与分形相结合，在多进制小波的构造、细分方程的性质刻画等方面做出了突出的成果，部分成果发表在国际顶级数学杂志上。为了使调和分析、小波分析、数学物理方程和代数学方面的研究人员的知识结构适应合作研究的需要，本学科点一直举办李群和李代数研讨班，20多名不同方向的教师与研究生参与研讨。

其三，与国内、国际专家紧密合作，积极开拓新的研究领域。

调和分析与李代数方向研究人员与国外专家一起合作研究得到了一类 X-elliptic 方程解的 Holder 连续性，一类退化 Greiner 型方程非负解的 Liouville 型定理等结果，为国内外同行所关注。最优化方法与控制方向与国内外专家合作，研究移动网络中移动台智能跟踪策略及路由优化等前沿问题，取得了具有国际先进水平的研究成果。

本学科现有教授16名，副教授26名，其中拥有博士学位的有37名，省151

人才工程第一、二层次人选7名。在这些人员中,80%有出国讲学、合作研究的经历,多人在所从事的研究领域中崭露头角,在国内外同行中享有知名度。

本学科研究人员在国内外著名学术期刊上发表论文250余篇,其中26篇发表在国际顶级期刊上。主持或参加完成包括863项目、973子项目、国家攻关项目、国家自然科学基金、省部级重要项目在内的科研课题120余项。

浙江工业大学现为省部共建高校,为了把它建设成国内知名的教学研究型大学,需要有强大的数学学科支撑,所以申请数学一级学科硕士点是十分必要的。本学科经过多年的大力发展,已经具备了申请一级学科硕士点的条件。

注:此页不要另加附页。

Ⅲ 学术队伍

Ⅲ-1 本一级学科点现有在编人员结构

专业技术职务	人数合计	35岁以下	36至45岁	46至55岁	56至60岁	61岁及以上	具有博士学位人数	具有硕士学位人数
教授(或相当专业技术职务者)	16	0	5	10	1	0	38	12
副教授(或相当专业技术职务者)	26	14	9	3	0	0		
讲师(或相当专业技术职务者)	16	15	0	1	0	0		

Ⅲ-2 本一级学科点的学科方向及其学术带头人、主要学术骨干

学科方向	姓名	出生年月	获博士学位年月	专业技术职务及专家称谓	培养博士生		培养硕士生	
					近五年获学位人数	在学人数	近五年获学位人数	在学人数
动力系统与微分方程	王定江	1963年1月		正高级	0	0	0	3
	周明华	1959年12月	2003年6月	正高级	0	0	0	5
	赵新建	1955年1月		正高级	0	0	4	6
调和分析与李代数	邸继征	1955年9月	1990年1月	正高级	0	0	3	4

续表

学科方向	姓名	出生年月	获博士学位年月	专业技术职务及专家称谓	培养博士生		培养硕士生	
					近五年获学位人数	在学人数	近五年获学位人数	在学人数
调和分析与李代数	杨良怀	1967年11月	2001年6月	正高级	0	0	0	3
	金永阳	1973年12月	2000年6月	副高级	0	0	0	0
科学计算与图形学	寿华好	1964年10月	2004年6月	正高级	0	0	0	5
	刘志	1969年5月	2001年11月	正高级	0	0	3	4
	姜献峰	1963年5月	2006年6月	正高级	0	0	4	6
最优化方法与控制	杨志民	1957年12月	2005年6月	正高级	0	0	0	1
	古辉	1956年4月		正高级	0	0	5	6
	黄洪	1964年4月		正高级	0	0	0	5

注：(1)学科方向的填写不少于4个,不超过6个。

(2)专家称谓指:院士、教育部长江学者奖励计划特聘教授、国家杰出青年科学基金获得者、"百千万人才工程"一层次或二层次入选者、教育部跨世纪人才、教育部新世纪人才。一人有多项专家称谓的只选填一项。

经过长达半年左右的时间和上下几番努力,至2010年底,理学院申报的两个一级硕士学位点都正式获批。这成了理学院发展的一个里程碑,因为这不是个别点的突破,而是一个全面突破,使浙工大数理学科的发展踏上了一个崭新的台阶。正因为此,理学院后续有了博士点,有了一个更大的发展空间,有了今天的成绩,这里不再展开。

理学院初前期重大事件回顾（下）

程　成

省重点学科申报和建设

省重点学科是理学院学科建设的一个非常重要的平台。在我院院长到岗之初，理学院尚没有校级重点学科，更谈不上省重点。理学院物理类的重点学科建设和申报可分成两个阶段：一是 2004 年第五批省重点学科光学学科申报、建设及 2011 年验收；二是 2011 年新一轮省重点学科申报和建设。

1. 浙江省第五批重点学科申报和建设

下面是 2004 年 11 月 8 日上报的省重点学科光学申请表主页。

综合表

学科名称：光学

学位授予权	硕士	学位授予权取得时间	2003 年 7 月

主要研究方向及研究水平（3—5个）：
1. 激光物理及技术
2. 光子学及生物医学应用
3. 玻色-爱因斯坦凝聚和原子激光理论

原学科基础：A.省重点学科，B.省重点扶植学科，C.省重点实验室
√D.其他：校重点学科

一、学科负责人及梯队
1. 负责人姓名：程成　性别：男　年龄：51岁　技术职务：教授　最后学历（学位）：博士
2. 学科梯队 21 人，其中正高职 2 人，副高职 8 人；40 岁以下高职 5 人，41—50 岁高职 4 人；具有博士学位 6 人，硕士学位 12 人。
3. 国家"杰出青年基金"0 人，教育部"跨世纪优秀人才培养计划基金"0 人，国家"百千万人才工程"0 人，省特聘教授 0 人，省 151 人才工程一、二层次 0 人，省基金人才专项 0 人，省高校中青年学科带头人 0 人。

续表

学位授予权	硕士	学位授予权取得时间	2003 年 7 月

二．科学研究与开发

1. 共发表学术论文 131 篇,其中 SCI30 篇,EI18 篇,ISTP1 篇。

2. 出版著作 5 部,其中学术专著 0 部,编写教材 5 部。

3. 承担科研课题 55 项,经费 739.22 万元,实到款 689.22 万元。其中国家级课题 1 项 8.0 万元,省部级课题 4 项 32.0 万元,国际合作课题 0 项 0 万元。

目前承担各类科研课题 22 项,经费 242.5 万元;其中国家级课题 1 项 8.0 万元,省部级课题 4 项 32.0 万元,国际合作课题 0 项 0 万元。

4. 获国家级奖励 0 项,其中一等 0 项,二等 0 项,三等 0 项;获省部级奖励 1 项,其中一等 1 项,二等 0 项,三等 0 项;厅局级奖励 10 项。

5. 鉴定成果 6 项,其中国际水平 0 项,国内领先 2 项。

6. 授权专利 1 项,其中发明专利 1 项,软件著作权登记 0 项。

三．人才培养

1. 培养各类人才 309 人,其中研究生 9 人,相关专业本科生 300 人;授予硕士学位 2 人。

2. 现正在培养各类学生 277 人,其中研究生 7 人,相关专业本科生 270 人。

四．学术交流

1. 承办国际学术会议 1 次,全国性学术会议 3 次。

2. 接受进修和合作研究 4 人次,出国讲学 5 人次。

五．学科点工作条件

1. 学科点专用实验室面积 3973 平方米;仪器设备资产总值 630 万元,其中万元以上仪器 51 台。

2. 学科点现有图书资料:图书 12 万册,学术期刊 84 种。

学科负责人简况表:程成(略)。

学科方向负责人简况表:隋成华、徐志君(略)。

学科方向和水平

学科的国内外发展现状及本学科在省内或国内所处地位

在过去的十多年中,我国的光学(激光、光电子)技术在国家自然科学基金、"863"计划等的强力支持下,获得了长足的发展。在"十五"规划期间,一些新型光学技术及理论研究,例如光子带隙材料、深紫外非线性光学晶体材料、超(低)光速在固体介质甚至于在光纤中的传播与实现、瓦级红、蓝全固态激光器、光泵浦外腔式面发射半导体激光器 T 等,都得到了迅速发展。在某些领域,例如中低功率半导体激光泵浦的全固态激光器,其性能及产业化已经处于国际领先,销量占了国际市场同类产品的 30% 以上的份额[1]。同时,对国民经济有重大影响的传统产业技术的改造和提升,如大功率激光技术应用于激光加工等,也有了很大发展。据初步统计,仅就激光行业而言,目前我国从事激光器及其应用设备生产的厂家 500 多家，至 2005 年，全国光学产业的产值预计将达 300 亿元[1]。

浙江省作为一个经济相当发达的沿海省份，光学及其产业在其中起了重要的作用。《浙江省"十五"基础性研究发展计划》中指出："特别要在光学……领域中加强应用基础研究，直接推动我省高科技产业的发展。""……重点发展光电子与光通讯技术，开发应用宽带光通讯技术、光通讯网络技术、显示技术等，发展光学材料、光集成电路、光电源器件、光通讯整机及部件、激光器件、光学应用产品、光学准直器等。"在社会对光学科学和技术有着巨大需求的背景下，建立光学重点学科，扩大拥有自主知识产权的市场份额，对我省的高新光学产业形成持久稳定的技术支撑，是大势所趋，客观之需。

作为浙江省属重点高校，浙江工业大学在光学学科上已坚持发展多年。光学学科是校重点学科之一，有硕士授予权。经过多年积累和依据浙江省实际，浙工大光学学科无论是在研究方向的选择和课题立项，或是在成果获得和转让，还是在学科队伍建设和实验设备等方面，都积淀了较为厚实的研究基础，形成了自己鲜明的特色。近年来，独立承担了国家自然科学基金、浙江省自然科学基金、浙江省示范实验中心建设等项目，作为第二参加者承担了国家科技攻关计划以及浙江省科委重大项目等，为浙江省光学产业的发展贡献了自己的力量。近年来，研究成果获浙江省高等学校科研成果一等奖 1 项（2003 年）、二等奖 2 项（2002 年、1998 年），今年 7 月由省教育厅推荐申报浙江省科技成果一等奖（待批），有多项中国发明专利和实用新型专利。近几年发表的论文被 SCI，EI 收录 40 多篇。研究工作得到了干福熹院士、长江学者何赛灵教授等光学专家的经常性指导，与浙江大学、中科院上海光机所和西安光机所、国家天文台、伦敦帝国理工学院、美国阿肯色大学等保持了较密切的合作研究和交流关系。

今年，经教育部批准，浙工大应用物理系新成立了"光信息科学和技术"本科专业，目前已面向全国招了 30 名本科生。加上原有的光学硕士点，我们已经形成了光学的本硕一体结构和层次，学科雏形初显。在学科队伍上，现有光学教授 2 人，副教授 8 人（其中一人今年申报教授，初审通过，待批），其中有全国优秀博士论文获得者 1 人，博士（后）共 6 人，硕士 12 人，分别来自全国各大高校的光学（工程）专业。两位教授近年来均有英美留学（工作）经历，与国外一流光学专家有比较多的联系。学科队伍年龄梯队合理，职称结构恰当，研究工作集中在三个方向，均各具特色，研究成果较为丰硕，是浙江工业大学近年来发展态势较为良好的学科之一。

去年，物理实验中心成为浙江省示范实验中心。今年在小和山高教园区新开了 3973 平方米的实验室，使一直制约我们发展的场地不足的问题得到了有效缓解。在实验设备上，不计全校性的如大功率横流 CO_2 激光器等，我们本身的实验室亦已粗具规模。实验仪器设备总值 630 万元，拥有万元以上仪器设备

51台,其中大部分为光学仪器,包括光纤组合实验仪(30万元,美国Newport)、图像综合信息处理系统(30万元,北理工)、激光扫描仪(17万元,德国MOSE)、射频激励CO_2激光雕刻机(14万元,美国Universal)等等。以光学和光电子学为特色的实验室正在成为浙江工业大学的一个重要科研基地。

目前浙江省属高校光学比较有特色的高校还有浙师大。浙师大的光学学科主要从事信息光学研究。他们在物体三维检测与显示、信息处理、光电器件和系统设计这三个方向开展工作。相比较而言,我们的三个研究方向(激光物理及技术、光子学及生物医学应用、玻色-爱因斯坦凝聚和原子激光理论)与他们的研究领域不同。在省属其他高校中,我们的前两个研究方向几乎无人涉及,后一个方向在宁波大学等有人在开展,但未形成团队。有关我们这三个方向的具体特点及地位等论述,详见下页。

参考文献:[1]中国光协激光分会秘书处.二○○二年中国激光、光电子产业的发展[J].激光集锦,2003(4):21-25.

学科发展总体目标

与浙江工业大学发展的总体目标(建成国内知名的、综合性的、教学研究型大学)相适应,根据本学科目前的发展态势,总体目标为:

在现有光学硕士点以及校重点学科的基础上,经过若干年的努力奋斗,建成国内知名的、一两个方向在国内领先的、具有博士授予权的光学研究中心。具体特点可概括为:学科带头人水平很高、梯队结构合理、经费来源充沛、方向明确稳定、成果国内领先、设备比较齐全、运行机制灵活、对人才富有吸引力、20余人的研究队伍。研究课题保持在国家自然科学基金的水平上,有在研的、持续的国家基金或省部级纵向项目,每年50万—100万元横向经费资助。以年计,SCI论文约10篇,发明专利1—2项,毕业的博士生5名、硕士生15名、本科生60名以上。

学科建设分年度目标及措施

年度	2005	2006	2007	2008	2009
人才培养与教学改革	在校光学硕士生11名,在校本科生(应用物理、光信息科学与技术专业)330名	在校光学硕士生:21名 在校本科生:360名	在校光学硕士生:24名 在校本科生:390名	争取建立博士点。适当扩大硕士生招生,稳定本科生规模	招收3—4名博士。稳定硕士生、本科生规模

年度	2005	2006	2007	2008	2009
科学研究与开发	省部级以上项目立项,发表SCI论文6—8篇,发明专利1项以上	继续完成国家基金,发明专利1项授权,SCI论文8—10篇	国家基金立项,发明专利1—2项,SCI论文稳定10篇左右	争取国家基金重点,发明专利1—2项,SCI论文稳定10篇左右	争取国家基金重点立项,发明专利1—2项,SCI论文稳定10篇左右
学科队伍建设	引进教授1名、博士(后)2—3名,晋升教授1名	引进教授、博士2—3人,在职博士生2名	晋升教授1名,在职博士生2名	晋升教授1名,1—2名博士进入博士后流动站	建立一支总人数为20人,教授7—8名,主要研究人员均有博士学位的学科队伍
学科点工作条件的改善	搬迁至新校区,科研用房条件等明显改善。建立小型并行高速计算网络,并连入因特网	优化计算网络,建立研究室实验室,充实实验仪器设备,并向研究生及省内高校开放	拟打破学院行政建制,建立跨学院的"光学科学和技术工程中心"	理顺关系,重组课题,集中方向,申报大项,强化实力,扩大影响	申报省级重点实验室或重点科学技术工程中心或"重中之重"科技基地

学校推荐意见(略)。

附录1 学科梯队情况(按学科方向排序填写)

1. 激光物理及技术方向:程成,博士/教授/硕导/方向负责人;林国成,硕士/副教授;段向阳,学士/副教授;刘玉玲,博士/讲师;李博,博士/讲师;何良芳,硕士/讲师;徐军,硕士/助教。

2. 光子学及生物医学应用方向:隋成华,博士/教授/硕导/方向负责人;张航/讲师;魏高尧,硕士/高工;童建平,硕士/高工;陈曙英,硕士/助教;张夕飞,硕士/助教;侯春,学士/工程师;

3. 玻色-爱因斯坦凝聚和原子激光理论方向:徐志君,硕士/副教授/方向负责人;熊宏伟,硕士/副教授;徐东辉,硕士/副教授;张泽南,学士/高级实验师;李海彬,博士/讲师;刘淑娟,硕士/讲师;蔡萍根,硕士/助教。

由以上可见,跟三年前(2001年)我刚到院长岗位时相比较,此时情况已有了较大改观。光学学科已是校重点,有硕士学位授予权。学科有三个研究方向:激光物理及技术、光子学及生物医学应用、玻色-爱因斯坦凝聚和原子激光理论。列入申报书的每个方向有七位教师。其中第三个方向起初考虑由熊宏伟牵头,熊老师成果丰硕,有国家基金支撑,是一位正在冉冉上升的新星,但他当时正在办理应聘到武汉数学物理所破格担任研究员。三个方向各具特色，成果较为丰硕，是浙工大近年来发展态势较为良好的学科之一。有"光信息科学和技术"本科专业，面向全国招了一届30名本科生，加上原有的光学硕士点，已经形成了光学的本科－硕士的一体结构和层次，学科雏形初显。

下面是2005年3月省教育厅公布的省重点学科的浙工大的名单，浙工大有七个重中之重，八个A类，六个B类，理学院的光学属于省重点B类。这份名单，基本反映了当年浙工大理学院光学学科在浙江省的位置。除了浙工大之外，全省只有浙大的"光学"是省重点学科。浙师大、中国计量大学的省重点是"光学工程"（这里未展列）。

浙江省高校第五批重点学科名单（共220个）

52　浙江工业大学　国际贸易学　A

53　浙江工业大学　中国古代文学　A

54　浙江工业大学　材料学　A

55　浙江工业大学　控制理论与控制工程　A

56　浙江工业大学　计算机软件与理论　A

57　浙江工业大学　化工过程机械　A

58　浙江工业大学　化学工程　A

59　浙江工业大学　技术经济与管理　A

122　浙江工业大学　教育经济与管理　B

123　浙江工业大学　光学　B

124　浙江工业大学　通信与信息系统　B

125　浙江工业大学　结构工程　B

126　浙江工业大学　武器系统与运用工程　B

127　浙江工业大学　管理科学与工程　B

201　浙江工业大学　生物化工　重中之重

202　浙江工业大学　环境工程　重中之重

203　浙江工业大学　机械电子工程　重中之重

204　浙江工业大学　工业催化　重中之重

205　浙江工业大学　应用化学　重中之重

206　浙江工业大学　制药科技创新基地　重中之重

207　浙江工业大学　先进制造技术与装备　重中之重

光学获批省重点学科后，每年的建设经费是10万元，其中省拨5万元，学校配套5万元，连续资助了四年。原计划是连续资助五年，但第五年的经费没有下拨。资助经费下达前,需要上报年度建设计划,建设计划和目标主要有三个方面:科学研究、条件建设、学术交流。由于我们是首次进入重点学科,原来的家底很薄。鉴于理学学科的特点,要购买一些必要的科研设备,使科研基础条件适当改善。同时,考虑学科人员必要的科研日常开支和学术交流、引进人员的科研配套费等。通过建设,使最急需的科研、学术交流等能解决,为以后发展打下基础。这些建设经费每年年末进行审查。经费虽然不多,但对我们光学学科来说是雪中送炭,能解燃眉之急。例如,学科资助了年轻教师鄢波、严金华等去中国香港或美国做学术访问、给学术骨干李博等配套人才经费、国内会议资助、购买急需的小设备等,将有限的经费用到刀口上。

重点学科第一轮建设期满,省教育厅于2011年进行了验收,下面是验收信息汇总表以及我们提交的工作总结(有节删)。

浙江省高校第五批重点学科验收信息汇总表

学校名称	学科代码	学科名称	正高	副高	博士	"百千万"国级人选	国家级有突出贡献中青年专家	长江学者特聘教授/讲座教授	国家"杰出青年基金"获得者	教育部"跨世纪优秀人才培养计划基金"获得者	省特聘专家	省特聘教授	省海外高层次人才引进计划	科研国家级	科研省部级	总经费	其中:纵向	发表论文数	SCI	EI	ISTP	SSCI	CSSCI	A&HCI	专著	教材	译著	授权专利	其中发明专利	成果转让	奖励国家级	奖励省级	国家优博	省级优博	国家级优硕	省级优硕	省部级教学成果奖数	省部级教学成果奖励数	省部级以上科研平台数
浙江工业大学	70207	光学	10	18	30	0	0	0	0	0	0	0	0	21	26	1829	1071	192	73	88	63				3	5	0	25	21	5	0	1	0	0	1	1	3	0	0

浙江省 光学 重点学科工作总结

浙江工业大学

2011 年 04 月 11 日

第一部分 学科总结(5000字左右,四号字、宋体)

一、学科建设取得新的进展、突破、亮点

浙江工业大学光学学科自2005年获得浙江省教育厅批准为浙江省重点学

科以来,在以下几个方面取得显著的进展。

1. 学科实力明显增强

近五年来,学科的整体实力明显增强,学科在全国的排名从2005年的第55位,上升到2009年的前30位。主要得益于:学科针对浙江工业大学的学科分布特点,避开与校内强势学科相同的发展方向或发展路径,制定了错位竞争的发展思路,走自己的路,找准了学科的建设定位,瞄准和锁定了学科建设重点和目标,用自身的优势条件去发展学科特色。

2. 学科示范与辐射作用凸显

在光学学科成为省重点学科之后,我们的光学工程学科(一级学科)2006年获得硕士学位授予权,这是浙江省高校的第四个光学工程学科硕士点。光学工程硕士点的获批,是光学学科长期重视应用研究的结果,是遵循浙江工业大学"立足浙江、服务浙江、面向全国"办学宗旨的成果体现。

光学工程是一级工学学科,更侧重光学有关的应用研究,离不开比较偏向基础研究的光学学科强有力的支持,同时,该硕士点的获得,极大地拓展了光学学科发展的外延,在培养工程型人才和解决科技难题方面起到重要作用,在服务地方经济方面产生积极影响。光学学科与光学工程学科形成了理工结合、特色鲜明、相互支撑、共同发展的良好格局。

3. 核心学科地位得到强化

以光学学科为主组建的浙工大物理学科,2010年通过浙江省一级学科硕士点评审,2011年经批准获得物理学一级学科硕士学位授予权(国务院学位委员会,学位〔2011〕8号),成为浙江省四个物理学一级学科硕士授予单位之一。这是对本学科在学术研究与人才培养能力、学科梯队建设及学术地位等方面工作的认可,大大提高了浙江工业大学在理科尤其是物理学研究和人才培养等方面的地位,为浙江工业大学的"综合性"做了很好的诠释,对提高浙江省的理科教育做出了贡献。这不仅是我校物理学科发展的新起点,也为光学学科的进一步发展提供了新的平台和发展机遇,同时也对光学学科在科学研究、人才培养及社会服务等方面提出更高要求,光学学科将再接再厉,为将来申请一级学科博士点再做努力。

4. 进一步凝练学科方向,建设和形成特色研究方向

学科围绕光学发展前沿和浙江经济发展的需求,组建了激光与光电子技术研究所、光网络技术研究所、微结构光学新材料研究所等研究机构。突出并重点发展了如下领域的研究方向:半导体纳米材料及器件、新型量子点LED光源及照明、光纤通信网络及器件、新型半导体光伏器件及太阳能光源系统、光学测量仪器与视光学。

5. 加强人才引进力度和学科队伍建设,学科人才梯队合理

学科非常重视人才培养和人才引进力度,自建设以来,共新引进高层次人才32人,其中,具有博士学位的27人,具有海外留学经历的13人。学科现有专任教师43人,其中,教授10人,副教授18人,具有博士学位的30人,具有海外留学经历的18人,博士生导师6人,硕士生导师20人。拥有全国百篇优秀博士论文获得者1人,入选浙江省151人才工程11人,其中第一层次3人。学科的主要人员为浙江工业大学首批建设的"程成创新团队"成员。

学科带头人为浙江省物理学会副理事长、浙江工业大学"程成创新团队"带头人。2008年应诺贝尔物理学奖委员会的邀请,参加推荐诺奖候选人。

学科成员见附表1。

二、科学研究

自建设以来,本学科瞄准光学及光电子学学科发展前沿,从基础和应用研究两个方面着手,并重点在半导体纳米材料及器件、新型量子点LED光源及照明、光纤通信网络及器件、新型半导体光伏器件及太阳能光源系统、光学测量仪器与视光学等五个研究方向开展了富有特色和卓有成效的研究。

经过五年建设,科研条件不断改善,学术氛围更加活跃,科研实力迅速增强。承担了一大批国家、省和企业的科研项目,形成了一批具有自主知识产权的标志性成果,一些成果产生了较大经济效益和社会影响。解决国家和地方经济社会发展中的科技问题的能力得到增强,为国家和地区的经济和社会发展做出了重要贡献。发表高水平论文的同时,注重国内外学术交流,承担了几个有影响力的会议,提升了学科在国内的知名度和学术地位。

1. 科研项目和科研获奖

五年内,承担国家级科研项目21项,其中包括全国百篇优秀博士论文专项基金1项、"十一五"攻关项目1项、国家自然科学基金19项;承担省部级科研项目26项,包括教育部和人事部择优项目各1项、国际合作项目3项,浙江科技厅重大计划专项4项、省基金重点1项、省杰出青年团队1项和省自然科学基金8项。纵向科研经费达1090余万元,项目清单见附表2。总科研经费达1800多万元。

研究成果获全国优秀博士论文奖、浙江省科学技术奖二等奖和三等奖、浙江省高等学校科研成果一等奖和二等奖等多项奖励。科研成果获奖见附表3。

2. 注重应用研究,服务地方经济

学科非常重视应用研究。五年来,申请发明专利73项,授权发明专利39项,承担一大批企业委托的横向项目,平均每年横向科研经费到款近200万元;重视科研成果转化,共转让产生直接经济效益3000多万元。为支撑和引领浙江省的地方经济建设、保持学科的前沿水平贡献了自己的力量。授权与申请的

发明专利见附表4。

3. 学术影响力和国际交流

在服务地方经济的同时,学科也非常重视高水平的科学研究,提高学科的学术影响力。每年有一批研究成果发表在《美国物理学会期刊》《美国光学学会期刊》、IEEE系列期刊、《物理学报》、《光学学报》等国内外主流刊物上,出版专著3部。在国际知名期刊上发表高水平论文,对提升学科和浙江工业大学的国际知名度具有重要意义。代表性的科研论文见附表5。

学科注重国内外的学术交流,积极组织和参加国内外的学术会议。组织承办的比较大的会议有:2009年全国先进光学技术及其应用光学大会,学科带头人程成教授作为组委会副主席,中国宇航学会、中国航空学会、中国兵工学会、中国光学学会、中国电子学会主办,浙江工业大学与中国宇航学会光电技术专业委员会承办,来自清华大学、上海理工大学、中科院上海光机所、中国电子科技集团、哈尔滨工业大学、武汉理工大学、天津大学、北京航空航天大学等科研单位的8位院士出席了会议。参加会议的还有来自中科院所、军口研究院所、高校、企业界的航天、航空、兵器、电子、船舶等领域500余位研究人员。2008年5月,组织召开了浙江省物理学会大会(换届大会,五年一次),参加会议的有近200人;2007年,参与组织召开了浙江省光学学会成立20周年大会,独立承办了浙江省光学学会理事会会议;等等。

学科鼓励研究人员参加国内外学术会议,学科成员应国际著名大学和国际会议邀请做学术报告20多人次。与美国、英国、日本等国际知名大学以及浙江大学、国家天文台等国内外大学或院所有经常的合作交流关系。学科带头人2008年应诺贝尔物理学奖委员会邀请,参加推荐诺奖候选人。以上这些都表明我们的学术地位得到了国内外学术界的认可。

4. 本学科主要研究方向及成果介绍

(1)半导体纳米材料及器件。

2005年研究团队率先提出量子点光纤放大器,目前在该领域的研究处于国内领先水平。该方向着眼于光纤通信等应用领域,重点围绕半导体量子点材料的制备与特性研究、量子点光纤放大器及光纤激光器等三个方面展开研究。量子点光纤放大器可替代掺铒光纤放大器满足更大容量通信的需求,在新型显示和特殊物质成分检测等领域有重要应用。

(2)新型量子点LED光源及照明。

该方向在大功率发光二极管(LED)的配光设计、白光LED芯片封装工艺、大功率LED散热技术和量子点表面等离子体共振增强型LED等四个方面,研究新型节能型照明技术,具有从基础到应用研究逐个推进的架构特征。

（3）光纤通信网络及器件。

该方向的研究包括突发特性通信业务的光纤通信网络构架及相关关键网元器件、突发甚至分组传输和交换光网络技术及相关微结构光电子器件等内容，着重解决了光突发传输和交换网络的器件技术和网络构架技术。

（4）新型半导体光伏器件及太阳能光源系统。

该方向围绕太阳能利用开展研究，重点针对提高太阳电池转换效率问题，研究包括高可见光透过率和高导电率的用以替代传统氧化铟锡（ITO）导电膜的新型氧化物透明导电电极材料、叠层太阳能电池开发、硅纳米线太阳能电池的光电性能研究、建筑一体化太阳电池材料与技术、光伏技术与应用集成关键技术等。

（5）光学测量仪器与视光学。

该方向主要包括开发光纤光谱仪与验配硬性透气式隐形眼镜（RGP）时所需的观察角膜表面信息的角膜地形图等光电综合检测系统。相关成果对提升浙江省光电子产业自主知识产权具有建设性意义，其产品将有较大的市场和前景。

研究方向1：半导体纳米材料及器件。

带头人：程成教授。研究内容包括半导体量子点材料的制备与特性研究、量子点光纤放大器及光纤激光器三个方面。五年来承担了三项国家基金项目："半导体纳米晶体量子点光纤及量子点光纤放大器研究（60677049）""基于PbSe纳米晶体多粒度掺杂的超带宽低噪声量子点光纤放大器（60777023）""基于半导体量子点掺杂光纤的可见及近红外超宽带光源研究（60807011）"，一项省基金重点项目"纳米晶体PbSe量子点光纤材料的关键问题研究及其在光纤放大器中的应用（Z407371）"。授权国家发明专利2项，申请发明专利2项。在国际IEEE系列等期刊上发表论文20余篇，在科学出版社出版专著一本：《光纤放大原理及器件优化设计》（2011年）。量子点光纤放大器和光纤激光器属于新型光电子器件，已列入"浙江省应掌握自主知识产权的关键技术和重要产品目录"，属重点支持发展的科研领域，可用于光纤通信和显示及光电传感等。

研究方向2：新型量子点LED光源及照明。

带头人：张航副教授、严金华副教授。LED照明是未来照明的发展方向，是绿色环保节能技术，是国家和浙江省"十二五"新兴产业规划国民经济的先导产业。大功率LED的配光设计可以为LED照明企业提供特定光照要求的定制研发服务，研究成果将大力促进浙江省LED绿色照明产业的发展。

本方向主要包括大功率发光二极管（LED）的配光设计、白光LED芯片封装工艺、大功率LED散热技术和量子点表面等离子体共振增强型LED四个子方向。大功率LED的配光设计主要利用配分散焦流线法来实现鳞甲结构反射镜的非成像配光设计，这种技术可以实现比专业光学软件更灵活和高效的配光设计；白光 LED 芯片封装工艺结合量子点等效折射率技术将白光 LED 中荧光胶和二次光学设计合二为一，从而大幅提高光效；而量子点表面等离子体共振增强型技术则可以提升 LED 的内量子效率。这四个子方向具有从应用研究到基础逐个推进的架构特征，适合在不同实验室条件下开展不同阶段研究工作。

目前已在 LED 照明的配光设计、大功率 LED 芯片封装的高效散热等方面开发掌握了配分散焦流线法、液体金属等散热核心技术，可以有效提高 LED 的内外量子效率。本方向的研究工作得到横向项目"智能多彩 LED 射灯光学设计"的支持，与常州泰和光电科技有限公司和杭州雷明光电科技有限公司的合作研究，发表学术论文《基于菲涅尔透镜的 LED 射灯配光设计（光学仪器）》。

研究方向3：光纤通信网络及器件。

带头人：乐孜纯教授。光电子器件及系统是集光学、电子学、机械工程、材料学、计算机以及近代物理学于一体的前沿性学科，具有多学科综合优势。本方向在微结构光电子器件、光学系统设计、高密度光学信息存储以及微细加工技术等方面开展研究工作。

本方向已获得了国家自然科学基金、中国与乌克兰政府间科技合作项目、省科技计划重大项目、省科技计划重点项目等10余项资助；授权中国发明专利11项；发表研究论文60余篇，其中被三大索引检索30余篇；出版多本专著和译著。

研究方向4：新型半导体光伏器件及太阳能光源系统。

带头人：隋成华教授、鄢波副教授。太阳能光伏技术利用半导体器件的光伏效应原理，是近年来发展最快、最有活力的可再生能源利用技术。本方向重点针对提高太阳电池转换效率问题，研究包括高可见光透过率和高导电率的用以替代传统氧化铟锡（ITO）导电膜的新型氧化物透明导电电极材料、光伏技术与应用集成关键技术、太阳光模拟器开发等方向。

本研究团队承担了国家基金一项、省基金两项、省教育厅重点项目基金一项等，和杭州天裕光能开展了产学研合作项目一项，研究已经进入中期。本研究小组在 *Appl. Phys. Lett.*，*J. Appl. Phys.*，*J. Phys. Chem. C* 等国际权威期刊上发表 SCI 论文多篇，并掌握了多种材料设计的计算软件，如 VASP、CASTEP、WIEN2K、SIESTA、ATK 等，熟悉集群机和 SGI 服务器的安装管理和使用，能远程操控曙光、魔方等大型高性能计算机。在制备方面，实验室积极开展了水热合成、电子束沉积等相关实验，取得了一定的成果。

光伏材料与器件领域的研究主要着眼于新型半导体光电材料结构和器件的研发，本组的研究成果将在学术上和产业上都有着重大的意义。该方向的研究将会有利于浙江省乃至全国太阳能产业的发展,促进我国太阳能测试标准体系的完善,具有良好的社会和经济效应。

研究方向5:光学测量仪器与视光学。

本方向主要包括开发光纤光谱仪与验配硬性透气式隐形眼镜(RGP)时所需的观察角膜表面信息的角膜地形图等光电综合检测系统。近视是我国的高发病,严重降低人们的生活品质。RGP材料的透氧性和其独特的光学性能,对延缓近视发展及矫正散光有明显优于普通的框架眼镜和软镜的效果。但验配RGP时所需的观察角膜表面信息的角膜地形图仪的限制,这成为阻碍RGP普及的一个关键因素。为解决这一关键问题,本方向围绕Placido盘投射系统、图像采集系统、计算机图像处理系统与机械传动等四方面系统,开展环形光源设计、锥形盘设计、图像采集、光学镜头设计、图像处理等光电系统综合开发。相关成果对提升浙江省光电子产业自主知识产权具有建设性意义,其产品将有较大的市场和前景。

本方向获省科技计划重点项目、省科技厅面上项目的资助。授权2项国家发明专利。

三、学科梯队建设及人才培养

1. 学术梯队建设

五年来,学科人数从2006年年初的21人增加到现在的43人,不仅"量"上有所突破,"质"上也有大的提高。学科现有人员中,教授10人,副教授18人,具有博士学位的30人,具有海外留学经历的18人,博士生导师6人,硕士生导师20人,入选浙江省151人才工程5人,其中重点资助1人,第一层次1人。

学科人员的年龄层次也得到进一步优化,已形成一支以中、青年教授和博士为主体的学术梯队,合理的学术队伍给后续的发展提供了人才保障。各层次研究人员列表如下。

总人数	高级职称人数/占比	博士学位人数/占比	博士生导师人数/占比	45岁以下成员数/占比	35岁以下成员数/占比
43	28/65.1%	30/67.8%	6/14%	32/74.4%	20/46.5%

学科还支持和鼓励中青年教师到国内外知名高校进修和交流,共有12名教师参加了国外知名高校和研究所的进修和交流活动,包括瑞典皇家工学院、美国阿肯色大学、日本名古屋大学等。

建设期间,以本学科教师为主体的、学校命名的研究团队"程成创新团队"入选浙江工业大学首批创新团队。

2. 人才培养

本学科拥有国家级物理实验教学示范中心和物理系列课程国家级教学团队,教学实验室面积3500平方米,10万元以上的设备33台。近五年,获国家教学成果二等奖1项,浙江省教学成果一等奖2项、二等奖1项。

经过五年的发展,已形成本科—硕士—博士层次的人才培养体系。

本科生:本学科的光信息科学与技术专业本科生规模每年保持在60名,学生主要来自浙江和国内优质生源地区,每年的录取分数线处校内前列。充分利用学科优势,大力培养本科生的科技创新意识,支持本科生的课外科技活动,近年来,本学科的本科生在课外科技活动中的排名一直处于学校前列。此外,本学科每年还承担60名左右的本科生的毕业论文和毕业设计的指导工作。

硕士研究生:光学学科研究生招生规模稳中有升,五年共招收硕士研究生92名,授予学位39人,硕士研究生招生和授予学位的人数如下表所示。硕士研究生就业前景非常理想,就业率基本保持在100%。在适当扩大规模的同时,注重提高培养质量和效益,全面加强研究生培养工作的管理,规范和完善开题报告、中期检查、论文答辩程序和要求,实行研究生读书班、讨论班,定期做学术报告和工作汇报制度。五年间,本学科分别有1篇和5篇硕士论文被评为浙江省和浙工大优秀硕士论文,占同期答辩论文总数的10%以上。

		近五年人数合计	2006年	2007年	2008年	2009年	2010年
硕士	招生人数	92	11	18	21	21	21
	授予学位人数	39	0	3	7	11	18

博士研究生:由于光学学科暂不具备博士学位授予权,目前光学学科与控制理论与控制工程、机械制造及自动化等学科合作培养博士研究生。目前,培养博士研究生4人,已毕业1人。此外,光学学科还与机械工程博士后流动站合作指导博士后,目前在站1人。尽管博士生人数占比很小,但他们在光学学科的建设和发展中起到了积极的作用。

四、条件建设

1. 科研条件建设

建设初期,光学学科科研用实验室面积不足100平方米,专用科研设备不足50万元,年平均科研经费(含纵向和横向)约50万元。经过五年的建设,目前,实验室面积近1000平方米(包括正在建设的理学A楼地下层实验室),年均科研经费360余万元(其中纵向年均200余万元),设备资产达320余万元。

五年来,重点学科建设经费合计投入50万元,其中财政专项资金25万元。

其中用于仪器、设备购置经费 20 余万元,包括 1 万元以上的仪器设备 6 件(台)(单色仪、Newport 光功率计、泵浦激光器 3 台、精密光学调整架等)。另外,还利用包括自筹经费在内的其他经费,新购设备资产近 250 万元。

在仪器设备等硬件投入的同时,学科十分注重平台的建设和整合。建设期间,整合资源建成了光纤实验室、纳米光学材料制备实验室、镀膜实验室等研究场地,正在建设的理学 A 楼地下层实验室设置了纳米材料制备实验室、半导体量子点器件实验室、LED 照明实验室、光纤通信实验室等功能实验室,实验室的功能得到进一步增强。

经过五年的建设,学科的实验室装备水平得到了较大提升,部分满足了教学和科研的需要,为将来申请更高层次的科研教学平台打下基础。

2. 软环境建设

在硬件等硬环境建设的同时,学科非常重视包括实验室规章制度在内的软环境建设,制定了实验室管理规章、实验室仪器设备使用细则、实验室安全管理办法等方面的制度。这些制度的建立,大大减小了实验室内耗,保证了安全,使教学和科研工作更加有序开展。

制度建设的内容参见附表 6,限于篇幅,具体内容不在此赘述。

3. 研究生科研条件改善

光学学科是从事教学科研和培养研究生的平台,建设期间,改善了研究生科研实验条件,两次对研究生办公环境进行改善,使研究生更舒适地从事学习和研究活动。

五、存在的问题、原因及改进措施

1. 缺少高层次学科平台,比如博士点

原因:政策规定,博士点的申请需要以一级学科硕士点为支持,而光学为二级学科,物理学一级学科也刚获批,错过 2010 年的博士点申请。另外,与光学学科密切相关的光学工程学科,因校内名额问题,无缘 2010 年的博士点申请。

改进措施:继续努力,在下一轮学位点申请中,争取在博士点上有突破。

2. 学科用房紧张,科研实验室用房不足,部分实验室与物理教学实验室共用

原因:一方面理学院的光学学科非常年轻,历史积累较薄弱;另一方面,整个学校的科研用房均较为紧张,理学院自身没有用房资源。

改进措施:一方面,加强理学院内部整合,积极推行灵活有偿使用科研用房的有关政策;另一方面,争取学校、省级以上各类学科平台的支持。

3. 学科体量与规模有待提高,在省外的学术影响力有待进一步提高

原因:因为光学学科依托于理学院,而理学院的主要任务是基础课程教学,受制于院内物理其他学科的平衡发展、人员编制等因素的制约,使学科的核心

队伍的体量和规模不够大。另外,虽然光学学科在省内有较强学术影响力,但由于领军型人才数量不多,在省外的学术影响力还需进一步提高。

改进措施:一方面,争取各方支持,加大引进领军人才的力度;另一方面,也要加强平台建设,从待遇和科研环境两方面吸引领军人才。同时,加强中青年学术骨干的培养,形成以中青年学术带头人和学术骨干为主体的各级学科梯队,使优秀人才脱颖而出。

附表1:学科成员

清单略。

附表2:承担的主要科研项目

清单略。

附表3:科研获奖

清单略。

附表4:授权与申请专利

清单略。

附表5:发表的代表性论文

清单略。

附表6:制定的学科管理规章制度列表

清单略。

2. 省重点学科 2011 年申报和建设

2011年,省里开展了新一轮的省重点学科申报。经过前几年的建设,我们的光学学科面貌已焕然一新,基本条件已经完全具备。下面给出当时申报表中的基本情况等。第三方的学科排名表明:光学学科2008—2009年居全国第67位(共90),到2010—2011年上升到了全国第44位(共104),从省内第4位跃升到了省内第2位,学科建设取得了明显的进步。

I-1 本学科现有重点学科情况

序号	重点学科名称	批准部门	批准时间	建设起止时间
1	光学省级重点学科B类	浙江省	2005	2005—2010

I-2 本学科现有博士、硕士学位授权点情况

序号	学位层次	是/否专业学位	学科、专业名称	批准时间
1	硕士	否	光学	2003
2	硕士	否/是	光学工程/光学工程(专业学位)	2005/2010
3	硕士	否	物理学	2010

光学学科综述

学科代码：070207　　　　　　　学科负责人：程　成

联系电话：85290306　　　　　　所在学校：浙江工业大学

一、本学科的基础(历史与现状)

本学科是浙江省重点学科(B类)，是省属高校唯一的"光学"省重点学科。现有光学、光学工程、物理学三个硕士点，依托两个国家级基地(国家级物理实验教学示范中心、国家级基础物理教学团队)和浙江省光纤通信重点实验室等。

二、特色与优势

•研究方向：纳米材料光学、量子与原子光学、信息光学、光电子器件与系统，研究方向紧密结合国家和浙江省的科技需求，力求创新，既有技术支撑作用，又有科学引领作用。

•队伍：学术带头人国内有影响或省内知名、学术造诣高、治学严谨、学风端正。学科队伍30人，其中教授8人、副教授17人、博士学位22人、博导3人、硕导13人、全国百篇优博1人、省151人才工程5人、省钱江人才2人、省级教学名师2人。

•人才培养：人才和质量保障体系较为完备，教学质量位于省内同类学科的前列。已培养硕士研究生55人、博士研究生5人，博士后1人。近五年获国家教学成果二等奖、省教学成果一等奖和二等奖等多项奖励，出版本科和研究生教材10余部。

•科研项目：近五年，主持承担17项国家级项目、20项省部级重大重点一般项目、33项服务地方的横向项目，合作承担了国家科技攻关计划等多项国家级和省部级项目。

•成果/获奖：近五年，授权发明专利48项，经审计的科技成果转让产生的直接经济效益3000多万元，SCI论文100多篇，获机械工业科技一等奖、省科技成果二等奖等。

•学术影响力：学科带头人于2008年和2011年受诺贝尔物理学奖委员会主席的亲笔信邀请，约请推荐诺奖候选人，表明我们的学术地位得到了国内外学

术界的认同。

• 学科排名：目前居于省内第 2 位，全国第 44 位(见下表[1])。

2008—2009 年 (全国共 90 个)			2009—2010 年 (全国共 103 个)			2010—2011 年 (全国共 104 个)		
学校名称	排名	等级	学校名称	排名	等级	学校名称	排名	等级
浙江大学	14	A	浙江大学	4	★★★★★	浙江大学	13	★★★★
宁波大学	50	B	宁波大学	46	★★★	浙江工业大学	44	★★★
浙江师范大学	58	B	浙江工业大学	47	★★★	宁波大学	59	★★
浙江工业大学	67	B	浙江师范大学	54	★★	浙江师范大学	65	★★

[1]邱均平,等.中国研究生教育评价报告:2008—2009[M].北京:科学出版社,2008;邱均平,等.中国研究生教育评价报告:2009—2010[M].北京:科学出版社,2009;邱均平,等.中国研究生教育评价报告:2010—2011[M].北京:科学出版社,2010.

三、发展前景和今后建设目标

• 光学的学科特点决定了学科的发展前景十分光明,能够为我省重点鼓励的研究领域(材料、信息等)提供支撑,引领我省未来的科技发展。

• 博士点、省重中之重学科。

• 学科排名每年前进 10％,五年后,排名进入全国前 30,超过东南大学、北京航空航天大学、哈尔滨工程大学等 211 大学,在省内稳居第 2 位。

• 成为浙江省高校光学事业的科技创新、人才培养和服务社会的标志性的基地。

四、拟采取的具体措施与政策保障

• 发挥光学的学科特点和优势,重点围绕纳米材料的光学光电特性、太阳能电池光转换效率、海洋光学等开展研究,为国家的新兴战略和浙江省的可持续性发展提供支撑。

• 大力加强队伍建设,五年后,学科队伍中争取有若干位"长江学者"或国家杰青或"百千万人才工程"等。

• 充分利用我们两个"国家级基地"的作用,使学科建设、科研和人才培养同进共长。

2012 年 6 月,省教育厅颁发浙教高科〔2012〕80 号文件:浙江省教育厅关于公布"十二五"第一批省重中之重一级学科和"十二五"省高校重点学科名单的通知,我们的"光学""应用数学"和浙工大其他 19 个学科一起,被列为新一轮省重点学科名单。"应用数学"第一次成为省重点学科。在上一轮的申报过程中,我院的数学错过了机会,这一次,数学把握住了机会,理学院的数学和物理比翼齐飞,学科建设跃上了一个新的台阶。

校级创新团队建设

第一轮校级创新团队学校命名为带头人"×××创新团队",这里采用此命名。下面的文字节选自我本人为省老教授协会撰写的一文,该文被收入《累积平凡 铸就非凡——浙江工业大学"三创精神"研究文集》,2021 年由浙江工商大学出版社出版。由于创新团队也是理学院的一件大事,尤其在建院初前期更是如此,因此,这里再次摘要列出。更详细的情况可见该书。

2004 年 9 月,我当时正在美国阿肯色大学物理系做为期半年的学术研访,学校为了加强学科建设,开始了作为学科建设的核心——首批校级创新团队的申报。当时,理学院面临的主要任务还是公共数学和公共物理的教学,科研和学科基础十分薄弱。具有博士学位并能在一线开展工作的教师屈指可数。相比其他老牌学院,我感到我们的力量实在是太弱了,要想组织起一两个创新团队向学校申报并有较大可能被学校纳入轨道,仍然有相当大的困难。但我觉得这是一个机会,是一个向全校介绍理学院新貌、获得学校支持、发展理学学科的难得的机会。经过反复思考,我觉得关键是要有效地组织院内的相关科研力量,集中到相对一致的方向上来,形成我们自己的局部优势和特色,何况当时校内还没有光学类方向的团队,因此,申报成功还是有可能的。

1. 创新团队的主攻方向为"光学及光学工程应用"

申报时的团队成员如下:

序号	姓名	职称	学位	最后学位或毕业院校	所属学科	人才培养背景*
1	程 成	教授	博士	浙大	光学	杭州市跨世纪优秀人才
2	隋成华	教授	博士	浙大	物理电子学	
3	徐志君	教授	硕士	华东师大	原子光学	
4	熊宏伟	副教授	硕士	华东师大	原子光学	
5	张 航	副研	博士	浙大	光学	
6	李 博	副研	博士	浙大	光学工程	

序号	姓名	职称	学位	最后学位或毕业院校	所属学科	人才培养背景*
7	童建平	高工	硕士	浙大	电子工程	
8	刘玉玲	讲师	博士	中科院长春光机所	光学工程	
9	刘淑娟	讲师	硕士	华东师大	原子光学	
10	徐 军	助教	硕士	中科院等离子体所	等离子体物理学	

团队有三个研究方向:激光物理及技术(程成带头)、光子学及生物医学应用(隋成华带头)、玻色-爱因斯坦凝聚和原子激光理论(熊宏伟带头)。

2. 团队的建设目标

与浙江工业大学发展的总体目标(建成国内知名的、综合性的、教学研究型大学)相适应,根据本学科目前的发展态势,总体目标如下。

在现有光学硕士点以及校重点学科的基础上,经过若干年的努力奋斗,建成国内知名的、一两个方向在国内领先的、具有博士授予权的光学研究中心。具体特点可概括为:学科带头人水平高、梯队结构合理、经费来源充沛、方向明确稳定、成果国内领先、设备比较齐全、运行机制灵活、对人才富有吸引力、20余人的研究队伍。研究课题保持在国家自然科学基金的水平上,有在研的、持续的国家基金或省部级纵向项目,每年50万—100万元横向经费资助。以年计,SCI论文约10篇,发明专利1—2项,毕业的博士生硕士生15名、本科生60名以上。

3. 批准和建设

学校在2004年12月前后对申报的团队进行了投票表决,事情的结果有些出乎我的意料,我们申报的团队竟获得了批准。首批创新团队全校批准通过的共有17个,几乎包括了当时浙工大所有的强势学科和代表人物。

化材学院:马淳安、计建炳、许丹倩、李小年。

机电学院:张立彬、柴国钟、高增梁。

信息学院:王万良、俞立。

生环学院:陈建孟、郑裕国;+1。

建工学院:郑建军。

药学院:苏为科。

人文学院:肖瑞峰。

经贸学院:周根贵、程惠芳。

理学院:程成。

上面的"＋1"是指后来增加了环境与生物工程学院的刘维屏教授团队,他们之后申报成功了教育部的创新团队。

下图是学校人事处颁发的"程成创新团队"牌匾。

"程成创新团队"牌匾

"程成创新团队"部分成员合影(摄于2005年9月)

左起:刘玉玲、张航、隋成华、程成、李博、徐志君、徐军、童建平(缺熊宏伟、刘淑娟,那时已去中科院武汉数学物理研究所)

在团队建设过程中，人员有较大的变化，陆续进出团队的有：2005年原团队成员熊宏伟和刘淑娟老师曾调离浙工大，之后调回浙工大并于2014年10月建立了校属的浙工大维尔切克量子中心；2006年陈钢从浙大光学工程博士后出站后加盟团队；2007年严金华从浙大博士毕业后加盟团队；2008年马德伟从复旦博士后出站后加盟；2009年12月，杨扬从浙大博士毕业后进入浙工大博士后流动站，合作导师是程成，当时由于浙大和浙工大的学缘太近，学校严控来自浙大的博士入校，因此，曲线救国先进入浙工大的博士后流动站，出站考核后加盟；2011年毕业于苏州纳米研究院的张庆彬加盟团队，后自愿离开团队去了物理实验室；2012年许周速从学院科研秘书的岗位转为教师并加盟；2012年下半年刘玉玲自愿离开团队参加了另一个团队；2013年博士毕业于清华大学的王嘉维加盟；2014年博士毕业于华东师大的王宪位加盟；2014年胡来归从日本研访回国后不久应聘去了上海复旦，并成为上海浦江学者；2014年，隋成华和徐志君根据学院的意见另行组团。2018年9月，来自南昌大学（原在浙大做博后）的沈林放和吴家和（中国台湾）加盟团队。

下图为团队部分成员于2010年10月的合影。

光学创新团队部分成员合影（摄于2010年10月）

前排左起：刘玉玲、隋成华、程成、马德伟、童建平；后排左起：胡来归、张航、徐志君、徐军、严金华（缺：熊宏伟、刘淑娟、陈钢、张庆彬）

2013年11月学校对团队考核进行验收时，团队成员有（12人）：程成、隋成华、熊宏伟、徐志君、张航、李博、马德伟、严金华、陈钢、许周速、王嘉维、王宪位。2018年底，团队成员有（11人）：程成、张航、李博、马德伟、严金华、陈钢、许周速、王嘉维、王宪位、沈林放、吴家和。

此外,学校要求创新团队在校人事处网页上对团队的建设过程要有报道。通过报道,可检查团队的建设过程,激励团队进取。我们团队请李博老师为通信报道员,据目前留存的部分资料及回忆,我们的报道包括(但不限于)如下这些内容。

(1)2004年12月,团队成员李博获得中国人事部留学人员科技活动择优资助优秀类项目资助。

(2)2005年12月,团队成员张航、李博被列入浙江省151人才工程。

(3)程成教授收到2009年度诺贝尔物理学奖提名推荐邀请函。

2008年11月,程成教授收到瑞典皇家科学院诺贝尔物理学奖评审委员会的邀请函,邀请他推荐2009年度诺贝尔物理学奖提名人。邀请提名说明浙江工业大学有幸被纳入了诺贝尔奖评委会关注的范畴。这是多年以来浙江工业大学许多物理学教师努力做好科研、宁静致远的结果,也是理学院科研水平和实力不断提升、被国际同行认可的一个标志。

(4)根据浙科协学发〔2009〕4号文件,在由浙江省科协组织的省市2009年重点学术活动中,由我校创新团队程成教授牵头的项目"高效低能耗压缩空气干燥机的关键基础技术研究及产业化"获得立项,课题已于近期结题。

(5)2010年,隋成华教授获得浙江省科技计划重大专项的支持。

(6)2013年6月,团队成员李博被列入浙江省高校中青年学科带头人培养计划。

(7)团队成员胡来归在 *Nature Communications* 上发表论文。

(8)团队成员严金华先后两次学术研访美国。

(9)团队成员陈钢研访美国一年,按期回国。

(10)团队成员张航的一项科研成果拟选为美国光学学会 *Applied Optics* 期刊的封面。

(11)团队成员许周速到浙大材料学院邱建荣课题组做博士后。

随着光电子技术的发展,智能化技术越来越受到人们的关注。为了跟紧智能化技术的发展潮流,2011年5月,我们以团队骨干为核心,申请将我们于2004年成立的"浙江工业大学激光与光电子技术研究所"更名为"浙江工业大学光电子智能化技术研究所",学校科技处下文〔2011〕3号批复。该研究所名称一直沿用至今。

4. 团队建设的成果和对学科建设的推动作用

团队建设的成果跟本文上面所述的学科建设的成果基本一致,这里不再赘述。

本团队在理学院学科建设中起到了关键作用。可以说,当时理学院与物理学科相关的大部分平台、学科、实验室、仪器设备等,都是团队成员牵头或以团队成员为核心共同努力下获得和完成的。按时间顺序列出的主要工作有：①浙工大第一个理学类硕士点——光学（2003年授权建立）；②浙工大第一个理学类省重点学科——光学学科（2005年批准）；③理学院第一个一级学科硕士点——光学工程（2005年授权建立）；④浙工大第一个理学类一级学科硕士点——物理学硕士点（2010年授权建立）；⑤第二轮省重点学科光学学科申报与建设（2012年批准）。

教育部第三轮学科评估

2012年上半年，教育部开始了第三轮学科评估，主要是对一级学科进行评估。原则上是学校和学科自愿参加，但一位教师或一个依托基地（如重点实验室）只能参加一个一级学科的评估，以防止混乱和评估材料不实，这样，我们只能完全以自己的力量来参加评估了。理学院参加的是数学、物理学两个一级学科的评估。"光学工程"学科没有参加，主要是由于理学院的"光学工程"和"光学"的成员是混合的，无法区分，因此，只能先评估物理学，光学工程暂不参加。

这次评估材料的整理跟以往不同，主要是在网上对教育部数据库中的相关材料进行认可和整理，大部分是客观材料，例如数据库中以浙工大为第一署名单位的论文、项目、获奖等，主观评述的材料较少。主观材料由我撰写，客观材料我交给陈刚老师具体负责，陈刚爽快地答应了。这项工作是义务劳动，没有课时补贴或奖金，我一直没有对陈刚表示感谢，借此机会也补表一下谢意。

评估表中的第一部分是"清单表"。有许多栏目我们是空白，例如"专家类别"栏，限填"中国科学院/工程院院士、军队科技领军人才培养对象、长江学者特聘/讲座教授、国家杰青基金获得者、973首席科学家、国家级教学名师、教育部高校青年教师奖获得者、教育部跨世纪人才、百千万人才工程国家级人选、中科院百人计划入选者、教育部新世纪人才"。"团队类别"栏，限填"国家自然基金委创新群体、教育部创新团队"。近三年科研获奖只填"国家自然科学奖、国家技术发明奖、国家科技进步奖，教育部高校科研优秀成果奖（科学技术），省级科技贡献奖/科技功臣奖/科技成就奖，省级自然科学奖、技术发明奖、科技进步奖，中华医学科技奖，中华中医药学会科技奖"。

下面是评估表中我们有数据的栏目（有许多栏目我们是空白）。

专职教师与学生情况

类型	数量	类型	数量
目前在校博士生数	0	目前在校硕士生数	29
博士生导师数	3	硕士生导师数	19
全日制专业学位学生"校外博导"数	0	全日制专业学位学生"校外硕导"数	0
专职教师及研究人员总数	48	全校研究生指导教师总数	798
近三年授予全日制专业学位博士数	0	近三年授予全日制专业学位硕士数	0
近三年授予全日制学术学位博士数	0	近三年授予全日制学术学位硕士数	15

重点学科

序号	重点学科名称	重点学科类型	学科代码	批准部门（应与批文公章一致）	批准年月	参与单位数(*)	本单位参与学科数(*)
1	光学	重点学科	081202	浙江省教育厅	200601	1	1

注：请在"参与单位数"后括号内填写本单位署名次序；"本单位参与学科数"后括号内填写本学科在本单位内的排名次序或所占比例；"参与单位/学科数"为1的无须填写次序或比例。

重点实验室

序号	实验室类别	实验室名称	批准部门（应与批文公章一致）	批准年月	参与单位数(*)	本单位参与学科数(*)
1	省部级重点实验室/中心	浙江省物理示范实验中心	浙江省教育厅	2003年1月	1	1
2	国家级重点实验室/中心	教育部基础物理示范实验中心（建设单位）	教育部	2007年1月	1	1

注：请在"参与单位数"后括号内填写本单位署名次序；"本单位参与学科数"后括号内填写本学科在本单位内的排名次序或所占比例；"参与单位/学科数"为1的无须填写次序或比例。

近三年（2009—2011年）国家、省部级科研项目：国家基金20项（含面上项目8项、青年科学基金项目10项、会议资助项目1项、理论物理专项1项），负责人是程成、胡来归、黎忠恒、李博、乐孜纯、李海彬、刘凡新、聂青苗、隋成华、武强、严金华、杨则金、赵文、张明、左咸军、朱涛；省部级10项，负责人是程成、隋成华、童建平、徐志君、乐孜纯、刘玉玲、全必胜、鄢波。国家和省部级项目经费总额624万元。这些项目都跟物理学科紧密相关，由教育部网站查到并核实。近三年其他重要科研项目（包括横向等）28项，负责人是张航、程成、唐轶峻、隋成华、鄢波、童建平、乐孜纯、严金华、魏高尧、黄琳、刘玉玲、陈刚，经费总额394.8万元。

在教育部网站查到并核实的近五年（2007—2011年）本学科代表性学术论文，国内期刊有（限填20篇）：《光学学报》《物理学报》《中国激光》《通信学报》等。作者是程成、严金华、付明磊、乐孜纯、隋成华、徐志君、陈刚、许晓军、刘玉玲、庄德文。国外期刊有（理学限填40篇）：美国的IEEE系列、OSA系列和PHYSICAL REV系列，欧洲ELSEVIER系列等。相关作者是赵文、严金华、吴忠超、隋成华、程成、武强、李海彬、徐志君、陈刚、聂青苗、许晓军、朱涛、蔡萍根、黎忠恒等，其中赵文的论文层次高、数目多，引人注目（赵文发表论文时仍署名浙工大，后来出国，回国后作为特殊人才被引进到了中科大）。

近五年（2007—2011年）发表的ESI高被引论文、近三年（2009—2011）发表的高水平（含 *Science/Nature*）论文、已转化或应用的专利（2009—2011年）栏目，我们是空白的。其他的如"人才培养质量"等，这里不再介绍。

第二部分是学科简介，这部分是由我撰写的，如下所示。

二、学科简介

说明：未能在"清单表"中填写的学术贡献、社会贡献等内容通过"学科简介"表述，所填内容不应与"清单表"重复。"学科简介"内容将进行网上公示，所填内容不应涉密且可进行网上公开。

（一）学科基本情况与学科特色（本页限填1000字，不能另加附页）

1. 本学科的基础（历史与现状）

本学科现有物理学、光学、光学工程三个硕士点，其中"光学"学科是浙江省重点学科，也是省属高校唯一的"光学"省重点学科。学科依托两个国家级基地（国家级物理实验教学示范中心、国家级基础物理教学团队）和浙江省光纤通信重点实验室等。

2. **特色与优势**

（1）研究方向：

光学重点学科，主要开展纳米材料光学、冷原子物理和量子光学、信息光学、光电子器件与系统等领域的研究。

理论物理领域，在吴忠超（《时间简史》翻译者）、王安忠等国际知名学者带领下开展天体物理方面的研究，现已有近10人的研究小组，国际学术交流频繁。

（2）队伍：

各研究方向的学术带头人都是国内外有影响力、省内知名、学术造诣高、治学严谨、学风端正的学者。学科队伍40人，其中教授9人、副教授25人、博士学位22人、博导3人、硕导17人、全国百篇优博1人、省151人才工程5人、省钱江人才2人、省级教学名师2人。

（3）学术影响力：

光学学科带头人程成教授于2008年和2011年受诺贝尔物理学奖委员会主席的亲笔信邀请，参加推荐诺奖候选人，2008年推荐的候选人最终获奖，表明我们的学术地位得到了国内外学术界的认同。

天体物理学科带头人吴忠超教授是国际著名天体物理学家霍金的博士，《时间简史》的翻译者。王安忠教授是原美国贝勒大学终身教授，2011年引入我院，其论文（Phys. Rev. D）被评述为可进入现代物理学教科书的里程碑式的成果。

（4）人才培养：

人才和质量保障体系较为完备，教学质量位于省内同类学科的前列。已培养硕士研究生55人，博士研究生5人，博士后1人。近五年获国家教学成果二等奖、省教学成果一等奖和二等奖等多项奖励，出版本科和研究生教材十余部。

（5）学科排名：

学科中的光学学科是我们发展比较早的学科，目前位于省内第2，全国第44（见下表）：

2008—2009年 （全国共90个）			2009—2010年 （全国共103个）			2010—2011年 （全国共104个）		
学校名称	排名	等级	学校名称	排名	等级	学校名称	排名	等级
浙江大学	14	A	浙江大学	4	★★★★★	浙江大学	13	★★★★
宁波大学	50	B	宁波大学	46	★★★	浙江工业大学	44	★★★
浙江师范大学	58	B	浙江工业大学	47	★★★	宁波大学	59	★★
浙江工业大学	67	B	浙江师范大学	54	★★	浙江师范大学	65	★★

（二）社会贡献（本页限填1000字，不能另加附页）

主要包括以下几个方面：①为制定相关政策法规、发展规划、行业标准提供决策咨询；②加强产学研用结合、技术成果转化，为产业发展提供技术支持；③在弘扬优秀文化、推进科学普及、服务社会大众等方面的贡献；④本学科专职教师部分重要的社会兼职;⑤其他方面。

　　1.浙江省重大专项专家组成员、浙江省物理学高教指导委员会秘书长

　　2.加强产学研用结合、技术成果转化,为产业发展提供技术支持

　　(1)环保节能集成型冷冻式压缩空气干燥机关键技术及应用(省科协重点项目,2010年4月结题),浙江省科技成果登记号09017023。由该课题研究成果形成的产品已由国家高新技术企业批量生产,2008、2009两年生产527台,出口东南亚、澳大利亚和欧洲多国,国内市场也已覆盖了十多个省份,获得了客户的广泛好评。经审计,2008、2009两年中,直接经济效益为节电911.71万度,新增销售额659.36万元,新增利税164.82万元,直接经济效益1483.54万元;间接经济效益为新增节支16086.21万元。社会效益:全国每年可节省铜、钢材等9.72万吨,降碳排26.34万吨。

　　(2)太阳能路灯智能控制系统(温州港宏新能源有限公司,2010年12月结题),自2010年12月投入生产以来,现在每月约生产250套,平均每月实际销售80套,创造价值416万元,利润63万元。

　　(3)与杭州精飞光学仪器制造有限公司、杭州富阳精科仪器有限公司等公司联合开发了20多种物理实验仪器,被南京大学、浙江大学、武汉大学、天津大学等100多所高校广泛使用,销售额达到2300多万元。这些仪器设备和实验已被全国上百万学生使用,社会效益与经济效益巨大。此外,由于这些实验仪器上都印着"浙江工业大学研制"的字样,也极大地提升了我校的知名度。

　　(4)通过与中国科学院长春光学精密机械与物理研究所、嘉兴林升液压工具有限公司、杭州奥克光电设备有限公司、上海新思维反光材料有限公司、杭州雷明光电科技有限公司、常州泰和光电科技有限公司等科研院所、企业的合作,获得了用于交通安全的微棱镜型反光材料、波长路由城域光网中的光交换器件、光子晶体特征参数计算程序软件、多端口同时分下或插入的可重配置光学分插复用器、多彩LED射灯、路灯、工矿灯、隧道灯和洗墙灯等高质量、高技术含量的产品。已实现销售额1580万元,年增产值1102万元,年增利润160万元,年增税110.2万元。

　　3.在弘扬优秀文化、推进科学普及、服务社会大众等方面的贡献

　　学科成员担任科技特派员期间,与常山县全面开展科技创新和科技成果转化合作以来,理学院教师的一批创新性科技成果先后在常山县相关科技企业进行了生产转化,如隆昌电子有限公司的电泳法玻璃钝化披覆芯片生产的实施,万谷电子科技有限公司的新一代节能灯的研发成功,亿思达电子有限公司的头戴式影院系统等。在科技成果服务当地企业的同时,还协助当地企业成功申报了数项浙江省科技厅重大科技专项和优先主题计划项目,为当地科技及经济又快又好发展做出了贡献。

4. 本学科专职教师部分重要的社会兼职

浙江省物理学会副理事长,中国宇航学会光电专委会常务理事、理事,中国光学学会光电专委会理事,浙江省光学学会常务理事、理事,浙江省平湖光机电块状经济转型升级专家,浙江省重大专项专家组成员,中国物理学物理教学委员会委员,浙江省物理学与大学物理课程指导指导委员会委员,浙江省高教学会教材专业建设委员会名誉理事长。

2012年3月23日,我们将评估材料上报。教育部学位与研究生教育发展中心(评估司)对我们上报的数据做了全面核实,指出有个别数据存在问题,例如王安忠的论文等不应列入,虽然王老师跟浙工大有人事签约,但不在规定的统计范围内,我们及时做了修正。到了同年10月,当时我正在澳大利亚,接到评估办公室的电邮,邀请我参加本轮评估,我应允了。我主要是想看看其他高校(包括清华、北大),尤其是浙江高校物理学科的实力如何,这是一次搞清楚我们大概排名的机会。

在网上,我作为评审专家,浏览了全国高校参评的物理学科评估表,评估主要是对主观评价部分(如学科声誉等)打分。当时的数据我没有留存,印象最深的是中科大,其次是清华、复旦、北大、南大等。从论文看,中科大提供的论文几乎都是 *Science*、*Nature* 正刊。清华是一所工科学校,但这几年物理研究水平上升得很快,也大部分是 *Science*、*Nature* 正刊。复旦是清一色的美国科学院院刊。倒是北大,论文的刊物不十分整齐,有比较明显的缺角。浙大的论文明显弱,提供了好几篇 *Optics Letters*,虽然它是光学类的顶刊(有争议,尤其是在国外),但跟 *Science*、*Nature* 或美国科学院院刊相比,显然差距较大。当然,这仅仅就论文的影响力而言,仔细评估,还需要看具体论文的内容。前几年的诺贝尔物理学奖,就颁给了 *Optics Communications*(中科院3区)的一篇论文的作者,论文被引用3000多次。论文在于质量,而不在所谓的分区或影响因子,这是后话。

2013年4月,教育部学位与研究生教育发展中心公布了第三轮学科评估的结果,下面的表格数据来自其公布的"学科分析报告"。浙工大物理学科位于全国第46—50名之间(总共参评87家),在省内和浙师大并列。2017年,教育部进行了第四轮学科评估,公布的省内排名是:浙工大C+、浙师大C+、杭师大C、宁大C(同档排名不分先后)。这个位次和排名跟五年之前的第三轮评估结果一致。

参评单位总体情况统计表

分类	全国单位数	参评单位数	参评率	参评单位平均参评学科数
985高校	39	39	100%	30
211高校	112	110	99%	20
博士授权单位	286	253	88%	14
硕士授权单位	242	110	45%	6
科研院所(含党校)	248	28	11%	2

注:(1)"硕士授权单位"中不含"博士授权单位"。

(2)"全国单位数"仅在本次评估的95个一级学科中统计,不含军事学等(下同)。

各类学科参评情况统计表

分类	高校参评情况			总体参评情况	
	全国现有学科数/单位数	高校参评学科数/单位数	参评率	参评学科数	占参评总数比例
博士一级	2600	2069	80%	2096	49.5%
博士二级	431	177	41%	183	4.3%
硕士一级	5029	1749	35%	1777	42.0%
硕士二级	1802	171	9%	179	4.2%

注:(1)"参评学科数"是指高校和科研院所参评学科数之和。

(2)"全国现有学科数"仅在本次评估的95个一级学科中统计,不含军事学等(下同)。

物理学科参评情况统计表

分类		高校参评情况			总体参评情况	
		全国现有高校数	参评高校数	参评率	参评单位数	占参评总数比例
国家重点学科		26	23	88.5%	23	25.8%
授权类别	博士一级	55	42	76.4%	44	49.4%
	博士二级	6	4	66.7%	4	4.5%
	硕士一级	77	38	49.4%	38	42.7%
	硕士二级	29	3	10.3%	3	3.4%
	总体	167	87	52.1%	89	100%

注:"参评单位数"是指高校和科研院所参评数之和。

全国参评物理学科整体水平得分分段统计表

段号	本段内位次	本段内单位数	本段内单位名称（按单位代码排序）	最高分	最低分	平均分
1	1—5名	5	北京大学、清华大学、复旦大学、南京大学、中国科学技术大学	90	82	87.8
2	6—10名	6	南开大学、上海交通大学、浙江大学、山东大学、武汉大学、中山大学	79	78	78.5
3	11—15名	5	北京师范大学、吉林大学、哈尔滨工业大学、华中科技大学、华中师范大学	76	76	76
4	16—20名	4	山西大学、同济大学、华东师范大学、兰州大学	75	75	75
5	21—25名	7	大连理工大学、中南大学、华南师范大学、四川大学、西北大学、西安交通大学、国防科学技术大学	73	72	72.6
6	26—30名	4	中国人民大学、北京理工大学、郑州大学、湖南大学	71	71	71
7	31—35名	12	北京科技大学、河北师范大学、内蒙古大学、东北师范大学、上海大学、南京师范大学、山东师范大学、湘潭大学、重庆大学、西北工业大学、西安电子科技大学、陕西师范大学	69	69	69
8	41—45名	3	长春理工大学、河南大学、西北师范大学	68	68	68
9	46—50名	13	北京化工大学、辽宁师范大学、吉林师范大学、东华大学、中国矿业大学、**浙江工业大学**、浙江师范大学、广西师范大学、西南交通大学、西南大学、四川师范大学、扬州大学、中国石油大学	66	66	66
10	56—60名	23	天津师范大学、华北电力大学、太原理工大学、山西师范大学、辽宁大学、沈阳师范大学、延边大学、哈尔滨师范大学、杭州师范大学、安徽师范大学、鲁东大学、武汉科技大学、长江大学、中国地质大学、重庆邮电大学、重庆师范大学、西华师范大学、昆明理工大学、云南师范大学、兰州理工大学、新疆大学、烟台大学、宁波大学	65	65	65

段号	本段内位次	本段内单位数	本段内单位名称（按单位代码排序）	最高分	最低分	平均分
11	81—85名	5	中北大学、内蒙古科技大学、渤海大学、温州大学、三峡大学	63	63	63
全部参评单位		87		90	63	69.9

浙江省参评物理学科评估结果

本省市参评高校（得分相同的按学校代码排序）	授权类别	学科整体水平得分
10335 浙江大学	博士授权	79
10337 **浙江工业大学** 10345 浙江师范大学	硕士授权 硕士授权	66
10346 杭州师范大学 11646 宁波大学	硕士授权 硕士授权	65
10351 温州大学	硕士授权	63

后 记

　　浙江工业大学老教授协会准备在2023年浙工大建校70周年之际出版一本书，我接到了邸继征老师的邀稿。我于2001—2012年在浙工大理学院担任首任院长，其间亲历和经了许多事情，有的只有少数人了解，随着时间的推移，渐渐地被埋没在历史的长河中。最近浏览理学院的网站，发现理学院大事记竟然丢了光学省重点学科建立的信息，前后两轮都丢了，因此，觉得很有必要写点东西，留给后人。吃水不忘挖井人，只有记住历史，才能看清现在，也才能更好地迎接未来。

　　接受邀稿之后，第一个问题是写什么，然后是怎么写，是重议论，还是重历史原貌。直觉告诉我：应当重历史原貌，尽量原汁原味，少议论、多陈述，客观存在最有生命力。于是，在一堆文字当中镶嵌了原初的表格，显得突兀扎眼，似格格不入。我曾尝试着尽力去掉表格，但数据立马变得凌乱，可读性大为降低，原始风貌荡然无存。权衡再三，最终决定将可要可不要的表格尽量删去，实在不能删的，只能留着，留给读者去评判。以后，如果理学院要搞30或40周年院庆，这些原始资料也许可供参考。

由于篇幅所限,还有许多理学院的重大事件没有写,如:本科生从最初两个专业60名学生,发展到今天四个专业每年招收120名学生;各轮岗位聘任的实施;历年的职称评审以及教师评级;教育部基础物理示范实验中心申报和建设;理学院建院10周年院庆;博士点申报;宇宙与天文学团队的建立;等等。这些工作,或是主要由分管领导负责,或是涉及岗位聘任和职称评审等敏感信息,不宜详述。关于理学院建院10周年院庆,材料都是公开的,且是概貌介绍,光环多、内涵少,这里亦可不述。关于博士点,我在自己任上曾经申报过,水不到,渠不成,没有成功,也可不讲。今天理学院博士点已经申报成功,但这绝不是一朝之功,而是长期积累、一朝突破。关于宇宙与天文学团队的建立,团队发展得很有特色,倒是跟我密切相关,但似乎够不上"重大事件",因此这里亦略。

稿件曾给郗继征、隋成华、黎忠恒等老师看过,纠正了一些错漏,在此一并表示感谢。由于种种原因,文稿仍难免存在谬误,尊请指正,不胜感谢。

浙江工业大学数学学科的发展历程

唐　明　王定江　金永阳　曹　军

大学的学科发展与人的成长相类似,受到外部环境和内在努力两个方面的影响。浙江工业大学数学学科自1953年学校初建便开始发展,一路伴随学校成长,至今已有70年。从服务于各专业、提供公共数学教学,到建立独立的学科体系,在国家政策、学校定位导向和学科师资的共同作用下,学科逐渐发展壮大,影响力显著提升。

"七十而从心所欲,不逾矩",于个人而言,70岁是古稀通透的年岁,是回顾和总结的重要节点,而在一个学科动辄百年的发展历程中,70年却并不算长,此时的回顾更有一番承前启后的意味。在回忆历代学人的学科智慧和奉献精神的过程中,我们更看到了工大精神的传承,在此特向前辈们深表敬意。

浙工大数学学科的成长,先后经历了三个大致的发展阶段:

第一阶段:教学服务型(1953—1999年)——专注于公共课教学,服务全校各专业。

第二阶段:教学研究型(2000—2012年)——开设数学本科专业、获批数学一级学科硕士点,专业课与公共课兼顾、教学与科研并重。

第三阶段:研究教学型(2013—2023年)——获批数学一级学科博士点,建设国家一流本科专业,科研取得突破,并以此支撑教学。

正如之前所提到的,浙工大数学学科的发展始终深受国家大势、学校定位和学科师资水平的影响。在后面的介绍中,我们也将集中于这三个维度进行阐述。

第一阶段:教学服务型(1953—1999年)

从1953年杭州化工学校初建到2000年浙工大理学院成立,近半个世纪中,学校从初建时的中专成长为东部沿海地区第一所省部共建、省首批重点建设高校,培养高级工程技术人才的学校(号称"工程师的摇篮")定位逐步明确,学校看重的是应用型专业方面的教学和科研,而数学仅是整个培养计划中的一个基础部分,是服务于各专业后续课程和科研的,因而数学教师的任务主要就是上好数学课。

这一阶段的发展道路起伏较大,因而又有六个不同的时期。

1. 初建中专,落户杭州

1953年6月,"中央人民政府重工业部杭州化学工业学校"初建,属中专层次(学生为初中起点),校址选在杭州城西北的白荡海一带(老打索桥)。那时学校仅设三个部门:教务系统、化工部、机械部,主体专业是化工工艺、化工机械,"教务系统"是支撑学校主体的服务保障系统,包括教务科和若干辅助性的教研组,如数学、物理、普化、外语、语文、制图、体育等。

当时数学课要学两年:第一年学高中数学(把普通高中的数学内容压缩到一年),第二年学微积分初步(含一元微积分、级数、简单微分方程)。此时新中国初建,百废待兴,我国大学的数学教学既继承自己的传统又学习苏联的经验,教学上较为正规、严格,比较注重知识的系统性和理论原理,讲授数学知识的时候比较强调数学思维;同时也强调要"上手快",希望尽快为专业、为生产服务,所以教学内容中还包括了"误差理论""计算尺"等实用性知识的介绍。

2. 中专升级,兼办大专

1956年,学校归属新成立的化工部,并受化工部委托办了一期三年制的大专师资进修班,为全国若干学校准备开设的大专班培养师资,科目包括语文、数学、物理、力学、制图等。这样,对数学的要求自然就提高了。为适应新任务,数学组的一些教师被派到浙大、杭大去进修。

1957年,有一位来自欧美的数学教授在浙大讲授概率统计,我校数学组有些教师跑去听课并带回一些资料,我校的数学教学由此开始接触到概率统计。

1958年6月起,杭州化工学校被移交给浙江省政府(那时叫省人民委员会),省政府随即安排我校办大专班,并将学校更名为"浙江化工专科学校"(浙江化专),校内分为中专和大专两个部分(大专部分叫"大学专修科"),同年秋季开始招收大专班(高中起点)的新生。

大专层次的数学课不同于原先的中专层次,删去了初等数学部分,高等数学部分则增加了多元微积分、微分方程和空间解析几何。

3. 升格本科,迁址衢州

1960年2月,依据浙江省委"建设产学研三结合化工基地"的规划蓝图,省政府下文将"浙江化专"的大专部分迁往衢州烂柯山下乌溪江畔,再将原浙江衢州化工专科学校并入,新建一所本科层次的"乌溪江化工学院"。1962年8月,由于经济困难、政策调整,学院被收归为化学工业部所属,部里指示将校名改为"浙江化工学院",迁回杭州白荡海的"浙江化专"原址(原浙江化专的大专部分迁去衢州以后,中专部分仍留在白荡海,以"杭州化工学校"之名存在,此时便名正言顺地并入浙江化工学院了)。但到1965年,化工学院又被交回浙江省所属,省政府再次令其迁回衢州乌溪江畔(此所谓"五年三迁"),白荡海校园成为"浙江化工学院杭州分部",直到1970年全部迁往衢州并入化工学院,白荡海校园交给省里,后来成了浙江丝绸工学院校区的一部分。

浙江化工学院设有基础部,含数学、物理、化学、外语、体育五个公共基础课的教研组,李寿恒副院长兼任基础部主任。数学教研组有教师十余人,包括原浙江化专和原衢州化专的一些老教师,和几名新分配来的杭大数学系毕业生,教研组组长章朝宗是谷超豪的同班同学。原浙江化专的数学组留了几人在杭州维持"杭州分部"的教学(包括办培训班),1970年以后他们也全部到了衢州。

那时化工学院的数学课所用的教材,先是用全国27所高校合编的《高等数学》,后改用樊映川编的《高等数学》,工程数学则基本不上。27所高校合编的《高等数学》,是顺应当时的教育方针而编的,1958年起开始组编,1960年开始推广使用,那时强调教学与生产实践相结合,因而教材中应用实例较多,内容也比较宽泛。还有几本后续教材与其配套,分别针对化工类、机械类、电气类的专业特点,介绍一些与专业课程相关的数学知识,1960年发书的时候是整套一起发,还连同另几本工程数学的教材(复变函数、偏微分方程、积分变换、场论等),但这些配套教材都没用过,因为那时没有开出这些课。这套书一直用到1966年"文化大革命"开始。

因学院初建大学本科,许多后续专业课程的教师尚未配齐,所以给了数学课较多的课时(共学两年),讲授的内容比较多,也讲得较为细致和规范。

4."文化大革命"折腾,治乱初归

1966年,"文化大革命"风云起,原有的教学秩序和教学体系被完全打乱。

1967年,浙江化工学院成立了革委会,下设革命批判组、教育革命组、生产实习组等。学生按军队的连队编制,每个连配有军代表、工宣队员,再配几位基础课和专业课的教师(各教研室都打散了,教师都被分散到各连队),边参加生产劳动边讲授一些文化课,常常是在车间里或田间地头支一块黑板就开讲,而且常常是与一线工人一起上课。工人的文化基础本来就差,又讲究"急用先学",所以是用到什么讲什么,教学全无系统,正规教材用不了,只好根据需要临时编些讲义,如"初等数学""计算尺""诺木图"等,也难得讲一点粗浅的微积分知识(临时讲义名为《捅破窗户纸》,意为"微积分的神秘其实一捅就破")。

1973年,浙江化工学院开始招收工农兵大学生,教学稍微有序了些。那时用的数学教材是清华大学编的《微积分》,书很薄,讲得很浅。

1977年,"文化大革命"动乱逐渐平息,学校秩序开始恢复。基础部重新建立起来,徐铜为负责人,原属"教育革命组"的数学、物理、外语、体育和原属化工

系的无机化学、原属化机系的制图,都划入基础部,成立了六个基础教研室。数学教研室主任是吴挺。

1978年春,"文化大革命"后恢复招生的第一届学生(史称"1977级")进校,教学秩序基本回归正常。高等数学课主要还是讲微积分,采用同济大学编的教材,学时为220—240。

5. 筹建浙工,回迁杭州

1978年,浙江省政府决定筹建省属重点高校"浙江工学院",选址上塘河的东新桥畔。

1979年,省政府决定将偏置衢州的浙江化工学院迁回杭州,并入筹建中的浙江工学院作为建校基础(经教育部批准,于1980年秋正式下文),大大加快了浙江工学院的建校进度,也使教学秩序很快步入正轨。

新建的浙江工学院基础部,主任是吴挺,书记是徐铜,下辖数学、物理、(普通)化学、外语、制图、体育六个教研室(后来还曾一度设过中文教研室)。数学教研室主任起初由吴挺兼任,吴挺调去温州大学以后,徐铜任基础部主任,翁祖荫任数学教研室主任,翁祖荫出国以后由李维宣当主任(翁祖荫回国以后又当过一段,后来还是李维宣),而后是王时铭,其后是邬学军。1993年学校升级为浙江工业大学,基础部成为基础学院。后来一些教研室逐渐分出去,2000年理学院成立时仅剩数学系、物理系,邬学军任数学系主任,直到2016年金永阳接任,这些都是后话了。

浙江工学院初建,数学课程主要就是高等数学。吴挺抓教学很严,强调"精讲多练勤考核",练习题选自同济版的《高等数学练习册》,规定选题不少于总题量的一半(许多学生把整本练习册都做完)。吴挺特别要求第一学期要起好步,教师要做到"作业全批改、每周有答疑",除了正常的期中、期末考试之外,上完极限部分就开展一次全校统一的高数测验。这些措施使浙江工学院的数学教学很快走到全省高校的前列。

1980年起,数学教研室开始为部分专业开设工程数学课。首先开出的是线性代数,两年后开出概率统计,再以后又陆续开出了复变函数、偏微分方程和积分变换等课程。大约到20世纪90年代,线性代数全面铺开,概率统计也逐渐铺开。

大约在1984—1985年,高教部要求在教改中"减负",于是浙江工学院把一学期的教学周数从20周压缩到18周,后来又压缩到16周。但全校各专业开设的专业课门数又不断在增加,相应地,高等数学的学时就只好从220以上被压缩到180甚至更少,线性代数的学时压缩到32个,概率统计的学时压缩到48个。

1984年左右,浙江工学院开始招收硕士研究生(浙江化工学院招研究生还要早,1979年就开始了,但没有硕士学位授予权)。那时全校各个专业一共才20多个研究生,上数学课就合成一个班,课程除了泛函分析之外,还有复变函数、矩阵论、概率统计、数理方程、积分变换等。这样大概持续了五六年,后来研究生多了,才根据不同专业、不同课程分班上课。

6. 升格工大,教学重压

进入20世纪90年代,浙江工学院已粗具规模,在校生(含成教)超过了6000人,教学质量和管理也在社会上赢得了较好的口碑,学校开始实施第一个十年发展规划。此时恰逢浙江籍的台湾实业家张子良来大陆捐资助学,浙江省将他引荐至浙江工学院,并提供了配套资金。学校抓住机遇,修订规划、增设专业、系部升学院、改革核算体制、强化学科建设(要求专职教师"人人进学科"),终于获国家教委批准升格。1993年12月,"浙江工业大学"的新校牌替换了"浙江工学院"的旧校牌。

1994—1998年间,基础部开始陆续分化:普化教研室划归化工学院,制图教研室划归机械学院,语文教研室划归技术师范学院(后来归入社科部,再后来成立了人文学院),体育教研室划出组建体育军训部,基础部仅剩数学、物理、外语三个教研室,承担全校的数学、物理、外语三大公共基础课的教学。

1996年9月,学校曾进行"两段制"试点:化工、经贸、信息三个学院的一、二年级学生由基础部管理,三年级起再回归各自学院管理。于是基础部在抓教学之外还要抓管理,任务更重了(这个试点仅实施了1996、1997级两届就停止了)。

在各个系纷纷升格为学院之际,基础部于1998年4月也改名为基础学院。由于外语教研室1994年已经开始单独招外语专业的学生,所以基础学院之下单设外语部,剩下的数学和物理两个教研室便组成了数学物理部。

1998年,全国各高校开始扩大招生,学校规模迅速扩张,学生"宽进宽出",学风开始滑坡,这令基础部教师们非常头痛。那几年是基础部教师最累的几年——数学教师普遍有"三大":大教学班、大作业量、大工作量。

"大教学班":学校规模迅速扩张,教师紧缺,数学课只好采用大班教学,所有的大教室总是坐得满满的,学生人数基本都超百甚至超两百,教师要大嗓门、写大字、掌控大课堂,上课特别累。

"大作业量":数学必须勤练,作业本来就多,再加上学生人数多、上课门数多,教师们下课后总是提着沉甸甸的大捆作业本挪到办公室或休息室,然后还要花几倍于讲课的时间来批改作业。那时学校规定作业的批改量不少于总数的三分之一,但数学教师们基本上是不少于总数的一半,有的教师甚至一直坚持全批。

"大工作量":由于课时多、班数多、人数多、作业多,数学教师们一学期下来工作量普遍超400,甚至超500(彼时学校规定的满工作量仅为260)。为了职称晋升,教师们在繁重的教学任务之外还要挤出时间做科研、写论文,压力之大,可想而知。

为了保证和提高教学质量,当年的基础部、数学教研室曾经有一些很好的做法,如集体备课、经验交流、统考统批、以赛促学、强化师资、教改创新、因材施教,对优秀学生实施精英教育等,有效地改善了教风和学风。

第二阶段:教学研究型(2000—2012年)

1998年开始,在全国高校合并的浪潮中,原浙江大学、杭州大学、浙江农业大学、浙江医科大学四所高校合并,组建了新的航母级高校"浙江大学"。由此省属高校数量锐减,这使得浙江工业大学更加被省里重点关注,发展进入了快车道。在此背景下,数学学科也从基础学院时代进入了理学院时代,从教学服务型逐渐转型为教学研究型。

学科的这一转型,大致跨了三个台阶:从公共基础课跨上专业课的台阶,从本科生培养跨上硕士生培养的台阶,从被动适应教学到主动改革设计教学的台阶。

1. 从公共基础课跨上专业课的台阶

从20世纪80年代开始,改革开放如火如荼,教育系统也积极推行教改,各种新举措层出不穷。国家教委不但强调提高教学质量,也强调加强基础研究、提高学术水平(2000年以后,还针对本科生提出了"宽口径、厚基础"的概念),并开始了对各大学、各学科的综合评价排名。相应地,浙工大先后制订了第二个、第三个十年发展规划,学校定位逐步提高,在强调"教学为本"的基础上,推行"以学科建设为龙头"的办学方针,对科研成果和学科发展也提出了越来越高的要求,所有的专职教师"人人进学科",并在此基础上开始实行全员岗位聘任制。

国家和学校的革新气象,既使教师们精神亢奋、眼界扩大、观念更新,也使教师们感到压力逐渐增加。教学重压之下的数学教师们,于是渐渐变成"忙并苦恼着",他们普遍的苦恼就是——没有精力搞科研,学术水平难以提高,难以适应学校、学科发展的要求,因而自己的职称晋升之路也尤为艰难。来自内部和外部的压力,迫使基础学院必须设法把教师们从教学重压中解放出来,腾出部分精力来加强学术研究和业务进修。

2000年1月,随着学校的发展,在基础学院领导和教师们的强烈呼吁下,"基础学院"被取消,分别成立了理学院和外语学院,理学院下设应用数学系和应用物理系,各系开始招收本专业的本科生。这给数学的学科发展创造了有利条件,数学系对于选定专业方向、加快师资队伍建设、组织科研队伍、构建学科形态有了更多自主权,由此迈开转型的步伐。

2000年,数学系开始招收"信息与计算科学"专业本科生一个班,2002年扩大到两个班,2003、2004年又扩大到四个班,2005年减为三个班,但增设了"数学与应用数学"专业一个班,2006年起各专业每年各招两个班,此后数学系的本科生就一直保持两个专业、每年各招两个班的规模,直至2018年增加了与计算机学院合招的"数据科学与大数据技术"专业的本科生。

有了自己的专业,数学系在继续教好全校公共数学课的基础上,重点转向自己的专业数学课,着力抓好专业建设。主要做法是:

(1)加强已有教师队伍的培养提高。

(2)积极引进高水平教师。

(3)抓好专业本科教育的规范化建设,为申报硕士点打好基础。

(4)系统指导学生参加高水平竞赛。

2. 从本科生培养跨上硕士生培养的台阶

2006年,数学系获批"应用数学"二级学科硕士点(当年被定为校级重点学科,2010年又被定为省级重点学科),2007年开始招收硕士研究生。

2011年,数学系又获批"数学"一级学科硕士点(2013年教育部评估,该一级学科的国内排名为第82位)。

目前,数学系的专业设置共有"数学"与"统计学"两个一级学科,在"数学"一级学科下有两个本科专业("信息与计算科学""数学与应用数学"),有五个二级学科硕士点("基础数学""计算数学""应用数学""概率论与数理统计""运筹学与控制论"),涉及"数学"一级学科之下所有的二级学科。

数学系现有具备硕士导师资格的教师28名,在校研究生近50名。在研究生培养中,数学系特别重视抓好学术型研究生的培养,近几年每年都有1名研究生被评为省级优秀硕士毕业生。硕士生教育的发展,进一步促进了教师水平的提高、学术团队的形成和数学系学科形态的构建。

3. 从被动适应教学到主动改革设计教学的台阶

在狠抓学科建设的同时,数学系也从未放松全校数学公共基础课的教学,因为数学公共课的教学质量直接关系到全校各专业的本科生和研究生的培养质量。随着教师队伍的不断进修提高和新老交替,也随着多年公共课教学的经验积累和摸索改进,大家逐渐感觉到已有教材和教学方法所存在的不足,开始着手进行改革甚至重新设计。随着教育改革的推进和国家经济、科技的发展,早年曾经行之有效的做法,有的逐渐淡出(如集体备课、教学经验交流大会、频繁的阶段考核、全校性的数学竞赛等),有些则保留、发展并渐成制度(如统考统批、集体答疑、教师间的相互听课交流等),此外还有一些与时俱进的新做法。

第一,分层教学。

全校的学科门类和学生人数的增多,逐渐显示出学生的数学基础差异、不同专业对数学的要求差异都比较大。2013年,我们根据"按需供给、因材施教"的原则,将高等数学分为A类(174学时)、B类(160学时)、C类(80学时)、D类(64学时)、高等数学提高班(45学时)五个层次(分别称为高等数学A、B、C,大学文科数学,高数提高班)。其他的公共数学课程也有简单的分层,如线性代数A(48学时)、B(32学时),概率统计A(64学时)、B(48学时)等。

第二,挂牌选课。

涉及面大的公共课如高等数学、线性代数、概率统计等,允许学生在同一课程中自行选择自己喜欢的任课教师,这对教师的课堂教学提出了更高的要求,促使教师们更主动地研究课堂教学的规律和方法。

第三,推广多媒体教学。

多媒体教学设备,从20世纪90年代开始试用,逐步推广,现在已全面铺开。对于数学课程来说,多媒体教学具有信息量大、视听效果丰富、课件工整规范、方便教师修改、便于交流与共享等优点,但也有一些缺点,如容易导致教学表面化、碎片化,容易弱化内在思想逻辑的展开和推导、演算的过程,制作优质课件比较费时等。如何将多媒体教学和传统板书教学有机结合、取长补短,还需要继续研究探索。数学系的教师上课大多以板书为主,他们的板书能力是公认全校所有课程中最好的;但相对地,数学课的课件也大多不够精美。

第四,教学督导。

2004年,学校开始推行教学督导制,学校成立了校督导组,各学院也相应成立学院督导组,由教学经验较丰富、教学口碑较好的退休老教师和资深在职教师组成,对课堂教学及毕业环节进行监督指导,特别是对上课经验较少的青年教师进行督导和帮助。

第五,青年导师制和主讲资格认定制。

具有博士学位的青年教师,虽然一进校就是"初定讲师待遇",但还必须经过教育厅的"教育理论上岗培训"和校内的"新教师岗前培训",同时配备"青年导师",担任导师助教至少一年,同时参加"教师教学发展中心"组织的若干培训活动,并须通过考核正式获得讲师职称;拿到"高校教师资格证"和正式的讲师职称以后,还要通过"主讲教师"资格的认定,才能站稳讲台、独立开课。这些措施,既是为了保证课堂教学质量,也为青年教师的教师生涯开个好头,促使教师们认真备课、研究教学,并将自己的科研与教学更好地结合。由于数学系的教师普遍讲课较好,新入职的青年教师获得主讲资格也普遍较顺利。

第六,建设精品课程。

进入21世纪,学校就开始推行优秀课程、精品课程建设。"高等数学"第一批就被评为优秀课程,使任课教师的工作量都有补贴。后来"线性代数"也被评为优秀课程。

第七,教材建设。

教材建设既体现了教师的专业水准和教学经验,又体现了学科建设的成果。

1993年,数学教研室在教改热潮中曾编出《工科数学一体化》教材,虽然很不成熟,没有正式出版也没有推开,但为以后的教材建设打下了良好基础。

1997年,教研室开始编写《经典高等数学》(邬学军等)、《线性代数》(唐明等)等教材,于2004年由浙大出版社陆续出版,在全校推开使用。此后,浙大出版社又陆续出版了《线性代数一本通》(唐明等)、《概率统计一本通》(周明华等)、《复变函数》(潘永娟等)、《数学建模竞赛辅导教程》(邬学军等)、《数学建模竞赛入门与提高》(周凯等)、《MATLAB实用教程》(周明华等)等教辅材料。

2012年,与科学出版社商定,由数学系组编一套"浙江省重点学科应用数学教学改革与科学研究丛书"(由邸继征、邬学军主编)。到2015年底为止,在学术专著方面,已出版5本:《小波分析原理》(邸继征)、《信息论与密码学》(邸继征)、《数据分析与R软件》(李素兰)、《修波(shearlet)理论及应用》(邸继征)、《小波分析应用解析》(邸继征)。在教材方面,已出版了6本:《复变函数与积分变换》(潘永娟等)、《概率论与数理统计》(邓爱珍等)、《数值计算基础》(陆建芳等)、《线性代数》(王定江等)、《数学物理方程与Mathmatica软件应用》(张隽、沈守枫等)、《大学数学与数学文化》(唐明等)。这些教材至今还在使用,有的还被其他一些高校采用。

第八,参加高水平竞赛。

高水平竞赛能有效地激发学生的学习兴趣,开阔学生眼界,提升专业水平,同时也能促进教师教学工作。从1995年开始,学校组织优秀学生组队参加由中国工业与应用数学学会主办的全国大学生数学建模竞赛,对获奖学生给予一定的奖励和优惠(由数学系具体统筹,参赛的主要是理学院和健行学院的学生,也有一些计算机学院、信息学院等其他学院的学生),2006年开始又参加了美国数学及其应用联合会主办的美国大学生数学建模竞赛。为此,数学系专门开设了"数学模型""数学实验""MATLAB应用"等课程,建起了一间数学专用实验室,并由系主任挂帅成立竞赛辅导小组,每年暑假都花大量时间对报名参赛的学生进行数学建模培训。由于教学质量高、培训效果好、激励措施给力,我校学生的参赛成绩非常优异。仅以2009—2013年的成果数据来说,在国际竞赛(MCM即美国数学建模竞赛,我国每年有100多所高校组队参赛)中,获一等奖14项[其中2006年荣获特等奖(outstanding winner),2011年团队荣获特等奖提名],二等奖31项,位列浙江省属高校之首。在国内竞赛(全国大学生数学建模竞赛)中,获一等奖14项、二等奖21项,获奖比例远超全国高校平均水平。特别值得一提的是,2014年我校荣获全国大学生数学建模竞赛本科生组的最高奖

"MATLAB创新奖",该奖自2009年开始增设,每年在全国本科生组中仅设1项,我校成为省内第一所、国内第六所获此殊荣的本科高校(当年共有国内外的1338所院校,25347支队伍,共7万余名大学生参加此项竞赛)。

此外,数学系还积极组织学生参加浙江省高等数学竞赛(由浙江省高等数学学会主办的全省高校数学课程竞赛。近五年我校学生的获奖总成绩列浙江省属高校第一,获奖人数占全省获奖总人数近一半,一等奖的奖项仅次于浙江大学)、大学生统计调查方案设计大赛(由浙江省教育厅与浙江省统计局联合举办,我校学生连续三年夺得省一等奖)等高水平竞赛。

第三阶段:研究教学型(2013—2023年)

刚开始办本科专业和硕士点的那几年,数学教师们的科研主要还是围绕着与专业教学有关的方向,所以把那个阶段称为教学研究型。随着教师队伍水平的提高,许多教师的学术研究方向已经大大超越了专业教学的范围,有一些还瞄向了国际学术的前沿。

学科建设,最重要的是学术团队的建设。2011年以来,为了组成职称、学历、年龄和学缘分布较为合理、具有创新精神和创新能力的学术团队,数学系每年都要引进毕业于重点高校并有国外访学背景的优秀博士4—5名(主要方向在偏微分方程理论与应用、动力系统与微分方程、科学计算与图形学、最优化算法与控制和应用统计等,意在逐渐形成特色研究团队。几乎所有年轻博士都申请到了国家基金和省基金项目),同时每年选送3—4名青年教师到国外著名大学访学,还有多人次前往国外短期访学或参加国际会议。

2012年1月,数学系正式与澳大利亚科学院院士、澳大利亚国立大学数学系汪徐家教授签订了短期海鸥计划,聘请其担任数学学科学术带头人,同时协助培养青年教师。汪院士每年都来我校开展学术活动,举办大型国际学术会议,也做了多次精彩的学术报告,2013年还选派金永阳教授随其赴澳大利亚国立大学数学系学习访问半年,张隽教授也去访问学习了一年,沈守枫教授也去做了短期学术访问。

进入21世纪第二个十年,国际局势发生深刻变化,中国发展也面临"百年未有之大变局"。数学作为自然科学的基础,受到国家的高度重视。另一方面,在大数据、人工智能等新兴领域的快速推动下,人们日益认识到数学在自然科学和工程等领域的重要作用。在此大背景下,数学学科成立了由澳大利亚科学院院士汪徐家教授任学术负责人的浙江工业大学数学研究中心,迎来了学科发展的新阶段。

这一阶段也主要经过了三个时期:①成立数学研究中心(2013年);②搭建

新班子,开拓新气象(2016年);③建设学科平台(2021年)。

1. 成立数学研究中心

2013年,数学学科成立了由澳大利亚科学院院士汪徐家教授任学术负责人的浙江工业大学数学研究中心,并在此基础上引进了一批毕业于国内外名校的优秀博士毕业生。在汪院士的指导下,这一批年轻人在基础数学核心领域迅速取得突破性成果,并接连在 *Geom. Funct. Anal.*、*Memoirs of AMS*、*J. Differ. Geom.*、*Adv. Math.*、*Math. Ann.*、*J. Math. Pures Appl.*、*Transactions of AMS*、*J. Funct. Anal.* 等国际顶级期刊上发表论文,其中顾娟如老师的两篇论文获得了世界华人数学家联盟最佳论文奖(若琳奖)。

数学研究中心的成立,使得一批本科和研究生前沿课程、学术讨论班、报告、会议等活动得以频繁召开,形成了浓厚的学术氛围。例如,2013年8月数学系主办了数学物理暨可积系统国际会议,参会代表多达200余人;2014年5月由汪徐家院士组织主办了非线性分析与几何国际研讨会,不少国际顶尖学者赴我校参会;2015年7月承办了第七届中日韩国际环论会议,参会代表亦近200人;2015年8月联合承办了第八届全国几何设计与计算数学会议等。

这些活动,有力地促进了数学学科研究水平实现质的飞跃,为数学学科在教育部第四轮学科评估以及2020年博士点申请等工作提供了重要的材料支撑。

十分可惜的是,在此以后,受多方面因素影响,汪徐家院士没有再续聘浙江工业大学数学研究中心学术负责人,几位优秀的青年骨干也因此离开,包括后来加盟中科大获国家杰青的陈世炳教授、加盟宁波大学任数学学院副院长并获国家青拔的陈传强教授、加盟华南师范大学获国家优青的鲁健老师、加盟杭州师范大学并曾于卢森堡大学担任五年研究员的程丽娟老师等,数学学科也因此错失了一个继续高歌猛进的大好机会。

在此之后,我们又聘请中国科学技术大学的长江杰青麻希南教授作为数学学科的特聘教授,帮助指导学科建设和人才引进及培养。

由此可见,数学学科的发展并不在于特别的实验室和大量设备,而重点在于人才,特别是高层次人才,其作用尤为关键。只要有高层次人才领军,学科往往可以在短时间内取得突飞猛进的发展,譬如近年来丘成桐院士在清华大学数学系发挥作用的情况就是如此,我们的经历也是很好的佐证。应该知道,数学学科的高层次人才是十分稀缺、可遇而不可求的,一旦错失一次机会,下次再想引进则未知时日了。

好在,我们在数学研究中心期间引进的这批年轻人,大部分都留了下来,他们后来分别进入了学科的六个各具优势的研究团队,继续为学科后续的发展发挥重要作用。

2. 搭建新班子,开拓新气象

在数学研究中心的带动下,数学学科的发展迎来新阶段。此时一方面学科的发展很快,但是另一方面有些教师入职于理学院成立初期,在早期承担了大量的公共基础课教学,使他们对科研的投入受到很大影响。也有些教师虽入职晚一些,但生活压力大,各方面的考核也都集中于科研方面,因此对于数学学科今后发展的理念存在不同的声音。

从2016年开始,金永阳教授接手了数学系主任重担,他先后与学科负责人王定江教授、沈守枫教授,理学院教学副院长王时铭教授、朱海燕教授,组成新一届的数学学科领导班子。这一届领导班子的特点是思维开阔、敢想敢做,带领数学学科做成了很多看似不可能的事情,为学科的发展带来了新的气象。

第一,开设数据科学和大数据专业。

大数据、云计算和人工智能,是新一轮科技革命、产业革命的进化方向,而其最重要的基础就是数学。针对大数据和数学的密切联系,数学系早在2016年便已成立数据科学团队,该团队以大数据技术与科学计算为主干,下设大数据统计与分析、大数据系统与计算、大数据与智能科学等多个学科方向。2017年,数学学科首先提出要开办数据科学与大数据本科专业,恰巧计算机学院也几乎同时提出了类似要求,后经学校协调,由理学院和计算机学院联合开设了这个本科专业。该专业旨在培养德智体美劳全面发展,具有良好的数学基础和计算机能力,掌握科学计算和大数据科学的基本理论、方法和技能,接受科学研究的初步训练,具备熟练应用计算机软件解决大数据问题的能力,能够在电信、零售、金融、制造、物流、医疗、科研、教育等行业里从事大数据分析和挖掘工作的高级专门人才。

为了更好地建设新专业,数学系主任金永阳教授、数据科学研究所所长沈守枫教授和部分教师,前往中山大学数学学院、浙江财经大学数据科学学院等进行了充分调研。数学系还与国内多位数据科学方面的权威专家进行了交流,其中包括中科大原副校长、现任清华大学数学系教授、我国著名数论和密码学专家冯克勤教授等,他们都非常支持我们数学系申报该专业,给予了深入指导和悉心帮助,并对数学系申报此新专业提供了权威认证。由于此专业的学科交叉特性,学生在前两年主要由计算机学科和数学学科共同培养,后两年根据学生志愿分流为大数据分析方向和工程应用方向,其中大数据分析方向的学生由数学学科培养。

在大数据专业成立后,学科先后邀请中科院院士汤涛和张平文为本专业的发展出谋划策。因此,大数据专业自2018年开始招生以来取得了快速发展,在学生中口碑良好,迅速成为转专业中十分热门的专业。

第二,凝练研究团队,彰显特色。

在数学研究中心取得突破之后,学科以点带面,根据现有研究方向凝练形成了六个特色鲜明的优势研究团队:分析与几何、微分方程与动力系统、数据科学、优化与控制、可视化计算、金融数学与应用统计。各个团队都由资深的教授牵头负责,例如,分析与几何团队负责人金永阳教授,是浙江省151人才、浙江省数学会常务理事;微分方程与动力系统团队负责人王定江教授,是中国生物数学学会理事;数据处理与科学计算团队负责人沈守枫教授,是省151人才、浙江省应用数学会常务理事;优化与控制团队负责人张冬梅教授,是浙江省151人才、浙江省中青年学科带头人;可视化计算团队负责人寿华好教授,是省中青年学科带头人;金融数学与应用统计团队负责人周明华教授,是浙江省现场统计研究会副理事长。

数学系倡导"人人进团队",以团队为主体开展各类学术活动,进一步提升数学学科的整体研究水平。

第三,建构基层教学组织,提高教学质量。

数学学科每年都要承担大量的学校公共基础课,这是学科从一开始便承担的重要使命。自2018年以来,一方面学校对于本科生教学质量越来越重视,在召开一系列本科教育大讨论、提倡公共课小班化教学、参加高等数学五校(浙江工业大学、上海理工大学、南京工业大学、江苏大学、安徽工业大学)联考等举措之后,对数学学科在公共课教学和课程建设上的要求逐年提高;另一方面,数学学科本专业的发展和学生培养,也需要进一步提高专业课的教学质量。

为协调好两方面发展,规范和完善学校基层教学组织的管理与建设,具体落实基层教学组织在课程建设、教学改革等方面的作用,数学学科通过系统整合所承担课程,建构了"课程类—基层教学组织—课程群"的三级分层结构:

第一级:将全系开设的所有课程,根据课程性质划成三个课程大类——Ⅰ.公共课程类;Ⅱ.专业课程类;Ⅲ.数学应用与实践平台。

第二级:三个课程大类根据课程内容与性质,细分为八个基层教学组织。

公共课程类(第Ⅰ类)进一步细分为如下三个基层教学组织:

Ⅰ.1 高等数学基层教学组织;

Ⅰ.2 工程数学基层教学组织;

Ⅰ.3 留学生数学基层教学组织。

专业课程类(第Ⅱ类)进一步细分为如下三个基层教学组织:

Ⅱ.1 应数专业基层教学组织;

Ⅱ.2 信计专业基层教学组织;

Ⅱ.3 大数据专业基层教学组织。

数学应用与实践平台(第Ⅲ类)进一步细分如下两个基层教学组织:

Ⅲ.1 数学建模基层教学组织；

Ⅲ.2 统计应用基层教学组织。

第三级：八个基层教学组织根据教学需要，将所涵盖的课程分成若干课程群，并希望能形成一个完整的制度，系统平衡公共课和专业课之间的关系，以及个人教学和课程建设之间的关系。

从效果来讲，基层教学组织在排课、教学过程管理等方面发挥了重要作用，在此基础上，学科在课程思政、核心课程建设等方面也取得了亮眼成绩。

3. 建设学科平台

2019年，教育部决定启动一流本科专业"双万计划"，计划从2019年至2021年建设10000个左右国家级一流本科专业点和10000个左右省级一流本科专业点。2020年，浙工大数学学科承办了浙江省高校数学系教学研讨会暨浙江省高校数学系主任会议，邀请了我省乃至全国多位专家，共同探讨数学专业和学科建设，为积极建设本科专业、提高数学学科的影响力发挥了重要作用。

2021年，浙工大数学学科凭借本科专业在课程教材、数学建模、毕业生质量、教师队伍水平等方面的优势，开始申请一流本科专业。结果，信息与科学计算专业获批国家一流专业，由沈守枫教授牵头，由赵松林、丁晓东等负责起草材料；数学与应用数学专业获批省一流专业，由金永阳教授牵头，由金建国、谢聪聪、曹军等负责起草材料。至此，我校数学学科在本科专业的建设上跨上了一个新的台阶。

2020年，新一轮国家学位授权审核工作正式启动。浙工大数学学科在以金永阳、沈守枫、朱海燕、王定江为核心的领导班子的带领下迅速响应，成立数学一级学科博士点申请工作小组，动员全系的力量与资源，在短时间内完成了大量工作，在多方面的支持下，最终成功获批数学一级学科博士点。这一成绩的获得实属不易，它为我校数学学科的发展打开了新局面。至此，浙工大数学学科在学生培养方面形成了完整的本硕博培养体系。目前，数学学科已招收了博士研究生3名。

结　语

习近平总书记在主政浙江期间十分关心浙工大发展，做出了"努力把学校建设成为各类优秀人才的培养基地和工程科学技术的研究开发基地"的重要办学指示，学校据此提出了"建设国内一流的研究型大学"的定位。正是基于这一目标，浙工大的数学学科将学科发展与学校命运紧密相连，不仅作为基础学科深化发展，更致力于建设以数学、物理、化学为代表的大理科，凸显工科特色。数学学科的作用早已不再只是一门数学课那么简单，更是破解工程技术上"卡脖子"问题和实现科学技术创新突破的关键。重视数学学科建设已成为国内外多所名校的共识,MIT和清华等高校纷纷建立以数学为基础的大理科。另一方面,数学学科的发展又有着自身的规律——高度思辨性,其创新和突破都是意识性的、发生在头脑中的,因此,高层次优秀人才对于数学学科的发展是至关重要、不可或缺的。

历经70年的发展,浙江工业大学数学学科从隶属于教务系统中的一环,逐步发展为独立学科体系,如今已建立起本硕博的完整培养体系,学科影响力大幅提升。

现在,数学学科的师资力量比较雄厚:学科现有专任教师70人,其中正教授12人、副教授33人;拥有省杰青1人(曹军教授),省钱江学者特聘教授1人(张磊教授),中国工业与应用数学会理事1人(朱海燕教授),省数学类专业教指委副主任委员1人(金永阳教授),省应用数学会常务理事1人(沈守枫教授),省151人才6人,省中青年学科带头人4人,此外,还有长江杰青特聘兼职教授多人。

数学学科的科研成果也较丰硕:学科教师近年来主持、参与了多项国家级科研项目(其中国家自然科学基金项目39项)、省级重点项目、省自然科学基金项目(在研11项)和科技创新应用项目。发表了SCI、EI收录的重要学术论文百余篇,其中ESI高被引12篇。申请和授权国家发明专利12项,研究成果受到了国内外同行的高度关注。

此外,本学科教师获省级以上教学、科研成果奖多项,并曾指导学生获得国际数学建模竞赛特等奖1项、特等奖提名5项,以及全国数学建模MATLAB创新奖,国家一、二等奖多项。出版了多部学术专著和教材,特别值得一提的是邸继征教授在这方面做出了重大贡献,他在校期间连续出版了学术专著 *Fundamentals of Wavelets*(WIT出版社),《修波(shearlet)的理论及应用》《小波分析原理》《小波分析应用解析》(科学出版社),出版了教材《信息论与密码学》《矩阵论》(科学出版社),《信息论导引》(浙江大学出版社)。

一个学科的发展,与生态系统的形成过程类似,最初的一粒种子,需要渐渐发芽、开花、结果,努力成长为参天大树,而且更需要传播种子、开枝散叶,才能渐渐形成生态森林。看似都是自然的生长过程,但每一步却又是崭新的突破,这个漫长的发展过程极不容易,长期耐心灌溉方能守得林盛叶茂。当前的浙工大数学学科,尚处于"开花结果,小树初成"的阶段,但我们相信,经过一代又一代数学人的传承和努力,浙工大数学学科定能健康发展,继续向更长远目标挺进!

城市规划专业初创始末

宋绍杭

经世致用 踔厉奋进

——献给浙江工业大学七十周年校庆

浙江工业大学城市规划专业创始于2000年,2006年隶属于建筑工程学院建筑规划系,2009年单设城市规划系,2019年并入设计与建筑学院,迄今已毕业18届本科生。

城市规划专业自创办22年来,人才质量稳步提高、综合实力迅速增强:2021、2022连续两年,在"软科中国最好学科排名"中保持全国第15位,位列城乡规划一级学科的前20%;从初创时一个班30人到两个班40多人的办学规模,从省内招生到面向全国多个省份招生,区域影响力逐步扩大;从初创时五六位教师到今天的24位教师、具有博士学位和高级职称教师超过88%的强大师资队伍;从本科教育到拥有一级学科硕士学位点,如今又入选国家一流本科课程、一流本科专业建设点。城市规划专业从无到有、城市规划学科从弱到强的这一发展过程,从一个侧面反映了21世纪以来,浙江工业大学加快建设"区域特色鲜明、国内一流的研究型大学"取得的显著成效。

筹备新建城规专业

1995年,浙江工业大学土木工程系经过十多年的发展,已有建筑工程、建筑学、给排水工程、环境艺术设计等四个专业,教学、科研和社会服务初步进入良性发展轨道。

在以经济建设为中心的思想指导下,浙江的城镇建设如火如荼,城市开发区、新功能区和公共建筑、住宅建筑、市政设施建设方兴未艾。各地对土木工程、建筑规划、市政工程等人才需求十分迫切,城镇规划、建筑设计和建筑工程的设计研究任务也越来越多,系领导顺应经济建设和行业发展趋势,决定在土木工程系的基础上组建建筑工程学院,扩大办学规模和师资队伍、提升教学质量和师资水平、增强科研能力和综合实力。1996年,建筑工程学院正式成立,相关学科由此进入了新的发展阶段。我是1995年调入浙工大的,主要从事建筑学专业的教学工作,参与了筹备新建城市规划专业的全过程。

从建工学院成立之日起,城市规划专业的筹建就提上了议事日程。当时,规划人才需求旺盛,在建设规划行业工作的许多工大校友,也积极提议母校考虑创办城市规划专业,以缓解人才短缺的窘境。学院领导班子专门讨论分析后认为,学院的四个本科专业和城市规划专业有着相互依存的上下游关系,况且,土木系时期曾开设过城镇建设专业(专科),创办城市规划专业有比较好的基础,遂设想以建筑学、环境艺术设计专业为基础筹建城市规划专业。经过调研论证、摸底排查和集体讨论,建筑学、环境艺术设计的骨干教师们与学院领导的看法趋于一致,认为创办城市规划专业、顺应国家发展大势,符合学校的发展战略,新专业的创办水到渠成、正当其时。当然,涉及新专业的设置还需要提交学校领导层,由他们做出最终决策并上报省教育厅。

筹办新专业的具体任务主要落在了建筑学专业几位骨干教师身上,我们大致做了以下三个方面的前期准备工作。

1. 专业设置报批准备

新专业设置必须要讲清楚专业设置的必要性、可行性。

一是为什么浙江工业大学培养城市规划专业人才是必要的。

经过我们对全国和全省高校的调研和分析,大致得出以下几点结论:第一,浙江省内城市规划专业人员总体上十分短缺;第二,规划专业人员地域分布不均衡,县市一级和建制镇规划任务繁重,人员数量严重不足;第三,省内仅有杭州大学(1998年并入浙江大学)一所高校培养城市规划专业的本科生、研究生,远不能满足当今的人才需求;第四,各地政府十分重视城乡规划工作,纷纷新建独立的规划管理机构和规划设计院所,许多建筑设计院所也在扩大业务范围,新增规划设计分院(所),人才需求十分旺盛。

以上分析支持了浙江工业大学创办城市规划专业的必要性,是符合国家经济社会和城市化快速发展需要的,也是与省属高校性质、服务浙江经济发展的宗旨相一致的,足以成为城市规划专业创办的基本前提。

到1998年,浙江省仅有浙江大学设有城市规划专业,其20年的办学历史,硕果累累,人才辈出,形成了以城市规划为主、兼顾区域研究与规划的专业特色,其学科源流、师资构成、办学模式等大都源于原杭州大学区域与城市科学系,并入浙江大学后的师资力量得到了显著加强,开始了学科由理学向工学的转型。浙江大学以具有世界先进水平的一流大学为建设目标,城市规划专业的人才培养层次、学科建设水平必然要对标世界一流大学,这样,也就为非"985""211"高校的人才培养腾出了广阔的空间。1990年代后期,省内其他高校如浙江科技学院、浙工大之江学院等高校,也敏锐地抓住四校合并成新浙大后出现的新形势,积极筹备新建城市规划专业,填补原本就相当紧缺的城市规划人才就业市场。

二是浙工大城市规划专业应该办成什么模样。

如果以1898年英国社会学家霍华德发表题为《明日的田园城市》的专著为起点,城乡规划学科的发展也只有100年历史,是一门相当年轻的学科。我国的城乡规划高等教育也是由一批留学海外的中国学者所创建的,基本上设置在建工类院校,因为知识结构具有一定共通性,人们往往把建筑师、规划师视为相同职业。除了建筑学专业承担较多的建筑设计与理论类课程之外,其他一些基础课程,如工程制图与画法几何、工程测量、市政工程规划设计等,还需要建筑工程、市政工程专业教师协同完成,把建工学院、建筑学作为城市规划专业的载体顺理成章。

首先,建筑学、城市规划属于同一学科源流。2000年,城市规划属于建筑学一级学科下的二级学科(2011年教育部才增设城乡规划学一级学科),建筑学、城乡规划学科都面对地域空间,城乡居民点、建筑是它们共同关心的对象,在空间规划设计中具体落实,所不同的只是各自关注的空间尺度,以及影响空间尺度规划布局和建筑设计的内外因素。规划师研究的是城市、乡村一类特定区域,编制城乡居民点空间规划,对一定时期内城乡社会和经济发展、土地利用、空间布局以及各项建设综合部署、具体安排和实施管理。而建筑学侧重的是研究建筑及其环境,同样是以空间为研究对象。建筑学可以看作城乡规划后一级更为详细的规划及建筑空间设计,负责规划蓝图的落地,二者可以无缝衔接。因此,浙江工业大学新创办城市规划专业,自然走的就是传统建筑类院系的发展路子。

其次,新建专业必须考虑毕业生的出路,专业建设目标既要考虑现实办学条件,也要积极拓宽就业范围。接受城市规划专业毕业生的主要是各级城乡规划建设部门和规划设计院所,城乡规划建设属于政府部门,吸收毕业生数量毕竟有限,且具有较高的入职门槛,因此规划设计院所或县及以下小城镇才是吸纳毕业生的主要去向。

筹备过程中,我们对同济大学、浙江大学、南京大学、南京工业大学、西安建筑科技大学、华中科技大学等国内知名规划院校的办学模式与特色、教学体系等进行了广泛调研。根据浙江工业大学"立足浙江、服务区域,走向全国、对接国际"的办学宗旨,在办学模式、培养目标等方面取得了一致意见,认为浙江工业大学城市规划专业的办学模式应与浙江大学和其他国内知名院校有所区别,要探索工大特色的培养模式:具备扎实的规划设计能力,融入城市和区域研究理论与方法;通过设置相关课程和社会实践,将研究理论、思想、方法精华渗透到专业教学和实践中去,使城市规划专业学生既具备扎实的规划设计专长,又具有广泛的视野、知识面和宏观思维,并有终身学习能力和持续发展提升的潜力。所以,规划专业初创时期,就确立了我们的基本理念:以社会需求、办学基础为出发点,以规划设计能力培养为基本准则,规划工作对象和毕业生就业适度下沉至中小城市、建制镇层面,力求夯实规划设计基础和动手能力,使每一位毕业生具有一技之长、一专多能,能自食其力,稳健地立足于社会。

2. 统筹安排师资力量

建筑学、城市规划专业采用的是五年学制,学制长、课时多,设计类主干课程每个班级都配备至少两名教师来承担教学任务,对师资数量、师生比和教师构成等有较高要求。批准设立新专业后,紧接着就是要建构高素质的师资队伍,从数量、结构上做好安排和调整。当时的设想是,城市规划专业的前两三年,主要依靠建筑学、环境艺术设计专业的师资力量,开设基础课、专业基础课。而现实情况却是,到1996年建筑工程学院成立时,已经招收了3届建筑学、1届环境艺术设计专业的本科生,但是,建筑学专业仅有李洪懋、洪慧、余延芳等老教师和吴晓鸣、谢榕等青年教师,数量严重不足,教师超负荷工作,不堪重负。加上之前有多位毕业于国内名校的骨干师资相继流失,专业教学面临极大的压力,维系正常的教学秩序尚且费力,经常要想办法外聘教师来承担部分教学任务。因此,基于建筑学专业的基础来筹办城市规划专业面临着较大的困难,不仅是缺乏规划专业骨干教师,就连像设计类专业基础课程,也因为缺少建筑学专业教师,只能勉强维系。

为了短期内破解师资短缺难题,建工学院成立前后(至2000年),加大了引进建筑学、城市规划专业师资的力度,先后引进了周公宁教授和李青梅、陈惟、姚援越、宋绍杭、王剑云、张建强、汪海峰等人,又从应届毕业生中选调周艳、金晓波、朱靖等人,担任建筑学专业主干课程教学任务。通过引进师资,既可充实教师队伍、缓解建筑学专业的教学压力,又可为正在筹建中的城市规划专业做好师资准备。

3. 改善办学硬件条件

扩大办学规模、新设规划专业,必然涉及专业教室、办公场所、基础实验室等教学硬件设施。在筹备城市规划专业时,整个学院的办学空间资源非常紧张:建筑学专业教室借用现新教楼位置的成教学院临时房教学;建筑学、环境艺术教研室则共用存中楼东配楼三楼的一间仅十余平方米的朝北办公室,建筑学专业只有一台386计算机和少量建筑模型教具、专业资料,少量的建筑测绘实习用的皮尺等教学设备、教具等,连一间专业实验室都没有。

为了支持专业的建设发展,系、院两级积极向学校争取空间资源,拓展办学空间,为新专业的开办创造条件。到2000年城市规划专业招收首届新生时,教师办公室从存中楼东配楼十余平方米办公室调整到同楼的一间20余平方米办公室;之后,又搬迁到文荟楼,建筑学、城市规划专业分别有了各自的办公室,改善了办公条件。与此同时,又在文荟楼落实了规划专业教室,尽管面积较小尚不能达到专业评估标准,但已经比原来的教学空间改善了许多,能够基本满足教学要求。

吴锡福、樊良本、邵林、何若象等学院党政领导,全力支持新专业的创办,积极向学校争取办学资源,协调学校、省教育厅等各方面关系。周公宁教授出任建工学院副院长后,全面负责建筑学、城市规划专业(筹)工作,在学院党政班子领导重视、学校领导和职能部门大力支持下,紧抓三个方面的准备,城市规划专业的筹备工作紧锣密鼓而井然有序地推进。很快,省教育厅批准同意浙江工业大学新办城市规划专业,计划于2000年招收五年制学生,专业筹备工作至此基本完成。

2. 探索人才培养特色

浙江工业大学城市规划专业是在建筑学基础上创办的,其人才培养、办学模式有路径依赖,似乎也不存在什么问题,只要照抄国内知名建筑类院校成熟的专业培养大纲、课程体系,应该可以基本保证人才质量的。

但是,要想根据浙江省经济社会和城市化发展的实际情况,找准办学定位、探索培养特色,就需要我们进一步研究分析,通过探索实践,形成地方性工科院校的特色办学模式。

那么浙江省城乡规划建设的实际情况究竟是怎么样的?如何渗透在专业教学与发展过程中?首先,新专业刚成立,各方面条件都不尽如人意,既没有行业领军人物和强大团队,也没有规划设计院所实际支撑,教师很少有机会主持或参加县级以上城市的总体规划和重要地段详细规划设计的实践。反映在教学上,就是规划设计主干课的题目基本都是建制镇、乡村的规划范例,与"城市规划原理"课程的理论体系、规划方法内容等严重脱节。其次,浙江的经济发展是以县域经济为主导的,形成与一般区域发展特点不同的自下而上的城镇化,尤其是以制造业为基础的小城镇发展,非常具有活力,乡村富裕程度位于国内前列。2000年前后,省委主要领导亲自挂帅,率先推进"千村示范、万村整治"工程,政府出台扶持政策,投入建设资金,制定考核指标,全面持续推进新农村建设,由此产生了对于小城镇和乡村建设的规划设计、科学研究、技术规范等方面的大量需求。

地方经济社会和城镇发展特点,决定了规划人才的培养模式、知识结构和教学理念,外部发展环境是支撑地方工科院校实现特色培养模式的土壤。我们觉得这些外部环境和发展趋势是推动城市规划专业形成特色培养模式的强大外部动力。规划专业初创时期,教学计划在稳定核心课程的前提下,不断修订完善,率先在全国规划院系中尝试将村镇规划设计单独列为一门课程,增加如地理信息系统、城市研究专题等方法技术类课程,加强学生对城乡问题的综合认知和分析研究能力,"授人以鱼,不如授人以渔",让规划从新技术、新方法中汲取有益的养料。

通过专业初创阶段的探索实践,浙江工业大学城市规划专业在人才培养上,以"城乡规划与设计"为核心,以"精"于物质形态规划设计、"通"于人文社科知识的复合型城乡规划优秀人才为培养目标,为培养能继续深造、学有专长的研究创新人才打好扎实基础。这是我们的办学定位和特色。最初的几届毕业生,基本都能根据自身的学习特点和兴趣,平衡"精"与"通"的关系,这在毕业设计(论文)选题上就有所表现,80%以上的学生选择了规划设计课题,表明在建筑学基础上的城市规划专业更容易沿袭传统的办学路径,而这也正是学生就业的基本功和"敲门砖",各地规划建设部门也更欢迎具备设计、制图动手能力的毕业生。最初几届毕业学生的就业率都接近100%,继续深造比例也很高,办学初始重视毕业生就业出路的想法初见成效,培养模式与办学特色也得到了初步验证,并且得到了用人单位和全国城乡规划教育界专家学者的高度认可。

2010年,城市规划专业首次通过住建部城市规划专业本科教育评估,成为全国200多所城市规划院校中第23所通过专业评估的院校,也是所有通过评估的院校中专业创办时间最短和唯一没有硕士学位授予点的专业。在2011全国高等学校城市规划专业指导委员会年会上,我代表院系做了《地方工科院校规划人才培养模式的特色与路径探索——浙江工业大学城市规划专业办学思路》的专题发言,得到了规划专指委、兄弟高校尤其是地方高校参会代表的认可与好评。

到2010年通过专业评估时,城市规划专业基本遵循专业初创时期确定的人才培养模式办学,后来的继任者又根据城乡规划已发展成为教育科研服务三位一体的城乡规划学科的实际,不断调整优化人才培养模式,持续探索我们的人才培养特色。

3. 加强师资队伍建设

在初步确定了办学模式、教学体系之外,还需要考虑的一个问题是:我们培养的学生综合素质是不是过硬,能不能受到社会的认可和用人单位的欢迎?而决定毕业生素质高低的,主要取决于生源和师资这两个因素。

第一是生源问题。1998年前后,全国高校经历了一轮大扩张,高校数量增加、招生规模扩大,考生录取率稳步提高,竞争趋于缓和,和恢复高考时的1977级4.8%、1978级6.6%的录取率相比,2000年浙江省高考的录取率已经大幅提高。浙江工业大学作为省属高校的排头兵,录取分数线一直名列全省前茅,而建筑学专业的录取分数线更是居高不下,连续位居学校专业录取分数的前五名,是学校炙手可热的热门专业,高分考生踊跃报考。城市规划专业尽管是新设专业,但是因为是在建筑学基础上创办的,与建筑学有很强的关联性,所以同样受到考生的青睐。最初几届的新生中,有许多就是奔着建筑学专业去的,填写志愿时往往是建筑学第一,城市规划第二,由于建筑学专业录取分数高,退而求其次被城市规划专业录取。最初几届的毕业生中,出于兴趣与志向,从事建筑设计、考取建筑学研究生的也大有人在,比如2000级胡啸同学被中国顶级建筑设计院——上海华东建筑设计院录用,这是一所许多建筑名校研究生心向往之、经过激烈竞争筛选才能进入的单位,以地方大学规划专业本科生资历被华东建筑设计院录用实属不易,所以说我们学生的素质是比较优秀的,且有着未来进一步发展的可塑性。专业创办初始已经具备优质生源基础,人才培养质量如何,就看我们如何认真负责地用心培养学生,为学生服务。

第二,既然我们的生源质量不错,学生能否成为行业精英和高素质人才,就取决于师资质量与工作态度了。专业初创时期,恰逢建筑学专业的几位具有规划专业背景和工作经验的老教师陆续退休,到2000年专业成立时,建筑学、城市规划两个专业的教师一共只有十余人,规划专业甚至都无一名高级职称教师。因此,维持教学秩序,办出专业水平,必须牢牢抓住师资队伍建设这个关键,采取必要措施,拓宽思路,迅速改变师资力量薄弱的状况。

一是大力引进师资,构建学术梯队,增强整体实力。

最理想便捷的途径,自然是直接从国内外规划院系引进学科带头人和骨干教师,但是在当时的人事管理体制下,人才自由流动颇费周折,困难重重。有一个例子,建工学院刚成立,就派出招聘团队到全国各地招揽相关专业人才,好不容易在西北一所建设部所属高校招揽到同济大学城市规划专业毕业的高职称专业教师,双方一拍即合,达成共识,可是到了具体落实环节,又因为人事关系及其他问题的阻碍,终究未能如愿。学校为了支持新专业的建设,破例从该校引进了一名虽无高级职称,但有海外留学经历的骨干教师。

另一条途径就是吸收优秀应届毕业研究生并进一步深造。2000年招收城市规划专业首届新生后,新引进研究生一般要求毕业于211高校,陈前虎、李英豪、赵峰等应届毕业研究生由此加入了城市规划专业教师团队。学院、学科克服困难,积极支持教师继续学习深造,陈前虎考取了同济大学继续深造,成为城市规划专业师资队伍的第一位博士,提升了师资的整体标准和学科水平。随着学科发展,教师学历层次越来越高,研究方向越来越广,学术成果越来越多,到2010年,城市规划专业教师已经超过10人,高级职称教师或博士占50%以上,师资数量的增加和素质的提高,极大地增强了我们对专业发展美好前景的信心和决心。

二是营造良好的工作环境和学术氛围,凝心聚力,最大限度发挥现有人员的潜力,在教学和工作中不断提高水平。这是一条从实际出发的比较现实的路径,即通过个人主观努力,实现学校大力推进的学科建设目标。

强调个人主观努力是因为,不管专业初创时的建筑规划学科还是教学体系组织架构,并不具备长效稳定的制度优势和人事、资金主导权,尤其是没有有效的激励机制,对教师个人成长和学术水平提高有局限性。激励高校教师自觉奋进,需要长效激励机制和优胜劣汰的运作机制,职称评定制度就是激励机制、运作机制的核心。学科发展水平的指标落实在个体上,就是看教师个人的成果质量和数量,如果说学科工作和个人努力能使大家感受到进步,那么,职称评定能使个人的进步程度和水平在制度上得到承认。也就是说,有效地提高师资水平,既要发挥人的主观能动性,又要在制度上承认人的进步和水平。然而,建工学院横跨三个一级学科,专业差异巨大,评价标准不一,建筑规划学科教师对职称评价标准等怨言较大,因此需要积极争取按照学科性质特点和国内建筑规划高校标准来制定评价标准,鼓励教师们在努力做好教学工作的同时,积极参加科研、教学和社会服务。建工学院的郑建军、杨杨院长,邵林、赵滇生书记,充分理解建筑规划学科的特点和学科专业的发展需要,在评价标准、员额比例、社会贡献等方面给予适度倾斜,因地制宜地在职称晋升方面考虑学科的要求,使一批真才实干、对专业建设有突出贡献的教师陆续晋升为高级职称,有力推进了科研教学并重的学科发展转型。在学科党组织和这些学科带头人带领下,一个风清气正、和谐团结、积极向上的教师团队初见雏形,对学生成长、学科发展产生了深远影响。作为基层组织的规划学科,通过目标制订、组织协调、交流检查、总结评价等措施,尽可能地为教师全面发展创造条件、提供服务,确保学校、学院的任务目标落到实处,稳步提高了师资的整体素质、教学与学术水平。

4. 拓展研究服务之路

2001年,学校转变发展思路,推进以学科建设为中心的发展战略,将学校发展从教学型转向教学、科研并重,构建以学科为核心的组织架构,激发每一位教师的科研积极性,以教学研究型大学作为学校新世纪的发展目标。

2002年,学院决定由我担任建筑规划学科的负责人,全面负责建筑学、城市规划两个专业的工作。此时,大部分教师都在从事建筑设计、城乡规划设计等社会服务工作,教师参与设计实践的经验积累,对于主干设计课程教学起到了很好的帮助促进作用,可以说,一个没有设计实践经历的教师很难胜任设计主干课程的教学工作。然而,学校发展的整体转型,决定着各项资源必定向科研项目和学术成果倾斜,我们必须顺应发展态势,及时调整发展思路,尽快推出科研教学并重的学科发展、师资培养的措施,迅速改变以往很少有人主动设计课题、参与申报各级科研项目的情况。

如何处理好教学与科研的关系,将教学、科研并重的发展战略落在实处?当时理论课教学课时少,尽管主讲教师花费了很大的精力,也难以把控教学效果和激发学生的学习兴趣,以至于教师的付出和回报不成比例;教师普遍不愿承担理论课教学,安排教学任务时经常出现争抢设计课程的情况,每次安排教学计划时颇费脑筋。于是,我们调整了相关课程的工作量计算规则,根据教师的职务职称,适当下调设计课时的计算系数:将过去只需每学期完成一门设计课程教学任务即可满足工作量的考核,调整为完成一门设计课程教学任务只是完成工作量任务的80%－90%,还有10%－20%的工作量要通过诸如理论课教学、科研项目、学术论文、社会服务等完成,建立科研与教学的等效评价机制,以此鼓励教师钻研理论、申报项目、多发论文和服务地方规划建设工作。

作为一个新创办的专业,开展较高水平的科研面临着许多困难。第一,城市规划学科兼属于理工与社会科学的综合性属性,决定了本领域科研项目数量极其有限,申请项目难度很大;第二,团队成立时间短、人数少、力量弱、缺乏领军人物;第三,教学任务十分繁重,投入科研的时间与准备不足。就我个人来说,先后要承担建筑学、城市规划、经贸学院房地产管理等三个专业的"城市规划原理"课程、建筑学专业的"居住区规划设计"课程、城市规划专业的"城市规划概论""风景园林规划设计""历史文化遗产保护与规划""城市规划管理与法规"等课程的教学,还要接受学院指派,承担成教学院、浙江理工大学的"房屋建筑学"课程的教学任务。课程教学横跨土木工程、建筑学、城乡规划、风景园林和管理学等五个专业和一级学科,经常是疲于奔波、顾此失彼,搞得我苦不堪言,不得不拉上我的建筑师同学和校外的教师友情授课,很难挤出时间再搞科研。

以科研工作促进学科建设、以学科建设提升培养质量,是需要我们坚持的一条做大做强城市规划学科的根本路径,无论教学工作多么繁重,每一位教师都应以学校发展目标为导向,迅速地实现转型。城市规划学科侧重于应用研究,专业初创时期,教师接触到的规划设计或研究项目主要来源于三个渠道:一是省内各地的城乡规划项目;二是各级规划建设主管部门委托的科研、政策类课题;三是省部级科研项目。第一类规划设计的任务占了大部分,这一类任务一般比较具体明确,有清晰的内容、深度要求,一般能结合我们的教学实习和毕业设计来安排,在教师指导下,师生共同努力帮助地方规划部门或规划院所完成任务。

第二、第三类项目,涉及面较广,理论性、政策性较强,多属于竞争性课题,在学科团队相对弱小的情况下,能够争取到省部级研究课题更属不易。到2010年,城市规划学科教师承担的教育部、省科技计划项目、省社科研究项目等省部级科研项目共7项,国家科技项目和发改委、教育部、建设部科研子课题有5项,取得了一些质量较高、指导性较强的科研成果,逐渐形成科研工作螺旋式上升的良好态势,学科发展转型取得初步成效。例如杭州市规划局委托的"杭州市郊农居建设环境调研"课题,这是我们初次承担政府部门委托的调研项目。1999年,杭州市举办农村住宅设计竞赛,我们建筑学专业的师生积极参与,获得了竞赛的二、三等奖和佳作奖，引起了市规划建设部门的关注。市城市规划编制中心冯雨峰副主任找到我，商谈具体落实杭州市主要领导关于市郊农居建设与环境问题的指示，遂形成调研课题，并委托我们具体负责。经过大半年的努力，2000年8月提交调研成果，得到省市建筑规划界领导、专家的一致好评，顺利通过验收。没想到，时隔三年之后，为配合浙江省正在开展的"千村示范、万村整治"工程，浙江日报记者电话联系并来校采访了我，详细了解课题的主要内容和观点，2004年3月2日，《浙江日报》在"今日关注"专栏，以"浙江农居，该有怎样的一张脸"为题，整版报道了浙江的农居建设情况，刊出了我们这个课题的主要内容和部分图片，适时地配合了省委、省政府的中心工作，取得了一定的社会反响。这些科研成果的现实意义使我们很受鼓舞，逐渐使得实现学校"以提升解决经济社会发展重大问题的能力为发展主线"的战略，服务于党和政府的中心工作，进一步聚焦科研，解决城乡规划建设发展的热点问题，主动、直接和紧密融入区域和城乡发展实践，深化拓展高等教育职能同社会经济发展需求的结合，成为大家的共识。

初创时期，城市规划学科先后有宋绍杭、陈前虎、周骏、黄初冬、张善峰等教师以省委组织部"百人计划"或省政府聘请、学校委派、地方邀请聘任等形式，赴地方政府、城市规划建设机构或乡镇（开发区）兼职、挂职，一度超过专业教师总数的三分之一。通过派驻、挂职、聘任等形式，以及设定研究课题、编制城乡规划、提供培训与技术服务等形式，全方位地参与新型城市化发展、城乡人居环境建设、"美丽乡村"行动计划等省委、省政府重大工作部署，突出地体现了地方工科院校与地方政府的深度合作和与经济社会发展的深度融合，提升了解决经济社会发展重大问题的能力和办学质量，为学科发展、教师成长奠定了深厚的社会基础。

从1996年建工学院成立，到2010年通过全国高等院校城市规划专业本科教育评估，是城市规划专业初创时期。周公宁兼主任的建筑系（教研室）（2002年之前），宋绍杭、孟海宁为负责人的建筑规划学科（2002年），孟海宁、陈前虎为负责人的建筑规划系与城市规划学科（2006年），宋绍杭为主任的城市规划系（2009年）等，先后负责了初创时期各个阶段的城市规划专业工作。这期间，教师办公室五易其址：存中楼东配楼、文荟楼各二次搬迁；第四次迁至邵逸夫科学馆；第五次又迁至东科教楼。机构变动和办公室易址，从一个侧面见证了城市规划专业初创与发展的过程，充分体现了工大人"艰苦创业、开拓创新、争创一流"的精神传统、"敬业奉献"的教风和"取精用弘"的学风，值得后来者传承发扬光大！

机械工程学院综合改革这五年

（2018—2022年）

吴赞儿

　　时光荏苒，岁月如梭，转眼间，机械工程学院开展试点学院综合改革已走过整整五个年头。五年来，学院上下同心，温暖同行，秉承着新发展理念，开创出新发展格局，向着内涵式发展迈出自信的步伐。

　　通过改革，机械工程学院改革完善内部治理体系，有效激发了学科（研究所）、团队和教师的活力和创造力，综合改革成效显著：学院党委入选"全国党建标杆院系"培育创建单位；获批"国一流"专业建设点4个、国一流课程2门、国家现代产业学院1个，中央现代化推进工程1项，建立了一整套课程教学质量评价体系；新增博士授权点2个；年度科研经费从6000万元跃升至1.59亿元，以第一完成单位获国家科技进步奖二等奖1项，省部级一等奖10项，形成一套适合学校内涵发展需要，可复制、可推广的研究型学院的管理体制与运行机制。

　　试点学院综合改革是以学院为单位实施全面的、综合的体制机制改革，是始终坚持理念创新、重视制度建设的标准化管理体系改革，是党建与业务工作"相融""相促"的工作机制深度改革。经过几年的探索与实践，目前改革取得明显进展，初步形成了具有研究型学院特色的体制机制，进一步完善了学院内部治理体系，有效激发了学科（研究所）、团队和教师的活力和创造力，为推动学校全面深化改革、激发学院办学活力提供可复制、可推广的经验模式。

　　五年来，机械工程学院攻坚克难，大胆创新，实现了学院机制体制的创新突破。

　　学院新制定出台了《机械工程学院试点学院综合改革实施方案》《机械工程学院推进本科生课程OBE教学改革实施办法》《机械工程学院科技成果培育办法》《机械工程学院促进科技成果转化实施办法（试行）》《机械工程学院高水平创新团队培育实施办法》《机械工程学院青年英才培育实施办法》等近30项机制体制改革文件，初步形成了一套研究型学院的标准化管理体系。

　　五年来，机械工程学院谋定全局，锐意进取，入选"全国党建工作标杆院系"

培育创建单位,构筑"党建引领事业创新发展"崭新品牌。

学院党委始终坚持"围绕中心抓党建,统领全局谋发展",统筹推进基层党建"五大建设"、重点打造党建工作"五大标杆",始终遵循创建工作与学院中心工作深度融合,有效畅通事业发展"中梗阻",打造了以"党建＋攻坚项目""思政一刻钟""机械青年说""创新在机械""三好三有"导学文化工程等为代表的一批"党建名牌",将党建育人综合体打造成为浙江省委党校干部教育学院首个高校现场教学点。创建期间,学院总计接待中组部、教育部、国家教育行政学院等单位来院考察调研35次,学院党委受邀在浙江省高校党建工作座谈会等会议上做专题报告发言28次,学院"育人号"稳居全国高校思政网"院系热度榜",有效形成辐射带动,成为高校基层党建工作的"重要窗口"。

五年来,机械工程学院秉持"敦仁通变"院训,牢记"机械铸就大国重器"价值使命,培育高水平创新团队,成绩斐然。

6支高水平创新团队共计获得国家重点研发计划等Ⅰ类项目1项,Ⅱ类项目11项,Ⅲ类项目5项;获国家科技进步奖二等奖1项、浙江省技术发明奖一等奖1项,浙江省科技进步奖一等奖2项,全国行业协会一等奖3项,中国专利优秀奖2项,省专利金奖2项,1人获周志宏科技成就奖。8支青年创新团队成员获省级自然科学奖二等奖1项,科技进步奖二等奖1项,全国行业协会科技进步奖特等奖1项、一等奖1项、二等奖4项、三等奖3项,获浙江省研究生教育协会教学成果一等奖1项、浙江省一流课程1门,发表ESI论文283篇,包含 *Nature* 子刊1篇、ESI热点论文12篇、ESI高被引论文13篇;新增Ⅱ类项目1项、Ⅲ类项目1项、Ⅳ类项目19项,国家青年基金项目17项;授权国家发明专利99件,实施转化26件;1人入选浙江省特级专家,2人获国家优秀青年基金(海外),1人入选德国"洪堡资深学者",5人入选浙江省"杰青"。

五年来,机械工程学院牢记"为党育人,为国育才"初心使命,全方位推进高水平人才培养新工程。

学院自试点以来,实现了一级博士点的全覆盖,新增一级学科博士点和博士专业学位授权点各1个;入选国家级一流本科专业4个,省级一流本科专业2个,入选国家级一流课程建设2门,浙江省一流课程建设14门(含国际化课程1门);坚持"人才产出导向",持续推进OBE(outcome based education,基于学习产出的教育模式)教学改革,3个专业通过全国工程教育专业认证;持续推进人才实践培养基地建设,获批国家级现代产业学院1个,建设浙江省产教融合联盟(盟主单位)、浙江省高等学校省级产教融合示范基地、国家级高端装备的多能场复合智能制造实训基地,浙江省首批重点现代产业学院,获批教育现代化推进工程1项、浙江省产教融合工程项目1项。

五年来,机械工程学院"扎根大地做科研",持之以恒推进"有组织的科研",

探索科研新范式取得明显成效。

通过开展"科技成果奖励培育计划",机械工程学院新增国家科学技术进步奖二等奖 1 项,省部级奖项 20 余项。为解决国家重大需求、服务区域创新驱动发展,学院依托地方研究院,扎根企业做科研,提升社会服务能力。建设了 8 个地方研究院,国家国际科技合作专项项目、国家重点研发计划项目、国家自然科学基金重点项目、国家自然科学基金联合重点项目、国家自然科学基金仪器项目、国家基金优秀青年基金项目、国家基金两化融合联合基金项目、国家重点研发计划课题、军工重要科研项目等一系列重大国家项目增长迅速,新增单个项目经费在 1000 万元及以上的科技横向项目 5 项,连续三年科研到款突破 1.5 亿元。

星光不问赶路人,机械工程学院正是以实事求是的态度,迈开创新创业的脚步。回首五年来的努力和成就,五条重要的启示跃然于眼前。

第一,做好顶层设计是试点学院改革成功的关键之所在。

《机械工程学院试点学院综合改革实施方案》是学校在广泛调研论证的基础上,结合校情、院情和广大师生的诉求建议所形成的。入选试点学院之后,学院专门组织赶赴兄弟单位专题调研,梳理出一系列制约拔尖创新人才培养的核心阻碍因素,以问题为导向,有针对性地进行改革顶层设计。

第二,试点学院的改革需要多部门协同推进。

试点学院改革涉及人才培养、教师遴选考核评价、人财物投入等诸多要素与环节,涉及学校人事处、计财处、研究生院、教务处等部门。试点学院改革是自下而上的改革,更是学校推动改革和发展的试验田、突破口,需要学校领导高度重视,需要各部门统一思想、全力支持方能真正使改革措施"落地有声"。

第三,学院管理体制机制改革需要综合性推进。

随着高等教育改革进入"深水区",遇到了诸多难题,依靠"头疼医头脚疼医脚"的单项改革,已不能从根本上解决,必须采用"综合改革"的思维和方式,要坚持系统思考指导下的综合改革,对教学、科研、师资、资源等进行集成优化。

第四,学院高质量内涵式的发展需要党建与事业发展深度融合。

把党建与事业发展紧密结合起来,同思想政治工作、教学科研、管理服务等一体推进,有利于党建工作与事业发展两促进;通过高质量的党建工作更好地把准方向,有利于引领和支撑建设一流师资队伍、培养拔尖创新人才、提升科学研究水平、推进成果转移转化等任务;通过党建与事业发展相融合,能够提升教师的政治站位、人才培养和科学研究的使命意识,有利于破解学院事业发展中的难点、痛点和堵点。

第五,教师团队化运行机制是学院发展的重要抓手。

对教师采取团队化的运行机制、采用团队化考核,有利于有组织地做"有价值的科研",聚集力量承担国家和地方的重大发展战略,争创"立地顶天"式、具有重大影响力的创新成果;充分发挥团队的制度优势,突出高层次人才对青年人才的"传帮带"作用,有利于打造科学合理的人才梯队,着力解决部分领域存在的学术带头人"断层"、队伍结构不合理等制约学科发展的突出问题;通过高层次创新团队的培育,有利于进一步凝练学科方向,聚焦发展领域,打造高峰学科。

立德树人四十载，育才硕果璀璨

——生物工程学院"三育人"先进集体事迹简介

王 方

　　生物工程学院源起于1981年创建的轻工系，同年成立浙江省第一个生物工程类本科专业，是国内较早从事生物工程类人才培养的学院之一。回望本科办学的40余年历程，始终不忘立德树人初心，牢记为党育人、为国育才使命，秉承"厚德健行"的校训和"探索未知、激情求解"的院训精神，在沈寅初院士、郑裕国院士的引领下，在历任学院党政领导班子和全院师生的努力下，继承并发扬了轻工系、生环学院很多好的带有全局性、示范性的做法，坚持"以学生为中心、以产出为导向"的教育理念，形成了本—硕—博完整的人才培养体系，培养具有"立地顶天"和"家国情怀"的工程科技创新人才和管理人才，学院也发展成为浙江工业大学学科综合实力最强的学院之一。

　　学院大力推进教书育人、创新育人、管理服务育人，各项事业发展取得了丰硕成果。

　　一是构建育人新体系。学院重点打造"生物、生命、生活"三生融合育人体系，连续20年纵深推进本科生导师制，让同学们能早进实验室、早进团队、早进课题。近几年持续开展"十大学风领跑行动"，学生的继续深造率、升学率明显提升。同时，为同学们搭建了"创意、创新、创业"全程竞赛体系，构建分阶段、分层次的竞赛实践平台，将学生科技创新作为专业建设和人才培养的有力抓手。学生在"互联网＋"大赛、"挑战杯"、全国生命科学大赛等高水平学术竞赛中频频获奖。连续五年荣获国际基因工程机器大赛（IGEM）金奖，连续三年荣获中国国际"互联网＋"大赛金奖。同时，推进课程体系、实践体系等新工科人才培养关键环节的创新，把学院的工程产业化优势转化为教书育人的资源，把学院的科研成果转化为经典生物工程案例进教材、进课堂，以工程创新促工程教育。

　　二是拓宽育人新载体。2022年3月，学院入选"全国党建工作标杆院系"培育创建单位，以排头兵学院的站位，以全国党建"双创"工作的标准，切实把党建工作与事业发展深度融合，以高质量党建引领学院高质量发展。以郑裕国院士领衔,以学院的教学科研为平台,汇聚企业、政府和行业资源,搭建育人载体,形成育人合力,组建全国首个生物工程类专业联合体,建设浙江省首个现代生物产业学院,连续两年举办全国生物工程类专业建设研讨会,以产业服务能力来激发协同育人的动力。

三是打造育人新高地。2021年,学院实现了浙江省教学成果奖特等奖的突破,凝结了40年本科培养改革实践的心血。2022年,学院荣获了浙江省研究生教育学会教学成果一等奖,充分肯定了学院研究生培养工作。学院生物工程类专业在《中国大学及学科专业评价报告》排行榜中,连续三年均稳居全国前两位。研究生学位论文抽检优良率均达100%,本科生继续深造率超过60%。涌现了全国优秀教师、全国师德标兵、全国百名研究生党员标兵、省高校优秀共产党员等一批优秀的师生代表。

学院的快速发展得益于每一位"生工人"的辛勤付出。奋斗是不变的底色,生物工程学院将牢记习近平总书记建设"两个基地"殷切嘱托,深入学习宣传贯彻党的二十大精神,凝心聚力加油干,重整行装再出发,奋力打造生物工程科技创新与人才培养高地。

师生眼里的好书记

——记浙江化工学院首任党委书记张庆三同志二三事

李宝泰

1960年2月，浙江省人民政府决定，以浙江化工专科学校为基础，合并浙江衢州化工专科学校，成立浙江化工学院，由衢州化工厂厂长刘德甫兼任院长，由衢州化工厂党委副书记张庆三兼任学院党委书记，又调浙江省化工研究所副所长、前浙江大学副校长、著名化工专家李寿恒先生任副院长。

学院院址选择在衢州乌溪江东、烂柯山下。这里是一片荒滩，没有任何生活设施可以利用，又正逢国家经济十分困难的时期。张庆三书记临危受命，团结带领全院师生，拉开了建设浙江化工学院的雄壮大幕。

张庆三同志

我是1960年秋由浙江化专抽调前去参加建院劳动的人员之一，分配在学院办公室工作，所以有幸近距离见证了张书记深入群众、关心师生、身体力行共建学院的工作作风和高贵品质。我在他身边工作近两年时间，他一身正气的共产党员形象和高尚的人格魅力，一直萦绕在我的脑海里，终生难忘。

艰苦创业，白手起家，烂柯山下建大学

1960年，国家正处于经济困难时期，经费紧张，物资匮乏，而院址又处于浙西十分偏僻的衢州烂柯山麓，离县城十几公里，离衢化也有五六公里，中间还隔着一条不大不小的乌溪江，过江全靠渡船，雨季江水猛涨漫灌，与外界几乎隔绝。后来用一些旧船搭了一座浮桥，才勉强满足建院初期人员往来的需求。

在这样恶劣的环境中,作为学院首任党委书记的张庆三同志,和全院师生住在一起、吃在一起、奋斗在一起,身体力行,风里来雨里去,每周的工作计划都安排得满满当当,稍有空隙,就深入工地、学生宿舍、教研室,和工人、学生、教师交流,了解一线实情。他常布置我们办公室下去了解情况,有的是他指定的,有的是例行的,回来向他汇报。我们发现,向他汇报的事他大多心中有数,甚至反问我们,有时会问得我们无言以对、口吃脸红。

在当时,安排好师生生活、办好食堂是头等大事。他常安排我们下食堂劳动,听取师生意见。那时粮食是定量供应的,每人每月干部教师是27斤,学生是32斤。校党委号召师生节衣缩食去支援灾区,每人每月要节省3—5斤粮票上交,所以食堂师傅打饭时打多了打少了,大家都很关心甚至很计较,意见也就比较多。为了公平起见,校党委、校领导听取大家的意见,干脆把粮食分到每个人手里,改打饭为各人自己蒸饭,吃多吃少全由自己计划安排,平息了这场风波。

凡是遇到困难的时候,张书记总是鼓励大家要发扬抗大精神、发扬南泥湾精神。张书记有过上延安抗大的亲身经历,所以在建院的指导思想上,他明确提出要学习抗大,发扬艰苦创业、自力更生精神。这一指导思想贯穿整个建院过程。

建院初期没有自来水,也没有水塔,更没有澡堂。早上在溪边刷牙洗脸,下午到江里洗衣洗澡。建院没有砂石就自己去江边挖、自己运回来,上课没有教室就搭草棚。张书记身体力行,带领一批又一批建院大军边学习边劳动(那时师生按连队形式混合编组,采用轮换制办法参加建院劳动),大家既是师生,又是工人,硬是从1500多米远的乌溪江边,用手推车、轨道车,运来建筑工地所需的砂石。教师、领导都参与其中,个个干劲冲天,不叫苦不叫累,为创建化工学院贡献自己力所能及的力量,都感到很自豪。

为了自力更生克服困难,学院党委在抓基建、抓教学的同时,还组建了自己的小农场、组建了专业生产队。张书记的父亲就像一个普通的农民,也成为专业队的成员,和大家一起上山开荒,种地、栽果树、种蔬菜,没有丝毫特殊,实在令人敬佩。

学院领导、全院师生都定期参加劳动,收获的蔬菜瓜果,部分缓解了副食品短缺的困难。我还清楚地记得,当时副业队因调整耕种计划,把一部分已播下了种子的蔬菜地分给老师种养,我就分到了大约10平方米带有胡萝卜秧苗的地块,经过数月的养护,胡萝卜逐渐长成有小拇指大小,每天蒸饭时就拔几根胡萝卜放在饭盒里,差不多吃了一整个季节,熬过了粮食短缺的困境,避免了因营养不良而全身浮肿的窘境。

经过几年奋斗,学生宿舍盖起来了,临时草棚教室搭起来了,食堂建起来了,操场也已粗具雏形,更可喜的是8000平方米的机械大楼建成了,一所崭新的化工学院粗具规模。

1962年,时任浙江省委书记江华亲临学院视察,他因年高体弱未入大楼(那时大楼尚未安装电梯),却在大楼前久久伫立、感慨万千,期盼他亲自提出的"生产、科研、教学三结合基地"蓝图的实现。

尊重知识,爱护人才,重视办学骨干队伍建设

张庆三书记对刚从杭州调来的教师,特别是上了年纪的骨干教师,或刚从全国各高校分配来的新教师,都十分关心。他时常交代办公室同志,要关心他们的生活起居,在安排住房和办公室的时候要优先考虑教师,以利于他们的教学科研。

有一件事我印象特别深刻:当时因为学院刚筹建,学院办公室和党委办公室合署办公,两块牌子一套班子,称为"联合办公室"。这样的机构,给时任副院长、非中共人士李寿恒先生带来许多不便。他是民主人士、全国著名的化工专家,但他即便有事要交办也不敢轻易踏进办公室来。张庆三书记明察秋毫,认为这样不利于发挥党外专家的积极性,后经党委讨论决定撤销联合办公室,分别设立学院办公室和党委办公室。我也是非党员,就分配在学院办公室。这样分开以后,李寿恒副院长就常来学院办公室交办要做的事情,诸如对外联络、发信发函、起草文件、填写报表,甚至给家人寄钱、代领代购高级干部特供商品等。张书记还经常交代我们,要尊重李院长、关心李院长、服务好李院长。

当时李寿恒住在校门口刚建好的一幢楼内,门口的路七高八低、碎石满地,下雨天泥泞不堪。为此,张书记特地给衢化厂长刘德甫打电话,请求动用衢化的人力物力,尽快修建好学院门口的水泥路,保证李寿恒副院长的出入安全。他在电话里强调,要是李先生出了安全事故,那是重大损失,我是承担不起的。在他的亲自关心安排下,化工学院第一条水泥马路就是校门口李寿恒先生进出的路。由此可见,他对非党高级知识分子的重视和关怀。

他对一般的骨干教师也十分重视。1962年学院精简机构,生产科研处也在撤销之列。张书记亲自找"煤夹石综合利用课题组"组长林宝琨谈话,明确告诉他:你不能走,没有了科研处,你就到图书馆,你们今后是要带兵的。他的意图很明确:留下骨干,日后好发展。这也充分体现了张书记对办学的远见、对人才的重视。

督促学习,殷切期望,难忘书记关怀深情

我调入学院办公室工作后,才第一次接触到张庆三书记。那时我刚毕业参

加工作,什么也不懂。有一天,张书记手里拿着一本书,把我叫到他身边坐下。我有些发愣,不知道发生了什么事。他问我,你妈妈是纺织工人吗?我说是,她是杭州都锦生丝织厂的翻丝工。他说,是啊,你应该多关心工人的事。然后他打开手里的书,说,这是恩格斯著的《英国工人阶级状况》,你拿去看看,看后谈谈你的体会。这是我第一次阅读恩格斯的原著,通过学习,开阔了视野,学习了革命导师的论述和思想,也第一次知道了英国工人阶级的真实生活状况。我是一个再普通不过的小青年,而张书记是筹建化工学院的一把手,却以这样的方式循循善诱,督促我学习,关心我成长,真是引领我人生道路的启蒙导师。由于张书记的亲自关怀和督促,我们办公室的政治学习气氛很浓,大家都在读书,并且常常为一些问题交流与争论,各抒己见,畅所欲言,加深了对社会现象和革命理论的了解,提高了明辨是非的能力。

　　1961年下半年,根据省委的要求,张书记以办公室人员为主组建了一个小组,赴乌溪江边的沙埠生产队调查,任务是客观真实地反映困难时期的农村情况,要如实向上面汇报。那段时间,极"左"思潮盛行,浮夸风泛滥。我们在生产队看到的是:农民没有生产积极性,出工不出力,背着锄头晒太阳,种什么、怎么种、何时种,农民没有自主权,哨子一吹,赶到东赶到西,农民完全处于被动状态。到了年终,口粮不足,杂粮也无,农民揭不开锅。我们到农民家里探望,淳朴的农民感到不好意思,拿不出花生瓜果可以招待我们。沙埠原是盛产花生和香泡的地方,现在却没有花生和香泡可以待客,可见当时的生产体制对农村生产力破坏的严重程度。我们把所见所闻如实地向张书记汇报,他又亲自去沙埠核实,最后才写成调查报告,上报给省领导。

1964年在萧山闻堰参加农村社会主义教育工作队时的留影

左起:张庆三(左二)、宋汉金、林宝琨、庄允吉

学校是社会的组成部分,了解社会、面向社会,有利于扩大师生的视野,增加社会责任感,这是教育人、锻炼人、提高教育质量的重要举措。张书记始终把社会实践放在重要的位置。1964年,张书记亲自带队,赴萧山闻堰镇参加农村"四清"工作,边学习边调查,在实践中磨炼干部。而那时学院也正面临突如其来的动荡变化:有消息说化工部拟将浙江化工学院、北京化工学院保密专业一起西迁西安,合并成立新的化工院校。听到风吹草动,广大师生都不愿意西迁,一时人心惶惶。张书记未雨绸缪,有意对身边的干部先透露消息,预先做好骨干的工作。他对干部们强调,一定要服从大局,到艰苦的地方去,一旦国家决定了,就要带头报名去西安,张书记的细致工作制止了小道消息满天飞,极大地稳定了师生的情绪。虽然西迁的事后来没有落实,但张书记时时刻刻在谋划着学院的发展前途,由此可见一斑。

这些点滴小事,都透射出张书记的办学思想:办好学院,不仅要有硬件,更重要的是要组建一支思想好、作风正、能挑重担的师资队伍。

关心师生,胜似亲人,点滴小事暖人心

1960—1966年,张书记在浙江化工学院任职六年多,给全院师生留下了深刻印象。在师生眼里,他是一个爱憎分明、清廉正派、勤奋工作、不忘初心、敢担使命的好干部、好党员、好书记,深受师生的爱戴。

建院初期,交通十分不便,从学院到衢州县城,若乘坐衢化小火车,要经石室街、过乌溪江,再到东周站,有八里多路,到衢化生活区也有六七里路,又没有公共汽车,师生出外办事购物全靠步行。那时为工作方便,组织上给张书记配了一辆吉普车,如果你在路上有幸碰到这辆车,张书记一定会主动停下来,请你搭他的便车回学校或去衢化,张书记的专车简直就成了师生们的顺风车。

1960—1962年,正逢国家经济困难时期,食品非常紧张,年轻人饭量大,往往不到月底就把粮票用光了。有几次,我们办公室的几个小伙子正为此发愁,被张书记敏锐地觉察到,便主动把自己的粮票送一些给我们。那时粮票值千金,张书记真是雪中送炭、体察入微呀。

1962年,国家调整经济,学院规模缩编,我也将离开办公室调往衢化。张书记知道后,拿出特供给他的富强粉,请食堂做成馒头,并添加几个小菜,特地为我送行,鼓励我要踏实工作、诚实做人,恭恭敬敬地向工人师傅学习。张书记的教导,我永记心间。我深知张书记这不寻常的做法,不光是对我个人的关爱,也是对年轻一代的期盼。

1966年5月,他从浙江化工学院升调到国家对外文化联络委员会。不久"文化大革命"开始,他又回学校来参加运动,接受师生的批斗。"文化大革命"初

期,衢化两派恶斗,生产停顿。我想不通,特地找张书记请教。他似乎也有些迷茫,但仍坚定地对我说:"要相信组织,相信党!要坚守生产岗位!"可惜,这是我最后一次见张庆三书记。

2013年11月27日,张书记永远地离开了我们,至今已整整九个年头。我从心底里怀念他,他的音容笑貌,他的炯炯目光,依然那么清晰。他永远活在我们的心里!

1985年一些老师拜访张庆三时在他家楼下的合影

左起:林宝琨、施金南、刘化章、林宏顿、张庆三、蒋祖荣、魏秀荣、葛忠华

2022年10月28日

附:张庆三的儿子张新建的怀念文章

父亲的书橱

我一直认为,一个家族需要传承,传承的核心是文化。

父亲能够传承给我们的,我思来想去,是那一橱的书以及书中的思想、文化和父亲的品德。

父亲是山东淄博张店人,1924年出生,读过私塾,做过学徒,从小就投身于抗日洪流,当过桓台县抗日儿童团长。抗战爆发后参加革命,上过山东抗大,走过大江南北,在队伍中算是有文化的人。1949年之前,父亲的主要工作是在党的地方政府,担任过区委书记、县委宣传部部长、县委副书记。新中国成立后长期在省工会系统、化工企业、大学担任党组织的领导。

父亲喜欢书,也喜欢读书。他在吃、玩方面没有什么嗜好,除了工作,父亲的奢侈品大概就是书橱和其中的书。书橱其实是供给制配给的,两托结构,木漆是黑色的,显得古朴,算是家中显赫的物件。书橱中整齐地叠放着书,放得满满的。如果父亲花 100 元钱,大概有 90 元会用来买书,书是他的"私有财产"。父亲回家通常很晚,但父亲房间书桌的台灯经常亮着,学习是他在家的常态。

父亲书橱中的书很多,最多的是马列书籍,还有大量的化工书籍和文学书籍。有一本硬红皮的《资本论》令我印象深刻。我曾听人调侃:中国也没几个人真正读懂《资本论》的。我现在都认为大多人买这样的书仅是特定的需要或摆摆样子而已。但我小时候,借着梯子爬上书架,翻开那本红书时,发现书中有许多画线和注释,我知道父亲是认真读过这本书的。年长后,我方知道这是一件并不容易的事。父亲的工作按现在的职业划分是政工系列,但从书籍上看,他在努力使自己成为一个懂专业的人,书橱中的大量化工化学专业书籍就说明了这一点。这点对我的影响很大。记得"文化大革命"后,父亲曾对我说:你们以后择业不要从政,最好去做务实的专业工作。可以肯定,他对"文化大革命"中的政治是极其反感的。对此,我在从事行政工作后,一直仍将专业作为一个努力的方向,就是受父亲的影响。

书橱中的书,我的最爱是文学书籍。"文化大革命"开始了,学校停了课,我开始浏览书橱中的书。有些书父亲是不主张我们读的,如《斯巴达克斯》《三国演义》,而因为事先看过路边摊的与这些书相关的连环画,更让我喜欢,有时还在洗手间偷着看。我印象较深的书还有《牛虻》《钢铁是怎样炼成的》《卓亚和苏拉》《静静的顿河》《青春》《野火春风斗古城》《革命烈士诗抄》《红岩》《欧阳海》等。《青春》中的李铁、许风,是我最崇拜的人,我认为父母就是这样的人。那时候,滹沱河在我心目中是很神圣的河,青纱帐是令人神往的地方,徐风的死还令我偷偷流泪。这些书,也应该是父亲喜欢的书。书,塑造了他的品格;他,也是书中英雄的现实。这橱书,影响了父亲,也影响了我。

父亲他们是很特殊的一代人,他们通过抗日战争、解放战争的革命,从农村走向城市,从百姓走向干部,参与了一场社会主义大革命,改变了自己的人生。在外人眼里,他们是时代的佼佼者,高级干部、出入有车,风光无限。但他们其实没有财产,没有个人主义,一心为公,少有私念。父亲一生,为人宽厚、乐于助人,忠于事业,心有国家。这些品德,无疑来自那个时代和那些时代的书。当然,用改革开放后更现代的眼光看,他们似乎还缺乏一些全球的视野,不太了解西方,不太熟悉资本,不太了解市场经济,思维模式很难驾驭改革开放后的新形势。同样,这些思想也影响着我,在改革开放这一新形势下,我也没有选择走出体制。

父亲留给我们的,远不止一橱书,而是书中的那个世界、那种精神、那种文化。那个世界,在改革开放的今天,依然有其灿烂的一面。这些书,已经深深地烙印在我们的骨子里,变成思想、文化、家风。

冬至,谨以此文,祭奠我的父亲。我以父亲为荣!

2021年冬至

把握机遇，勇毅前行，谱写办学新篇章

——忆周学山校史留痕的故事

林宝琨

周学山同志自1957年从外交部调入我校，1987年从领导岗位退居二线，在我校担任党委书记等领导职务30年，对学校的建设和发展做出了重大贡献。尤其是在经历了"文化大革命"之后，迎来了高等教育的整顿与恢复，他以大无畏的精神，谋划并带领师生冲破阻力，克服困难，使学校跨入一个全新的发展历程。在改革开放中，又勇毅前行，谱写了办学新篇章。

抓住历史机遇，带领师生走开拓创新之路

1966年5月，浙江化工学院党委书记张庆三调往国家对外文化联络委员会，时任党委副书记的周学山开始主持党委工作。不久就开始了"文化大革命"运动，他遭受了残酷迫害，两次被撤职处分，长期被关"牛棚"，身心受到严重摧残。身处逆境的他，对党的信念坚定不渝，稍有条件就坚持工作，表现了对党的教育事业的一片忠诚之心。

1976年底，随着"文化大革命"的结束，周学山恢复主持学校全面工作，1978年又被任命为学校的党委书记兼院长。在这个时期，全国高等教育经过拨乱反正，逐步由整顿恢复阶段进入改革发展阶段。我校广大教师和干部受到极大的鼓舞，办学热情十分高涨，急切地希望尽快改变办学困境，跟上全国的发展步伐。那时，学校地处衢州偏僻的农村，长达18年，办学条件十分艰难，大家都认为如果不改变现状，学校难以发展，必须向省委反映学校实况，走出一条新的办学之路。师生们这种激情与呼声，其实也正是学校领导的办学思路。周学山早在1977年就筹划学校恢复和发展的方略，提出从单科性向多科性发展的办学方向，并向省委呈送了建议报告。在这一人心求变的时期，周学山十分重视保护师生员工办好学校的积极性，一方面主动带领大家通过组织积极向省委反映师生的呼声和办学建议，一方面把大家的热情引导到在现有条件下做好当前的

教学和科研工作,为今后的发展打好基础和创造条件。

在周学山的领导下,校党委经过调查研究,及时提出要解放思想、振奋精神,根据浙江经济需要,加速扩大办学规模,突破"化"字,增办新专业的办学方针。在努力办好原有专业的基础上,主动争取省有关部门的支持,于1977年增设了工业电气自动化、机械制造工艺两个专业;1979年新建了电子系,1980年初又增设工业管理系,学校开始从单一的化工类专业向化、机、电、管等多科性发展,专业数量由原有的三个增加至七个,招生规模逐年扩大,办学形式也逐渐多样化,还接受化工部、二机部、省有关业务部门的委托,开设了多种形式的培训班、进修班和研讨班。同时,周学山书记十分重视科学研究工作及科技成果的推广应用,关心氨合成催化剂的研究、氨合成塔内件的开发与推广、新钢种的研究和大型钢管弯制新工艺的开发与生产等。在1979年浙江省科学大会上,我校有9项科研成果获奖,师生们高兴地说烂柯山下飞出了"金凤凰"。

1977年下半年,周学山把握全国高等教育恢复与发展的大好时机,支持我们8位年轻教师和干部联名致信浙江省委,反映我校的办学困境,提出以浙江化工学院为基础在杭州创办工学院的建议。从此开启了持续近三年的以周学山为首的校领导和教职工共同努力、通过多种途径向省、中央部委反映校情,争取改变办学困境、创办工学院的征途。在随后的9、10月间,又以书面反映和派代表向省委有关领导汇报办学方向等问题。

1978年3月,趁我校教师刘化章去北京参加全国科学大会之际,周学山委托他带去三封信,分别向中央领导、化工部、浙江省委反映校情和师生的办学诉求。4月,又派副院长姒承家等人到化工部洽谈办学问题。同时,周学山多次亲自向省委汇报办学体制与发展方向问题。有一次,为了找省委副书记薛驹及时反映校情,夜闯莫干山,等待省委会议结束后汇报工作。当时莫干山的山路狭窄惊险,一般夜间不敢行车,但周学山为了学校的事业而不顾个人安危,坚持连夜返回杭州。后来,根据省委提出的可以到宁波建立办学基地、逐步转移的设想,周学山又于6月份亲自带队去宁波洽谈办学、勘选校址,并在当地找校友访谈、到镇海炼化厂召开校友座谈会。

据原党委副书记姒承家的回忆,在1979年3月至7月间,周学山就有98天在各地奔波,为解决学校体制和发展问题呕心沥血。8月初,周学山带领学校的一批中层以上干部,再次到杭州向省委反映情况。8月17日,省委副书记薛驹接见以周学山为首的我校代表时表示,省委决心要办好浙江工学院,浙江工学院的筹建以浙江化工学院为基础。

11月30日,省委任命周学山、姒承家为浙江工学院筹建领导小组副组长。1980年8月4日,浙江省委任命周学山为浙江工学院党委书记。9月10日,教育部下达文件,同意以浙江化工学院为基础办浙江工学院。这样,经过近三年的不停奔波、不辞辛劳、不畏曲折的努力,终于达到了最初的愿望:创办工学院,校址在杭州,以浙江化工学院为基础。

在从浙江化工学院发展成为浙江工学院的这一历史性的转变中,最为关键的人物就是周学山。他是一位敢于担当、勇于负责,为学校和教育事业发展不懈奋斗,受到师生赞扬和尊敬的好领导。

果断决策,迈出国际交流合作第一步

我校与日本足利工业大学建立校际合作关系始于1983年夏天,虽然是一个偶然的机遇,有一些戏剧性的过程,却是在改革开放初期,我校迈出国际交流合作的第一步。开放办学,改变长期以来封闭办学的状况,其本身就是一项重大改革,符合当时改革开放的国策和高等教育自身改革与发展的实际需要。

1983年,我校刚在朝晖六区新址破土建校不久,尚处于浙江工学院建设的初期,大部分师生仍在衢州原浙江化工学院校园里办学。由于基本建设资金短缺,校舍建设进度缓慢,边基建边办学,各方面条件都十分艰难。上塘河北面的学生生活区,只建成了少量的学生宿舍楼和临时性用房。两栋二层的简易房权作教工宿舍和办公用房,学生宿舍楼还要兼顾教室、实验室等多种用途。上塘河南面的教学区,教学主楼尚在打地基,周边还都是农田,上塘河上架了一座简易竹桥沟通南北,交通十分不便。还曾向附近的朝晖中学借用了21间教室,以缓解教室奇缺的一时之难。

此时,日本足利工业大学由我国驻日本大使馆介绍,通过中国国际旅行社杭州分社向我校转达了建立友好合作关系的愿望。学校领导从当时办学条件的实际困难考虑,认为我校尚不具备条件,拟以婉拒。1983年8月3日,以日本栃木县日本友好协会会长、县议员、足利工业大学后援会会长吉田晴保为团长的栃木县民之翼先遣团一行三人来到杭州。我校派教务处处长刘景善和我(当时是科研处处长)到日本代表团下榻的杭州饭店会见。日本代表团团长吉田晴保递交了中国驻日本大使馆给浙江工学院院长的信件,表示希望两校建立长期友好交流与合作关系的意愿。趁刘景善向日方介绍我校情况和意向的时间,我找国旅接待方负责人了解有关背景和日本足利工业大学的本意,感到此事对我校有利而无碍。于是我打电话给副院长姒承家,汇报相关情况,提出了我的判断与建议,校领导随即进行商议,周学山果断决策,表示同意接待日方代表团。随后,我们陪同日本代表团到访建设中的浙江工学院,借助学校建设规划模型,讲解学校未来发展的前景,最后商定,一个月后日本足利工业大学将组织一个大型代表团前来参观访问。

9月5日,以日本足利工业大学副校长有国肇教授为团长、吉田晴保先生为顾问的日本足利工业大学访华团一行二十九人来访。两校师生开展了交流与联谊活动,举行学术报告会,参观实验室和教学主楼工地,并在环境优美的花港宾馆举办招待活动,签订了两校友好交往、学术交流和科学研究的备忘录。这次接待活动,不仅充分显示了我校师生良好的精神风貌和校园文化氛围,而且恰到好处地运用了杭州优越的自然环境和浓郁的人文氛围,使日本足利工业大学代表团表示十分高兴和满意,同时也受到省教育厅和国旅接待方的赞誉与好评,《浙江日报》等媒体对此做了专题报道。

　　1984年9月5日,以日本足利工业大学法人樱井章盛为团长的第二次访华团一行二十九人来校参观访问。这以后,我校应邀于1984年11月派出了以院长邓汉馨为团长、党委书记周学山为顾问的一行七人,访问了日本足利工业大学。我们这次访日,是对日本足利工业大学两次访问我校的回访,同时在1983年签订备忘录的基础上,正式签订友好学校协议书。按照周学山的意愿,不仅对日本足利工业大学做比较全面的了解与交流,而且对日本高等教育的现状及其改革发展的情况做些考察。因而,在参观日本足利工业大学实验室、研究所等教科设施,并与各学科主任座谈之后,还在他们的陪同下参访了东京大学、横滨国立大学和宇都宫大学及两家相关工厂。这些实地考察,增加了不少感性认识,留下了深刻的印象。当时,日本的高等教育正处于改革之中,日本在坚持民族性的同时,长于融合外来文化,吸收他人之长,因此,客观地考察日本一些大学的现状与改革经验,无疑对我们是有借鉴作用的。

回访日本足利工业大学时合影

前排:周学山(右四)、邓汉馨(左五)、吴添祖(右一)、王烈鑫(右二)、刘化章
(左一)、居荣初(左二)、林宝琨(左三)

我校在改革开放之初，较早地迈出国际交流与合作的第一步，外事工作也是从接待日本足利工业大学代表团开始的。此后，学校的外事工作机构与人员从无到有，随着办学条件的改善、办学规模的扩大和教科水平的提高，与国外校际交流与合作也在逐年扩大。实践表明，积极开展校际交流与合作，有利于提高我们的办学水平，探索建设具有自己办学特色的发展道路。

探索教育改革，组建地方工科院校协作网

1982年，党的十二大确定了我国到20世纪末国民生产总值比1980年翻两番的奋斗目标，促使高等教育事业大发展，高校招生数大幅度增加。此时，我校已从化工学院发展成工学院，虽然杭州新校园尚处于建设初期，采取了"边基建、边迁校、边办学"的方针，办学条件比较困难，但是如何抓住改革开放的时机，采取什么样的策略加快学校的建设和发展的进程，是需要探讨的紧迫问题。

1983年，正值我国高等教育开始了新一轮发展的大好时机，我校与福州大学、上海工业大学一起酝酿成立华东地区地方工科院校协作组，研讨改革发展中所面临的共性问题，探索未来发展的路径。协作组的第一次研讨会于1983年12月5日在福州大学举行，我校由党委书记周学山带队，加上教务处处长刘景善和科研处处长林宝琨共三人参会。到会的还有江西工业大学和山东工业大学代表，华东地区的五校相聚。周学山对组建协作组工作十分重视，做了精心准备与安排。会议交流了各校的办学情况，着重就教学工作和科研工作进行研讨，并对今后校际协作的内容、方式等相关安排达成共识。

这次华东地区地方工科院校协作组的第一次会议产生了很好的效果，校际协作受到各校的重视，逐渐形成教学工作、科研工作、学生工作、后勤财务工作等二级协作组织，以及针对一些专题协作项目的研讨活动，从一个协作组演变成为多层次、多种形式的校际协作网。参会的院校也逐年增加，华东地区以外的一些地方工科院校也闻讯前来参加。

第二次协作会议于1984年12月在我校举行，到会的有华东五校，还有闻讯到会的云南工学院院长。八年后的1991年，到我校作为第二轮东道主举办第九次协作会时，已发展到包括华东七校在内的共21所地方工科院校。国内大学之间的协作，如华东地方工科院校协作网这样大规模、多层次、全方位、持续十余年的校际协作是空前的。1994年10月，由我校发起举行了全国地方工科院校首次校院长研讨会，参会的有41所省属本科校院长、党委书记等代表，国家教委领导也到会指导。

华东地区工科院校协作会代表合影

前排：周学山（左三）、刘景善（左一）、林宝琨（左四）

　　周学山选择校际协作的策略，组建了华东地方工科院校协作网，正是紧紧扣住了时代的脉搏，迎合了同类院校的协作需求。校际协作是交流办学理念和办学经验的一个很好的平台，改革发展需要校际协作，因而每次年会受到大家欢迎，也得到相关省市政府和教育主管部门的支持与好评。

　　在日常工作中，周学山有一个经常到各职能部门"串门"和校内各处观察巡视的习惯。他独自一人，无须陪同，在校园各处走走看看。当时我在科研处工作，他常来坐坐，问一些重大科研项目的进展、科研经费的使用等情况。他也常到实验室、校办工厂了解情况。正由于这一"习惯"，使他对校情掌握得十分细致和及时，而且这也给人一种亲近感，对干部和教师们产生了无形的鞭策作用。1978年，我随同他到宁波洽谈办学和勘选校址时，他在百忙之中还专门安排时间，看访校友，召开座谈会，在返校途经上虞时，还去看望了在"文化大革命"中遭受严重迫害的学生王渭宾，关心他毕业后的工作与生活，实在令人感动。

　　周学山是一位在办学的重大问题和关键节点上善于把握机遇、堪当重任、并引领大家干事创业的领导干部，又是一位脚踏实地、关心爱护师生员工的良师益友，在浙工大的校史上留下了令人难忘的足迹。

　　浙工大人，永远记住为校史留痕的人！

　　谨以此文纪念周学山同志逝世30年。

我的父亲周学山

周健

今年是父亲去世30周年。回忆父亲在世时的许多往事，就好像发生在昨天，离我并不遥远。记忆中的父亲，身材并不高大魁梧，甚至可以说是很消瘦，眼睛也不大，但那深邃的眼睛似乎饱经沧桑，总泛着耐人寻味的神情。

1926年，我的父亲出身于江苏省兴化县陶庄乡一个农民的家庭，由于祖父去世较早，父亲很小时就参加农业劳动，深知广大农民群众深受地主剥削的痛苦。

1943年，家乡解放，父亲走上了革命的道路，投入到轰轰烈烈的抗日斗争中，并于同年加入中国共产党。在敌伪顽反动势力多次进攻我苏北解放区时，他一直坚持原地斗争。在极端艰苦的条件下，开展了反

父亲周学山

投降、反妥协的斗争，带领区中队配合县团抗日武装打击反动势力，给敌人以重创，壮大了革命武装，极大地鼓舞了当地群众的斗志。为此，受到中共溱潼县委扩大会的表彰，被誉为坚持原地斗争的一面旗帜。

1951年，受上级委派调任福建省清流县土改工作队队长、中共大田县委第一副书记。在剿匪、土改和地方建设等工作中，坚持贯彻党的方针、政策，坚持发动和依靠群众，开创了新区工作的新局面。1954年，父亲被选送到中国人民大学外交系学习，后任中华人民共和国外交部人事司第五科科长。

1957年，因工作需要，调入重工业部杭州化工学校（浙江工业大学前身）工作，从此父亲与党的教育事业结下了不解之缘。他先后担任过中共杭州化工学校党总支书记，中共浙江化工专科学校党委书记，中共浙江化工学院党委副书记、党委书记，中共浙江工学院党委书记。

在办学思想方面,父亲始终重视教学质量的提高,强调学生的德育教育,注重思想政治工作和实践环节的教学。具体工作中,父亲非常重视培养一支忠于党的教育事业的教职工队伍,强调教工队伍、政工队伍和管理队伍三支队伍在学校建设中的重要性。实践证明,这三支队伍不仅起到了稳定学校、提高学生素质的作用,而且造就了一批干部,在学校各个领导岗位上发挥着中坚作用。

我参军后与父母合影

1960年,那时我还不太懂事,只是觉得父亲总是很忙,经常见不到。有时早上起床父亲已上班去了,晚上睡觉也没见他回家,有时十多天都见不到人。后来还是母亲告诉我,父亲在忙着迁校,我们全家都要搬家去衢县。其实,这只是我们搬家的开始,从1960年开始后的五年中,我们搬了三次家,这也就是学校发展史中所讲的"五年三迁"的故事。

"文化大革命"中,父亲遭受残酷迫害,曾两次受到错误的撤职处分,长期被非法关押、遭毒打、服苦役,连春节都无法与家人团聚,父亲的身心受到严重的摧残。但就是在这样的境遇下,父亲仍表现出一个共产党员对党的教育事业的一片忠诚。他不怕威胁,对人对己始终坚持实事求是,对任何歪曲和诬陷都坚决抵制,稍有条件,就坚持工作。父亲经常教导我们:要相信党中央,要相信广大的人民群众,一定会给他一个公正的评价。

1970年父亲恢复了工作,那一年我报名参军得到了批准,全家人都很高兴。父亲得知我参军的消息后,带着小妹赶到我插队的苏北农村来送我。那天,天已很晚了,我也准备休息了,突然听到有个熟悉的声音在叫我,当父亲拖着疲惫的身躯出现在我面前时,我简直不敢相信自己的眼睛,泪水止不住流了下来……那天父亲和我谈到很晚,父亲讲述了他18岁时和敌人斗争的艰苦和残酷,讲了革命烈士不怕流血牺牲的事迹,鼓励我到部队一定要向革命先烈们学习,做一名合格的解放军战士保家卫国。多年后,每次和父亲提起那晚的见面,父亲总笑我掉眼泪的样子一点都不像一名解放军战士。

1976年党中央一举粉碎了"四人帮",浙江省委于1978年2月发文,撤销了对我父亲二次撤销一切职务的处分决定,父亲才彻底平反,并开始主持学校的全面工作。当时他提出了学校应从单科向多科发展的方向,多次强调要为浙江省的社会主义经济建设多做贡献,并向浙江省委呈送了建议报告,极大地鼓舞了全校教职员工的办学积极性。学校在办好原有专业的基础上,克服资金不足、缺少师资等困难,开设了许多新专业,新组建了电子系和工业管理系,为学校从单一的化工类向机、电、化、管多科性发展打下了良好的基础。

父亲非常强调教学、科研、生产的结合,重视科研成果的开发转化。当时我校的校办企业机械厂、化工设备厂、化工厂,都得到他热情的关怀和直接的支持。三家校办企业不仅成为学校教学、科研、生产三结合的校内基地,还是学校自筹资金的主要场所,为学校的建设发展和改善教职员工福利待遇起到了很大作用。

1980年,经国务院批准,同意将浙江化工学院从衢州迁回杭州、并入刚筹建的浙江工学院,作为浙江工学院的建校基础。为了便于两地办学集中领导加强建设,浙江省委于同年8月组建了浙江工学院临时党委,父亲任中共浙江工学院临时委员会委员、书记。在浙江工学院建校初期,父亲始终以饱满的革命斗志不忘初心,采取边建校、边办学、边搬迁"三管齐下"的工作方针,带领全校教职员工克服了许多意想之中和意想不到的困难,坚持团结来自不同单位和不同学校的干部、教师和员工,充分发挥全校教职员工的办校积极性,坚决执行教育部和浙江省委、省政府对办好浙江工学院的指示精神,使浙江工学院的建校进程又顺利、又迅速。这段时间,父亲经常往返于北京、杭州、衢州三地,为建校多方奔走。千方百计地克服各种困难,利用多种渠道让教育部和浙江省委、省政府了解学校面临的困难,争取上级领导和省市各职能部门对建设浙江工学院给予最大支持。1984年,学校圆满完成了原浙江化工学院从衢州迁杭的搬迁工作,同时完成了浙江工学院在杭校址的额定基建工作,保证了招生和教学质量。至此,学校走上了一条快速发展的办学道路。

1987年,父亲从学校的领导岗位上退居二线,但他仍十分关心学校的建设与发展。1988年,他先后去了兰州、西安、北京、上海等地的高校考察,提出了学校要面向社会,走科研、生产、技术贸易三位一体的办学路子;在学校修订十年发展规划时,他提出了学校要争取发展为浙江工业大学、上一个新台阶和校园产业产值争取翻一番、为学校快速发展积累资金的建议。同年,父亲还担任了浙江工学院第一届校友总会理事长,在建校35周年校庆期间走访了多地校友会,看望校友、宣传学校。

从1957年至1987年,父亲在学校领导岗位上工作了30年,经历了杭州化工学校、浙江化工专科学校、浙江化工学院、浙江工学院等发展阶段,对学校的建设与发展做出了重大的贡献。1992年,浙江省委、省政府批复,同意正式成立浙江工业大学,这给了父亲极大的鼓舞。

正当全校师生员工欢欣鼓舞,热烈庆祝学校即将跨上新台阶的时候,父亲却因病住进了医院。经医生检查、会诊,确诊父亲得的是肺癌,由于错过了最佳治疗时间,已是肺癌晚期了……。在与病魔搏斗了10个月后,父亲于1992年3月3日永远离开了我们,永远离开了他为之奋斗了一辈子的学校。

今年,是我敬仰的父亲逝世30周年。望着父亲的遗像我想说:父亲,您可以放心,您为之努力工作了一辈子的浙江工业大学,目前已稳居全国高校百强之列,也是省部共建高校、省属重点高校。在全校师生员工的共同努力下,正朝着更高的领域攀登,一定会实现几代工大人为之奋斗的目标!

永远活在我们心中的人民教育家

——追忆杭州船校首任校长肖流先生

朱正光

　　2020年金秋十月,丹桂飘香,阳光普照,秋高气爽。来自全国各地甚至侨居海外的杭州船校当年的莘莘学子,纷纷奔赴国际闻名的历史文化名城——绍兴市,来参加由浙江工业大学之江学院举办的"杭船启航60周年"的庆祝活动,共同纪念杭州船校60周年的诞辰。我们为之兴奋、为之骄傲、为之感恩。

　　在浙工大之江学院的前身——杭州船校六十岁生日之际,人们首先回忆起当年艰苦的生活和紧张的学习,也更怀念和追忆早已离世的当年建校有功的首任校长肖流先生。

　　回想起30多年前,即1990年,在我的母校杭州船校建校30周年庆祝大会上,肖流先生做了热情洋溢的演讲。大会结束后,我们3611班四位同学陈凤英、吴六法、方淑倩、我以及1611班同学章仲校在一座新建大楼前漫步、交谈时,巧遇时任杭州船校副校长王振江先生,他陪同着船校的首任老校长肖流先生和首任党委书记、老红军沈东屏先生。他们参观完这幢大楼内的办学展览后刚走出大门。我们看见后赶紧飞奔过去,向老校长和老书记问好致意。肖校长态度和蔼、平易近人,询问我们是哪一届毕业生,现在在哪里工作,家人都好不好,这些拉家常式的问话令我们备感亲切。我们五位当年的学生一一做了简要汇报,并对母校经过四年教育,把我们从普通的初中毕业的农家子弟培养成为国家建设所需要的有用人才,说了许多感恩的话,再三感谢由肖流校长亲手创建的杭州船舶工业学校的领导和老师们的辛勤培育。和老领导的零距离接触,令我们心情很激动,诚恳地邀请两位老领导和王副校长与我们合影,领导们很乐意接受了,当即拍下了这张具有纪念意义的照片。

肖流校长和沈东屏书记与我们在一起

　　当天下午3时左右,庆祝活动结束前,参加者们又在操场上拍了集体照,在拍照现场见到了更多的老领导、老师和同学,大家都非常开心、激动,相互诉说着昔日的师生情、同学情和对老领导的崇敬之情。

杭州船校建校30周年校庆1965届毕业生到会全体合影

二

　　我的追忆穿越时空隧道,回到了20世纪70年代初期。

　　1970年,为加强国防建设,中央非常重视在江西境内的第六机械工业部众多部属工厂,即6214厂、9318厂、458厂、459厂等许多工厂的建设,专门成立了中国人民解放军九江214工程指挥部,由时任福州军区副司令龙飞虎将军(延安时期曾担任周恩来副主席的警卫员)担任214工程指挥部的总指挥,采用战争年代大兵团作战的方式,调用了数万人的工程兵部队到现场炸山挖洞、辟地、平地,建造各类基础设施和厂房(1976年5月,我有幸参观过6214厂和459厂,深感工程量之巨大)。441厂原厂长张绍仪先生当时已经落实政策,担任了214工程指挥部参谋长。肖流先生也同样是落实政策后,由六机部任命为镇江船舶学院(其前身为上海船校,后升格为镇江船舶学院,现为江苏科技大学)校长兼书记。到任前,他应邀去九江访问和参观。

当时我正好在441厂一分厂(型式试验站)工作,一分厂地处远离九江市区35公里的庐山报国垅大山沟里。有一天中午,我在食堂就餐完毕走向厂区,刚进大门就遇到张参谋长和一分厂领导陪同肖流老校长一行,他们从厂区主干道走来要去食堂。一分厂领导看见我,就告诉两位老领导说,前面过来的小青年叫朱正光,也是你们杭州船校的毕业生。张参谋长还说,这个小青年不错,是你肖校长教育有方、培养有功。1969年,我曾临时被抽调去441厂总厂"三查"办公室帮忙,其间与由3525厂派出的驻厂工宣队员常去"牛棚"(在总厂2号楼底层右侧),找当时关在"牛棚"里的张绍仪老厂长等老干部,写一些外调需要的证明材料等。当时我一直非常尊重那些"一时落难"的老干部的人格,从言语到行动上,都是有礼貌地尊重与对待这些老干部,给张绍仪老厂长留下了深刻印象。肖校长当即和我热情地握手,同我讲了几句互为问候的话,然后他们一行就去位于生活区中心的食堂就餐了。

事后,食堂的厨师陆师傅(他与我们同住在生活区的第7幢宿舍二楼,下班后我们常聊天)给我们讲了他们的就餐情况:很简单的四菜一汤——番茄炒鸡蛋、蒜苗炒肉丝、清蒸葱油鱼、青菜豆腐,外加一个蛋花汤。没有酒,也没有饮料,连小车司机在内共4人,就在厨房里的一个小方桌上简单用餐。现在看来是极普通的饭菜,就招待了两位老领导一行四人。后来陆师傅还给我们讲了一个小插曲:两位领导用餐完毕后,不约而同立即从口袋里掏出钱包给食堂付钱,互相推让一番后,张参谋长对肖流校长说,今天您是客,我是主,哪有让客人付饭钱的道理呢?结果是让秘书代他去结了账。这本是一件极普通的小事,但也能看出肖校长和张参谋长他们还保持着老革命的传统,真是廉洁至极也!等秘书到会计处付钱结账完毕后,两位领导与食堂刘师傅、陆师傅等工作人员一一握手表达谢意,尔后司机去厂区取车,两位领导就坐在食堂前的一条长条凳上休息和交谈。此时,正好1611班于隆尧同学路过,一眼认出,跑过来喊了声"肖校长",肖校长也当即站起身同于隆尧同学亲切握手。据于隆尧回忆,当时肖校长身着一套已褪色的灰白色卡其中山装,精力充沛而又显得慈祥。不一会儿,司机将小车开到食堂前,两位领导向周围路过的一分厂工人频频招手致意后,登车离开。

这两位领导,在那时也算是高级干部了(据讲"文化大革命"前,张厂长是行政 12 级,肖校长因创建杭州船校有功,由 14 级提升为 13 级,均属高干级别),这虽然只是一件小事,但两位师傅深受感动,向许多人述说,一时传为美谈,使人们对两位高级干部的廉洁、亲民的品德与作风更加崇敬,都说延安老干部的优良传统又回来了!

<h2 style="text-align:center">三</h2>

现在,再把时间往前推至 1962 年 9 月。

那天,杭州船校大礼堂里正举行 1962—1963 学年第一学期的开学典礼。主席台上有一把藤椅,坐着一位身着灰色卡其布中山装、脚蹬普通皮鞋、精神饱满的中年领导,那就是深受全校师生尊敬的肖流校长。

学生科负责人宣读了 1961—1962 学年全校三好学生的名单,把奖状按专业分送给各专业科领导,然后就请肖校长做了一场非常精辟的国内外形势的长篇报告(据于隆尧回忆,许多精彩的语句他至今未忘)。校长的长篇报告分析了当时的国内外形势,引导青年学生要认识到自己肩负的责任,树立起正确的世界观、人生观、价值观,教导我们要抓紧时间,刻苦学习,努力把自己培养成社会主义建设所需的人才。礼堂里坐着 1960 级(9 个班)、1961 级(5 个班)、1962 级(4 个班)的 900 多名学生,济济一堂,却寂静一片,大家都全神贯注地倾听着肖校长的长篇报告。3611 班当时正在钳工实习,因比较劳累,平时晚上允许在寝室休息,而这天晚上,大家却都精神抖擞,跑到教室里按小组进行热烈讨论,畅谈如何树立正确的世界观、人生观、价值观等。

那时杭州船校有 700 多名教职员工,很多是青年教师,有的甚至刚从大学或中专学校毕业。他们中间不少就是刚从上海机器制造学校毕业的,都非常尊敬肖校长。1956 年入学于上海机器制造学校的曹信忠老师,在校读书时就知道肖流校长是一位老革命。

肖流先生原籍安徽省舒城县,1923 年 12 月出生,1939 年在高中读书时就参加了革命,同年加入了中国共产党,后又加入新四军,参加过抗日战争和解放战争。1949 年 5 月跟随陈毅元帅指挥的华东野战军解放了大上海后,上海市军管会接管了同属教会学校性质的沪江大学(校址在军工路)和沪江机器制造学校(校址在复兴路),肖流先生正好参与了沪江机器制造学校的接管。1952 年,28 岁的肖流先生转业到地方后,就被任命为上海沪江机器制造学校的校长,该校后改名为上海动力机校,以后并入上海机器制造学校(在原沪江大学校区办成的学校），即两所上海市著名的工科类中专学校合并，不久又迁回复兴路办学，肖流先生继续担任校长职务。

据曹信忠老师回忆，他是1956年考进上海机器制造学校的，1960年毕业留校，随后参加了上海机校受一机部委托举办的政治师训班。师训班提前结业，学员们分别被分配到杭州、桂林、株洲三所机械专科学校工作。曹信忠等教师共10人于7月底来到杭州机专，先是忙于学校招生；10月5日开学，作为班主任的曹老师就与4601班学生共同参加了挑砖头等建校劳动。这批充满革命热情的青年教师，正是当年建校办学特别是青年学生思想政治工作的中坚骨干力量。

上海机器制造学校受一机部委托举办的政治师训班全体人员合影

其中：殷惠君（前排左三）、沈浩（二排左三）、徐金龙（后排左七）共三人系政治教研组教师；程广智（后排左二）、马锦章（后排左三）、曹信忠（后排右五）、董云妹（前排右四）共四人均系各班班主任，沈明（后排右四）在学校团委工作

1960年，国家为了培养更多的高级技术人才，在上海市军工路的上海机器制造学校原址又办成了上海机械学院（现为上海理工大学），肖流校长被任命为上海机械学院副院长。但任职时间不长，又一次受命于当时的一机部，到杭州创建一所杭州机械专科学校，拟征地800亩，规划在校学生6800人，加上教职员工将达万人规模。1960年2月受命后，立即办理工作移交，然后北上到部里去要经费、要干部、要教师。直到7月3日离开上海，放弃了在上海的舒适生活，来到荒僻的转塘农村建校现场，不但指挥建校施工，还积极带头参加挑砖等建校劳动。

1960年10月，肖流校长在参加建校劳动

　　1960年10月5日，新建的杭州机械专科学校就举行了首届开学典礼。由于校舍还在建设中，就在转塘公社农村沈家弄农舍里开始上课，同时还要集中力量抓好学校基建、办好附属工厂。

　　1962年底，由于国家处于困难时期，形势变化，杭州机专从专科学校缩编为中专学校，改为杭州船舶工业学校。教工缩编，要妥善安排好多余人员的去向，还派出了从校领导到教师、医生、司机共37人去支援内地国防建设，即去支援九江441厂等（曹信忠老师就是于1963年12月底参与支援内地国防建设，调至九江441厂团委工作）。

　　后来，虽然经历了"文化大革命"的冲击和学校体制多次改变（学校后来又与由湖北宜昌内迁的研究所合并，又办工厂，最后又恢复办学校），杭州船校还是先后共培养了大中专毕业生8000余人。2010年，在纪念杭州船校创建50周年大会上，肖流校长深情地回顾了从上海来到杭州创建杭州船校的那段历史，使后人了解当时办学的艰苦、艰辛。

四

　　1992年，当时已担任杭州船校调研员的王振江先生曾亲口对我说了这么一件事。

　　1961年，王振江家与肖流校长家同住教工宿舍01楼东单元，是上下楼层的邻居。当年，肖流和夫人李琴（第一专业科党支部书记）两人的工资只有160元左右，要供养两个儿子和一个女儿读书（先上转塘小学，后上凌家桥的上泗初中,初中毕业后又考上杭州市里的高中),还要寄钱给双方在老家的父母,所以生活很拮据,甚至孩子们的衣服都没有木箱存放,只能存放在纸板箱里。后来沈东屏书记从杭州调到北京六机部工作(任中央驻六机部监察小组副组长),离开杭州时,将自己用过的木箱和皮箱赠送给肖家,这样才使得肖家子女的衣服能有箱子存放。这件事,显示了两位领导友情之深,也显示了当年创办杭州船校的肖流校长的家庭生活居然还是如此清贫,真想不到肖校长这样的老干部,这么的清贫廉洁,真是高风亮节啊!

五

我们还在船校读书的时候,年龄小,不懂事,听说学校教职员中有一些人是"摘帽右派",很奇怪,不知道他们是怎样的人。其中有一个老师叫杨罕。据讲,杨罕老师是从著名的大连俄语专科学校毕业的,先在上海某单位工作,后随肖流校长来到杭州。各级各类学校都是实行党委领导下的校长负责制的,所有的人事任免事项都需要提交到学校党委会讨论决定。此时沈东屏书记尚未来校任职,党委会还是由肖流校长主持。在讨论对杨罕老师的工作安排的时候,他既坚持原则,又知人善任,在讨论中力排众议,决定委任杨罕老师为我校外语教研组组长。杨罕老师不负众望,不但挑起了我校外语课程教学的重担,同时还培养了不少青年教师,甚至也使个别青年教师功成名就移居国外。

我在杭州船校学习的四年,正值我国三年困难时期,全国人民都在节衣缩食,国家却依然为我们提供免费的食宿和医疗。国家和母校给我们创造了良好的教学设施和教育环境,领导和老师对我们严格要求和辛勤教导,尽管那时生活艰苦、学习紧张,但我们至今记忆犹新,愉快地度过了四年学生生活,顺利圆满地完成了学业,走上了国防工业或经济建设的一线工作岗位。尽管这些已是60年前的往事,但每当回忆起,依旧历历在目、恍若昨日,心里总是非常温暖和激动,感恩之情油然升起。饮水不忘挖井人——致敬老校长肖流先生!

六

肖流先生青年时期就投身革命,到中华人民共和国成立后,已经身处上海机械学院副院长的高位。能放弃舒适的大城市生活,奉命来到杭州市郊的转塘农村,白手起家创建了杭州船校(当时叫杭州机专)。尽管在"文化大革命"中也受到冲击和不公正对待,但他并没有消磨革命意志,在1970年落实老干部政策后,又斗志昂扬地奔赴江苏镇江,担任镇江船舶学院院长(前任院长井田先生由镇江调往北京,任清华大学副校级领导)。肖流院长在主持镇江船院工作期间,呕心沥血、统筹规划、辛勤工作、精心治学。20世纪80年代他退居二线后也并未休息,继续为镇江船舶学院新的领导班子无私提供了自己一生宝贵的办学经验,直至1985年光荣离休。后来,在全院上下统一思想共同努力下,镇江船舶学院办成了多学科、门类齐全的江苏科技大学,这都离不开肖流先生在位时打造的良好基础,他功不可没。

老校长肖流先生,为教育事业付出了毕生心血,他壮丽一生,是当之无愧的人民教育家!

就个人喜好来讲,肖流校长讲究书法,也爱好文学,更喜欢对诗词的研究,还亲自撰写了许多颇具瑰丽文采的诗和词。他的家人还替他出版过《肖流诗文选》,很受人们赞赏,称得上是一位诗人。

肖流校长以身践行的一生,深深教育了我们这些当年的学生,我们绝大多数学生也始终保持了杭州船校的"延安精神",也就是艰苦朴素、勤劳奋斗的老传统;更使我们树立了正确的世界观、人生观、价值观,使我们在人生道路上逐步懂得了"我是谁? 从哪里来? 到哪里去?"这个充满人生哲理的大道理。

在杭州船校创建50周年纪念大会上,肖流老校长充满激情地讲述当年艰苦办学历史,至今使人们牢记心头。但非常不幸的是,纪念大会以后不久,老校长却因车祸而离世,使人们感到非常沉痛和惋惜。愿老校长肖流先生在天堂安息,他将永远活在我们心里!

今年正值杭州船校诞生60周年,谨以此文追忆和纪念伟大的人民教育家、诗人、我们的老校长肖流先生。

2020年10月1日

张其林校长二三事

王积瑾

杭州船舶工业学校创建于1960年2月,是一所国防工业性质的国家级重点普通中等专业学校。

建校初期,原为一所大专学校,随着国家形势的发展变化,学校几经变迁,1969年8月改为杭州航海仪器厂(代号国营445厂);1972年12月,六机部下文决定恢复杭州船舶工业学校。1973年,学校迎来首批169名工农兵学员,分配在机械加工和仪表制造两个专业,共五个班,学制二年,于1975年11月毕业。1979年3月,六机部再次决定变校为厂。1980年8月,国家计委、国务院国防工业办公室下文,将706所与445厂合并,调整为水声技术装备研究所(代号715研究所)。1984年6月,中国船舶工业总公司(原第六机械工业部)根据国家造船工业发展需要,再次决定恢复杭州船舶工业学校,于次年秋季开始正式招生,招收初中毕业生,学制四年,计划规模为1600名学生,设置船舶导航仪器、精密机械制造、计算机应用、工业企业计划与统计四个专业。

1985年8月,中国船舶工业总公司任命张其林同志为杭州船舶工业学校校长,王振江、林祖光同志为副校长,李甲三同志为党委书记,倪玉田同志为副书记。由此,张其林同志成为再次复校后的首任校长(第一次复校时,上级没有任命过校长)。

张其林同志,1931年11月出生于上海,1950年考入上海私立大同大学(该校在1952年院系调整时合并到上海交通大学)机械制造专业。1953年毕业于交通大学后,分配到北京航空学院攻读研究生,1955年研究生结业,分配到南京华东航空学院当教师。1956年该校整体西迁到西安,更名为西安航空学院,后与西北工学院合并改为西北工业大学,张其林同志一直担任飞机系飞机工艺专业教师,1964年被评为副教授,其后一直从事教学和教学管理工作,1984年中国船舶工业总公司决定调任时,为西北工业大学教务处处长。

1984年9月10日,杭州船舶工业学校复校暨开学典礼隆重召开。中国船舶工业总公司、浙江省教委、浙江省国防工业办公室等领导来校庆贺,复校后第一批四个专业198名新生和30多位来自全国各地高校毕业分配来校报到的新教师参加了典礼。船舶工业总公司新任命的船校领导班子成员都出席了典礼,张其林校长也在会上亮相并发表了就职演讲。

张校长个子不高,1.7米不到一点,但穿着整洁得体,戴一副眼镜,双眼炯炯有神。脸上始终挂着笑脸,显得和蔼可亲,很平易近人。因为接到正式调令时离学校开学时间很近了,第一次到船校报到他是一个人来的。听说他夫人对调来杭州工作有思想顾虑:一是张校长长期在高校工作,又是已经20年的资深副教授,而中专校教师的职称高级讲师就到顶了。二是他小女儿当时在西安读初中二年级(大女儿已经在大连上大学),而浙江的高考难度在全国是出了名的。但是张校长认为,既然组织下了调令,个人必须服从,所以他就一个人先来学校报到了。

我记得他那时就住在我家隔壁一间小房子里(一套20平方米的家属房)。因为学校几经折腾,先改厂,后复校,又改工厂再变研究所,这次又重新复校,学校定位不清晰、结构复杂,教职工的想法多,各种问题也多,每天晚上都有教职工来向校长汇报情况、反映问题。据我观察,很长一段时间,每天晚上来的人络绎不绝,张校长房间的灯光晚上都要很晚才会熄灭。后来与张校长谈起这段经历,他坦言当时各方面确实压力比较大,自己长期在高校工作,对中专学校不熟悉,而船校各方面比较复杂,问题也比较多,所以要先进行调查研究,听取各方面的意见,然后才能统一干部和广大群众的思想,努力把复校建设的各项工作,特别是要把教师队伍的建设搞上去,把学校教学工作正常开展起来。他认为处理问题一定要谨慎,特别是对人的处理,一定要从工作的大局考虑,从团结的愿望出发,通过批评教育帮助甚至是必要的处分,以达到有利于团结和搞好工作的目的。他的分析使我对他的工作态度特别是处理个人和组织关系的态度充满了敬意,在以后与他相处的更多经历中,我又加深了这一认识。

张校长认为,要把一个学校搞好,关键是要提高教学质量,而提高教学质量的关键,是要有一支高质量的教师队伍。所以,张校长和学校领导班子从复校开始就十分重视这一工作,把教师队伍建设作为学校的一项重中之重的工作来抓。张校长的思路是采用对外引进和内部培养两条腿走路的方针。

对外引进,除了每年到全国重点高校招聘优秀的应届本科毕业生之外,还通过各种关系到本省和全国的高校、中专校和普通高中商调有经验的老教师,其中有高校的副教授,也有其他学校的高级讲师,当时从西北工业大学就引进了三位副教授。复校后很快组织起来的教学组织中,基础课的教研室主任,很多就是由引进的老教师担任的,比如来校不久就担任第三专业科(计算机专业)主持工作的副主任的赵端阳老师,就是从中国矿业大学引进的,他是来我校工作的第一个硕士研究生。与此同时,也引进了一些有专业实际工作经验的同志来校担任专业课教师。

内部培养,则采取派教师去有关高校对口进修提高的方法,如我们专业送新分配来的工科专业的本科毕业生去有关高校攻读管理专业的双学位,送在职教师去有关高校进行对口进修(包括听课、参加教研活动等)。张校长来校不久的一天,叫我去他办公室,告诉我:船舶总公司所属的镇江船院准备与上海交大合作举办管理工程研究生班,在船舶总公司系统进行招生,脱产学习两年,经考核成绩合格,发上海交大研究生结业证书。学校领导准备送我去脱产学习,征求我的意见。我当然是同意的,但后来因为那个班招生人数不足没有办成。同时,学校还通过各种渠道帮助教师提高实际教学水平,如我们的企业管理专业新教师多,缺乏实际教学经验,而当时社会上许多企业特别是中小企业急需企业管理的基本知识。我们就与浙江省造船学会、余姚市乡镇企业局合作,举办了两期厂长培训班,还与学校所在地政府(转塘镇、袁浦乡)、驻军等合作,举办了多期管理培训班。既扩大了学校和专业的影响力,又大大提高了我们教师的教学水平。

这些引进和培训的措施,有效地促进了我校教师队伍的建设,为学校的未来发展奠定了良好的组织基础。

1992年,国家教委组织全国中专校教学评估。同年11月,由浙江省教委组织的浙江省中专办学水平评估组对我校进行了为期六天的中专办学水平评估复评。复评结果为:一共64个三级指标获得51个A等、11个B等、2个C等,办学水平评估总分92.45分,位列浙江省中专办学水平评估第一名。1993年7月,经浙江省人民政府批准,杭州船舶工业学校被确定为省部级重点普通中等专业学校。1994年8月,经国家教委批准,杭州船舶工业学校被确定为国家级重点普通中等专业学校,成为学校发展史上的一个里程碑。

所有这些成绩的取得,与复校后的首届领导班子和首任校长张其林同志的努力是分不开的。由于张校长的业绩、资历和威望,浙江省教委两次聘任张其林校长为浙江省中专教师高级职称评审委员会副主任委员(他连任两届,主任委员都是省教委副主任)。

我记得第一次向张校长汇报工作,是关于建立电大杭州分校经济类专业毕业作业工作站的有关事项。中央电大从1983年秋季开始招收首届经济管理类各专业的学员,我校也有不少教职工报名参加(主要是附属工厂和学校管理部门的同志),除在三年内必须通过各专业教学计划规定的近20门课程外,还必须完成一份毕业作业,这份作业必须在工作站完成。学校复校不久,就有人来找我,希望学校能建一个工作站。我通过调查,得知校内共有工业企业经营管理和工业会计两个专业的十来名学员,其中工业会计三名,其余为经营管理专业的。我向张校长做了汇报,认为建立工作站有三个方面的好处:一是能帮助职工完成电大教学任务,二是能扩大学校的办学影响力,三是能锻炼提高我们专业教师的教学能力。张校长同意了我的意见,要求我们去具体执行。我就向电大杭州分校提交了申请报告,建议在我校成立经济类毕业作业工作站和毕业作业指导小组,由张其林(校长、副教授)、周登山(附属工厂厂长、工程师)、朱子华(学校主办会计、会计师)、王积瑾(专业负责人、讲师)和沈国华(本科毕业刚分配来的新教师)五位同志组成,张其林校长为组长。电大批准了我们的报告,同意成立杭州船校工作站。我们在张校长主持下召开了指导小组会,讨论了工作计划,并进行了指导分工。整个作业指导过程持续了近半年时间。张校长并不是挂名组长,对每个学员选题的确定、参考资料的准备、论文的撰写,直到最后答辩,都是认真参加的。由他亲自指导的那名学员的论文,他审阅了不下三遍,连不合适的标点符号他都一一修正过来,指导教师的评语也写得规范、完整、准确。我们的指导工作得到了电大的充分肯定,所有学员都顺利地通过了毕业作业这一环节,拿到了电大毕业证书,我们的工作站完满达成了预定的所有目标。张校长对教学严谨负责的态度,给大家树立了很好的榜样,留下了深刻的印象。

我们四专业科所属经济管理类专业,是学校复校后新设立的专业,各种教学资源缺乏,特别是缺乏有教学经验的老教师。我们的教师多是高校分配来的新教师和从其他单位调来的有一定实际经验的同志。我在向张校长汇报教学情况时谈到过这些问题,并提出请他能为我们专业讲一门辅助专业课,还给了他一份专业教学计划,他答应考虑。经过一段时间的几次沟通,张校长答应为我们专业的学生讲授"管理心理学"课程,我为张校长提供了一份"管理心理学"课程教学大纲,他就算正式接受了这一教学任务。

从我们管理专业第一届新生起,"管理心理学"课程就是由张校长讲授的。他认为,作为校长,面向学生,直接从事第一线的教学工作,这对了解学生、了解教师、了解教学工作的实际情况是有帮助的。张校长对教学工作极其认真负责,可以说是一丝不苟。他买了很多参考资料,在备课上下了很大功夫。每周两节课,他都要花数倍的时间来备课,据说还要把上课前后的各种会议都推掉,这对我们专业的教师队伍建设起到了表率作用。但也有人对张校长的做法感到不大理解,甚至还颇有微词,认为校长大可不必这样处理,而张校长则认为,既然承担了教学任务,必须带头把它做好。教学是学校的中心工作,校长也是为教学工作服务的。有时,他还会参加我们专业教研室的教研活动,以了解教师和教学第一线的情况。

为了讲好这门课,他经过教学实践,亲自修订了"管理心理学"课程教学大纲。因为找不到合适的中专教材,他选定华东师范大学俞文钊教授主编的本科《管理心理学》教材作为学生的参考教材,具体讲授时,按照授课计划的规定进行备课、撰写教案。为此,张校长还多次就教学内容、教学方法以及不同教学层次的教学要求等与俞教授进行沟通。

我记得,经过两轮教学后(即两年后),俞文钊教授提出,想搞一套不同层次的《管理心理学》系列教材,并且希望张校长担任中专《管理心理学》教材的主编,同时先拿出一个该教材的编写大纲。张校长与我商量这个事,我们专业也为此召开会议,经过讨论大家认为:能够编写出中专《管理心理学》教材肯定是好事,无论是对课程教学、提高教学质量,还是对专业建设、教材建设,都是大有帮助的,而且对我们专业在同类学校中的影响和学术交流也都是有好处的。所以,我们请张校长先编写出中专《管理心理学》教材的编写大纲,确定由张校长担任主编,并由另两位老师参加编写,还进行了编写分工。为了提高教材编写质量,我们特意把俞文钊教授请到学校(我记得当时住在学校招待所,他还带了一名助手,意向是担任该教材的副主编)。我们先讨论审定了教材的编写大纲,然后又讨论了编写的各项具体要求,最后还确定了编写分工和编写进度,此后大家就投入到教材的编写工作中了。应该说张校长的工作量是最大的,他除了要承担分给他的两章初稿撰写任务之外,还要承担其余章节的统稿任务。而他对编写工作又特别认真,除了要考虑章节的结构层次、内容安排和案例先后之外,连语句是否通顺、标点符号是否正确都要考虑,对错别字更要一一改正。经过半年多的努力,初稿终于完成了。我记得全书共八章30余万字。我们把初稿寄给了上海俞文钊教授,我们的任务就算完成了。过了段时间,俞教授来电:系列教材的事,出版社还没立上项,中专教材出版的事也得缓一缓,这以后就没有下文了。这不能不说是一件遗憾的事,我们只能把我们的初稿作为讲义发给自己的学生。

1993年,张校长离开了校长岗位,离开了船校,至今已经30年了。但是,他在学校的这些小事,他所做的点点滴滴,还会经常出现在我的脑海里。特别是他的为人、他严谨的治学态度、他对工作高度负责的精神和他对学生的爱,都是我学习的好榜样。

十余年前,我们专业4871班举办毕业20周年纪念活动,回学校召开同学会,邀请张校长以任课教师的身份参加,他十分愉快地接受了这一邀请,提早来到了会场。在同学们一一发言后,大家以热烈的掌声欢迎张校长讲话。他即席发表了热情洋溢的讲话,由于情绪激动,在讲话过程中几度哽咽,流下了激动的热泪。师生们都为之动容,会场上多次响起热烈的掌声。

目前,张校长已经高龄九十有余,居住在杭城一所普通的养老院内,平静而幸福地生活着。他精神矍铄,还能参加养老院的院内春节联欢会的大合唱,并进行诗歌朗诵表演,真的是"好人一生平安"。

我衷心地祝愿张校长健康长寿!

追忆父亲徐崇嗣的似水年华

徐之超

徐崇嗣，1927年生，原籍浙江宁波，教授，原浙江工学院化工系系主任，是见证学校60余年发展的第一代工大人。主要研究领域为化学工程，尤其是塔设备的应用研究。1950年浙江大学化工系本科毕业，1953年起在本校任教，1983年晋升为教授，并任化学工程硕士生导师，1984—1987年任浙江工学院化工系主任。

他于1983年创建的化学工程硕士点是我校首个硕士点，为学校学科发展打下了坚实的基础。曾获校内首个国家自然科学基金，1991年获国家教委颁发的"从事高校科技工作40年成绩显著"的荣誉证书。1992年起享受国务院批准的政府特殊津贴。

徐崇嗣 13 岁时

小学换五所，中学穿四省——忆父亲坎坷求学路

父亲考学不易，小学、初中期间遭遇抗战，颠沛流离。小学就换了五所，第一所在绍兴，最后一所在永康。中学历程更是崎岖，穿越四省，浙桂黔川。

抗战时期，浙大经历艰难的四次迁移，最后一次定位在贵州遵义，父亲就是奔赴遵义参加了浙大的入学考试。当时的高考和现在的统一考试不同，各高校是单独设立考场，有的考生会"南征北战"到多地参加考试，就像现在的毕业生参加多个单位的招聘，完成后等待录取通知。父亲就读于浙江大学时，抗战已经胜利，浙大也已回迁杭州。他学的是化学工程专业，师从中国化工教育创始人、浙江工业大学老校长李寿恒先生。

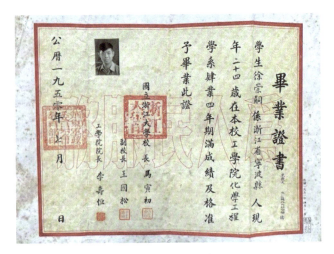

浙江大学毕业证书

父亲受李寿恒先生影响较大,毕业后曾在浙江工业干校授课,后在李寿恒先生推荐下,前往杭州化工学校(浙江工业大学前身)化工科任教。后期加入中国民主同盟,也是受李寿恒先生指引,后曾任浙江省民盟副主委、省政协常务委员。

获全校首个国家自然科学基金,熟悉多国语言
——忆父亲钻研塔器技术

20世纪70年代国内缺乏塔器研究方向书籍,因此国家抽调了一批专家前往兰州集中编写,父亲徐崇嗣也在列,书中与苏联相关内容基本都是由他翻译编辑的,还辅助翻译了部分日文和德文资料。他一直坚持塔器研究,曾拿到全校第一个国家自然科学基金。

《化工原理》的主编谭天恩教授是我父亲读大学时的老师,父亲假期在杭州时,谭先生经常来家和他研究塔器技术。用亦师亦友来形容他俩是非常合适的。

20世纪80—90年代,由浙江大学的谭天恩教授、天津大学的袁孝竞教授和我父亲发起,建立了中华塔器专家联谊会,父亲多次在联谊会上做精彩的专题讲座,为培养中国的塔器专家做出了较大的贡献。

1987年在日本讲学期间参加庆新年活动

　　父亲的英语水平较高，其基础是中学时打下的，他说那时有一个中学用的数理化教材是英文版的，老师也用英语上课。

　　改革开放后，父亲于1987年赴日本足利工业大学和群马大学讲学，次年赴加拿大阿尔培特大学进行科研合作。

因好文艺，结识吾母——忆父亲文体才华

　　除学有所成外，父亲在文体方面也很有才华。记得小时候听他讲，在小学、中学读书时，很多当时的短跑、跳高项目的学校纪录都是他保持的。我们小时候化工学院还在衢州，有一次放寒假回杭州时说参加了几年的教工运动会，参加跳高项目，第一次夺得了冠军，第二次拿了亚军，第三次只得季军，可第三次一共才有三人参赛。

1948年4月浙江大学合唱团第一次集体外出

后排左四：父亲徐崇嗣；中右一：母亲柯士钫

他的歌唱得很好,是男高音,在浙大读书时就加入浙大学生合唱团,几次担任领唱,并在合唱团结识了我母亲,记得他还珍藏有一本泛黄的《黄河大合唱》歌谱,后来我想拍照留作纪念,可能他藏得太好竟一时未找到。

20世纪50年代,杭州教育界组建过一个合唱团参加省文艺汇演,听父亲讲,有一个音乐老师说他的男高音非常好听,有很不错的声乐天赋。我觉得父亲的音乐才华和他接受的中小学教育密不可分,当我在学唱歌讲到升调降调时,他述说了上中学时一位音乐老师讲的一句英文:Good deeds are excellent but few。它和音乐的调式有什么关系呢? 给大家一天的思考时间,回答正确的必然是音乐高手,答案见本文末尾。

父亲对桥牌、围棋、象棋、国际象棋这些智力项目都得心应手,也是我的启蒙老师。

授课不辍,桃李无数——忆父亲对讲台的依恋

作为校重点扶持学科——化学工程学科的学术带头人,父亲长期给本科生、研究生讲"化工原理""化工传递过程"和"塔内两相流动"等课程。他有一大特点,就是很会讲课。比如"化工原理",可以说是他最擅长讲的课了。他能把那些枯燥的原理娓娓道来,将所有章节间的关系有机地整合在一起,使学生听课后顿觉融会贯通、清楚明了。

曾听他讲一件事:"文化大革命"期间,学校办了一个针对化工工艺技术人员的培训班,"化工原理"是主要课程,他当时被下放在机械厂做车工,"化工原理"由其他多位教师分担不同章节的课,这期间参训的学员也要去机械厂参观学习,学员们都叫他"老师傅"。培训结束前要进行考试,考试前最后一节复习课由父亲去讲,一上讲台,全班学生都傻眼了,怎么老师傅来给我们复习了? 问了一下学员化工原理难不难,都说太难了。其实这个版本已经是做了简化,父亲没带备课纸,就凭一支粉笔,用一节课时间,将各章节的要素、公式及章节间的联系娓娓道来,并结合化工厂的实际,讲述如何在设计中去计算应用,学员听后方觉茅塞顿开,说听了徐老师的课才终于明白了"化工原理"课程的真正意义。

中国工程院院士周光耀曾在庆祝浙江工业大学建校六十周年大会致辞中提到:"母校的老师都很优秀,无机化工专业像教我们'分析化学'的徐瑾老师,教我们'硫酸工学'的陈同素老师,教'化工原理'的徐崇嗣老师……在他们身上有着最明显的共同点,那就是学识渊博,又朴实无华、淡泊名利,他们一丝不苟,默默耕耘,孜孜不倦地向学生传授着人类文明和工程科学知识。"

2003年浙江工业大学五十周年校庆时无机302班师生合影

前排左五：徐崇嗣；三排左二：周光耀

　　年至古稀，授课不辍，桃李无数。父亲徐崇嗣退休的时候，已经71岁。他用一辈子来诠释如何做好"好学深思之士深研科学"，以及站好自己的三尺讲台，讲好"化工原理""化工传递过程"等一门门课，引导学生在校期间始终抓好"三基"（基础理论、基本知识、基本技能）教育，熟练应用，举一反三，学有所用。

　　注1："Good deeds are excellent but few和音乐中调式的关系"：构成这句话的这六个单词的首字母按顺序分别是G、D、A、E、B、F，对应G大调、D大调、A大调、E大调、B大调、F大调，用五线谱表示，分别有一个升号、两个升号、三个升号、四个升号、五个升号、一个降号。由于没听见父亲再往下说，可能当初老师后面还编了一句，是对应两至五个降号的词汇。

　　注2：本文的架构及较多内容来自2021年6月20日发表在微信公众号浙工大卓越化工上的回忆文章，感谢李丹琳老师的文字编辑。

生命在于折腾

杨 晓

"早上六点起床,看《朝闻天下》,吃早饭,去公司上班;晚上看《新闻联播》,十点休息,八小时后准时起床……"很难想象,这是来自一位年过八旬的退休教授的日常作息。

1940年出生的蔡增伸,是浙江工业大学的退休教授,也是国务院政府特殊津贴的获得者。与公园里、广场上常见的老人不同,耄耋之年的蔡增伸不仅没有选择安逸的老年生活,反而"折腾"出一个公司,成为浙工大师生校友创业大潮中的一分子。

蔡增伸同志

"编写一本让学生用得起的英文教材"

蔡增伸退休前在浙江工业大学机电学院(机械工程学院前身)任教。三尺讲台,一方土地,"爱折腾"成了这位老教授的代名词。他的学生陈高松回忆道:"我们当时学的'材料力学',是一门全英文课程,不仅教材是英文,授课语言也是英文。虽然学起来难度大，但是蔡老师热情洋溢的讲课方式，让我们听得懂学得会，也为我们后来的学术研究奠定了扎实的语言基础。"

这本教材是蔡增伸在教学科研之余，利用晚上的休息时间写就的。"当时国家希望每一位大学本科生都能学一本英文教材，提升大学生整体英文水平，但是英文原版教材很贵。为了学生能拥有用得起的英文教材，我就自告奋勇接下了这个任务。"介绍这本书时，蔡增伸有点不好意思，他说当时全英文手稿写得很凌乱，多亏了夫人耐心整理，以及学生的帮忙，才把它转录成了电子版。"把书送到出版社的时候，我就给编辑讲，不用给我打稿费。这一部分刚好用来缩减书的成本，让学生买的时候少花点钱。用得起，书才能发挥出它本身的价值。"

让群众用得起，满足国家和人民的需要，是蔡增伸教书科研一直遵循的理念。这一理念也延续到了他的创业缘起。

蔡增伸校对稿件

"国内没有，我们就自己来造"

1988年，全国第五届实验力学会上，机械部提出了中国有18万台试验机的需求缺口。试验机，顾名思义，就是对材料质量和性能进行验证的机器。像建筑业用到的钢筋、混凝土，在投入使用之前，都要用试验机来检测强度，保证质量合格，才能允许工程使用。如果说制造业是一个国家发展的基础，那试验机就是制造业强大的重要地基。

在当时，只有欧美发达国家制造的试验机符合国际标准，如果中国想使用，必须从国外进口。18万台试验机，每台20万美元，一算总价，那就是一笔高昂的外汇。"我很不服气，旧机器我们有，技术我们也有，为什么不能改造老设备，提升技术指标，建成符合国际标准的试验机呢？"奔着这个念头，蔡增伸老师开始了试验机数字液控阀的研发之路。

科研之路漫漫,1998年,研发项目通过省级技术鉴定时,蔡增伸已经58岁了,再过两年,就要正式步入退休的生活。当时学校领导来蔡增伸的实验室,开门见山地说:"老蔡啊,这个项目你研究这么多年,国家又有需要,为什么不把它产业化,应用到社会中去呢?""做有用的科研",学校领导的话切中了蔡增伸研发的初衷。

幸运的是,这条路不是他一个人的单打独斗,浙工大的师生拥有"艰苦创业、开拓创新、争创一流"的精神传统。蔡增伸在项目研发过程中组建的学生团队,成为他在产业化道路上的得力帮手。公司的股东王海勇,是蔡增伸1993届的学生,总经理王从贤是他1999届的毕业生,包括其他部门的骨干张源平、黄贤标和陈高松,是2003年从浙工大毕业的学生。

从教师到创业者,变的是身份,不变的是创新奉献的初心。在蔡增伸看来,既然是搞科研出身的,就要有创新精神,要研发国际一流的高质量产品,为试验机的国产化贡献企业力量,争做行业中的"领头羊"。秉持着这个观念,他们团队凭借人才优势,在创业的十几年里不断开拓,研发申请了24项国家专利,与中国铁道建筑研究所、中国铁路经济规划研究院开展了合作,从2011年至今,向国家上交了1600多万元的税金,2021年度产值已破亿元。

蔡增伸做科研

"真正的勇敢,是感到恐惧的时候依然前行"

"我现在坐在你面前精神还不错吧? 但其实我是一个因为胰腺癌,切掉一半胰腺的病人。"蔡增伸精神矍铄地坐在桌前,向记者分享自己的人生经历,"2019年初开的刀,当时医生说不要放疗,一切照常生活。"身体恢复得差不多之后,蔡增伸又开始了家和公司两点一线的生活。"你问我怕不怕? 我也害怕啊。

但是我有一个信念，那就是文天祥说的‘人生自古谁无死’。我虽然没他那么崇高，但还是要干点有意义的事。"

蔡增伸带领鑫高公司总经理王从贤、副总经理王海勇与中国地质学家
伍法权一起访问生产试验机的著名企业（左五为蔡增伸）

退休后创业的十几年里，日日拼搏的辛苦，反而让他看起来有着与年龄不相符的热情和精气神。"多跟年轻人待在一起，坚持阅读，就是我保持快乐的秘籍。"谈到年轻人，蔡增伸反而来了兴趣。"我孙女今年20岁，现在在北京读大学。以前高中的时候，数学成绩不好，就对这门课很抵触，不想去学，这跟现在年轻人想躺平的出发点是一样的。但是只要打败自己的恐惧，就能越过工作和生活里的崇山峻岭。"

退休后的蔡增伸

在他看来,年轻人本身就是在往上爬坡,路越陡峭,登顶时看到的风景就越好。"作为青年人,要立大志,树立正确的三观,你想放弃、躺平的时候,先思考一下国家和父母培养你有多不容易。"蔡增伸口中的立大志不是指空有志向,而是告诫年轻人要谋定而动,通过"谋"的精神指引,来克服自己的弱点,脚踏实地地执行计划。他说:"将来的生活都是你们自己需要去直面的。真正的勇敢,就是当你在感到恐惧的时候,依然能向前走。"

2020年蔡增伸的学生们一起庆贺他的80岁生日

传道育人的践行者

姜一飞

　　我是在特殊年代进入学校学习和工作的,在近40年(38年)的学习工作中,经历了学校(学院)的教育拨乱反正、恢复高考、搬迁调整、教育大发展各个阶段;见证了学校从学生不足千人的单科性院校,发展成有三万多在校学生,并进入全国百强的教学研究型综合性理工大学,虽然此生经历称不上轰轰烈烈,但也算是精彩纷呈、绚烂多彩了。

　　我一直工作在教学科研第一线,古人说:"师者,人之模范也。"教书育人是每一个教师的职责,在教学过程中注重学生的政治思想工作,曾多次担任班主任和年级主任,平时与学生接触过程中经常与学生谈社会经历、人生理想、奋斗目标,引导和培养学生树立正确的价值观、人生观、世界观;注意同学思想动态,有什么问题及时找他们谈心,消除思想中的隔阂;鼓励基础好的同学继续深造,帮助学生解决寻找工作单位的难题。指导的学生进入社会后,大多成为单位和部门的技术骨干或负责人。

　　我分别在四个教研室(教学组)和一个研究室工作过,参加了四个专业("石油化工""农药化工""精细化工""化学工程与工艺")和一个研究室(三废治理研究室)的筹建工作。教学从1977年恢复招生到2008年退休,共参与负责了28届本科生的教学工作,若算上参与的5届大专生、2届工农兵大学生、1届部属委托培训班(二年制),共参与了36届学生的教学工作;主要负责学生的专业实习、专业课教学(先后共开出"农药化学及工艺学""精细工艺学""化工设计概论""化工工艺学"等七门专业课),以及毕业环节的毕业设计和毕业论文指导。从20世纪80年代开始,学校增设成人教育,我一直参与承担学校成教学院化工类学生的教学工作,共参与了30余届成教学生的教学工作(2000年前以大专教学为主,2000年后主要是专升本教学)。

　　参加和负责的科研项目共获得6项省部级科技成果奖,其中获省科技成果二等奖三项(二项排名第二位,一项排名第五位)、化工部科技成果三等奖一项(排名第二位)、省科技成果三等奖一项、四等奖一项。横向课题技术转让项目十余项,发表论文十余篇。

教　学

　　我是 1970 年 11 月进校的,当时是高校停止了四年招生后的首次招生,"文化大革命"进行了五个年头,形势逐渐有所稳定。那年的"大学招生"其实只是搞试点,全国选了十个省份搞试点,共招 9 万名工农兵大学生,浙江省分到 2300 个招生名额,我校是招 154 人,包括我;我们这些学生都是从工厂、农村、部队(生产建设兵团)等生产第一线推荐而来,经历"文化大革命",学校的教育秩序已被打乱,那时只好将基础课、专业基础课、专业课教师统统综合在一起,成立一个教学组,分配到各专业(按部队连排编制)。当年招生只有三个专业。化工系:"基本有机合成(农药)""无机化工(化肥)"各一个班。机械系:"化工机械"两个班。为总结经验,1971 年全国又停止招生一年,1972 年再开始全国招生,但人数不大,全国仅招 13 万人,到 1976 年止,共招了 5 届工农兵大学生(我省属试点省份实际招了 6 届)。这些学生都来自生产第一线,虽然文化程度参差不齐,但求知欲都很强,很珍惜这个学习机会,希望能多学些知识,学习都很努力。

　　1973 年 9 月我毕业留校任教,分在基本有机合成教研室,当时共有 22 位教师,他们都是全国各大学分配来的佼佼者,具有丰富的教学经验,可以说是人才济济。"文化大革命"结束后他们大都调离了教研室,成了各单位或部门负责人和学科带头人;如组长(教研室)张成荫调到上海某大学任校长,李恒铎任浙师大化学系系主任,虞炳钧任生物制药学科带头人,沈德隆创办了农药学科,等等。

　　20 世纪 60 年代中期至 70 年代,是国际上石油化工发展最迅猛的年代,欧美和日本等国的石化产业日趋成熟,并向大型化发展。石油裂解制乙烯的装置,已从单套年产 18 万吨乙烯,迈向年产 30 万吨、45 万吨乙烯。在我国,大庆油田的发现使全国振奋,一时许多院校都开始考虑成立石油化工专业。我校的基本有机合成专业,在组长张成荫老师带领下,也对国内石化厂及有关院校进行了一番调研考察,准备筹建石油化工专业。但是,当时国内的石油化工尚处在起步阶段,各厂的现有生产装置都只有几千吨(乙烯)规模,而且生产工艺落后,仅上海浦东高桥化工厂有一套年产 2 万吨乙烯的试验性生产装置,是为金山石化进行人员培训所引进的试验装置。如果各院校一哄而上,都办石油化工专业,学生参观、实习都会成问题,比如我校的学生只能到江苏丹阳化肥厂去实习,而他们仅有一套年处理能力 1 万吨原油的小石化(采用国外早已淘汰的蓄热炉裂解技术),按乙烯计算年产仅 1000 多吨。石化企业属于高科技综合性产业,当时我国尚无能力自行进行产业化研究开发,技术设备只能靠进口,而进口的技术设备自动化程度高,一套年产 30 万吨乙烯的生产装置,仅需几百人,这显然不适合于一般院校的石油化工专业的学生进行参观实习及毕业后就业,所以到1977年恢复正常招生后,我校只好搁置石油化工专业,还是按原先的基本有机合成专业招生。

1974年,浙江省从中央争取到建设年处理原油250万吨的石化厂(即现在的宁波镇海石化,其实当时仅是炼油厂),当时我校正准备筹建石油化工专业,所以在化机系、化工系抽调了五位老师(任贤鹏、高济生、庄毓莘、吴兰筠、姜一飞)参加镇海石化筹建处的筹备工作。

1975年5月,系里调我到新成立的农药化工教研室,与沈德隆老师一起筹办农药培训班,这是化工部委托的,学校也打算以此为成立"农药化工"专业打基础。农药对农业增产是不可或缺的,但农药生产毒性大、污染严重、生产工艺复杂、更新换代快,在国内当时还是新兴产业。国外的研究机构主要研究新产品开发,而对相关基础理论的系统研究却很少,技术资料也很少,有关农药方面的教材根本没有。为了办好培训班,我与农药组的教师们广泛查找资料、编写讲义,并结合科研精心组织教学,圆满完成了培训班的任务。

调查中得知,1972年教育部曾经要求天津大学、大连理工大学、华东化工学院(现华东理工大学)三所大学的"染料及中间体专业"改成"农药化工"专业,由于缺乏教材资料等原因,他们都没有改。于是我们一边努力办好培训班,一边与化工部教育司联系沟通,希望允许我们来筹办"农药化工"专业。为了达到目的,我经常往北京跑,因为我当时尚未成家,所以跑化工部成了我义不容辞的责任,于是我成了化工部教育司、化工司、科技局的常客,几次与化工部教育司负责人一起去教育部联系汇报。经过多方努力,终于在1977年恢复高考招生后,教育部的招生专业目录增加了"农药化工"专业(全国独此一家),并且是面向华东地区招生,这为我校面向全国招生打开了一个窗口。"农药化工"专业从1977级至1984级共招了8届学生,这批学生进入社会后都发挥得很好,成了各所在单位、企业的技术骨干。

1984年以后,教育部对全国大专院校专业做了调整,专业总数由1300多个压缩为671个(专业目录于1987年颁布实施)。对一些比较相近的、单一的专业进行了合并,如"农药化工"专业并入了"精细化工"。改革开放初期,由于大学生需求量大,"农药化工"并入"精细化工"后,拓宽了专业面,由原来每年招一个班扩大成招两个班,另外还要招一个大专班。1985年,学校的搬迁工作基本结束,但朝晖校区的基建还跟不上,上课只好在临时板房里或借用农舍及中学教室,条件非常艰苦。为提高青年教师的业务水平,教研组的青年教师都被送出国,或被送往国内高校去进修提高,所以余下教师的教学任务非常繁重,1985年至90年代初,一人要完成两三人的工作量,毕业环节一个教师要指导一个班(半个班本科生、半个班大专生),这种状况一直持续到20世纪90年代中期后才慢慢好转。其间,在繁忙的工作间隙,本人完成了研究生主干课程进修,使业务能力有了质的提升。

20世纪90年代末,教育领域开始大发展,我校的教育发展也顺势进入了快车道。

科 研

在20世纪70年代后期,校园文化中学术氛围日趋活跃,教师们纷纷投身于科学研究中,科研工作可有力地促进学科建设和新专业的成长,并为学校发展创造良好的条件。1977年我参加了"黄磷炉尾气合成光气的研究"的科研项目,这是一项变废为宝的三废处理项目,黄磷是有机磷农药生产的主要原料,但由于磷矿石煅烧时要排放出大量一氧化碳(含量30%—40%)和二氧化碳,严重污染环境空气;光气是农药合成重要原料,但光气属剧毒化学品,只要吸入少量光气就可致命,在当时简陋的实验条件下做这样的项目是非常危险的,但参加项目的老师"发扬没有条件创造条件也要上"的大无畏精神,自力更生,埋头苦干,一切自己动手,克服重重困难,经半年多努力,终于比较圆满地完成了项目,该项目后来获省科技进步奖二等奖。

1978年我由农药化工教研室暂时借调到三废研究室,参加了"处理有机磷农药废水"的科研项目。该项目其实是我提议推荐给他们的,1977年原化工部在广西南宁市召开了全国农药会议,会上指出了农药生产领域存在的一些突出问题:生产、使用事故频发,三废排放严重污染环境等。农药生产产生的废水有恶臭,毒性高,对环境污染严重,尤其是有机磷农药,在生产过程中产生大量的工业废水,由于废水毒性大、浓度高,许多企业没有合适的治理方法,就直接排入江河,造成人畜中毒、鱼类死亡、水质富营养化等,严重破坏水体生态,对环境造成严重的危害,成为农药生产中一个十分突出的污染源。根据农药会议的精神,在新成立的三废治理研究室选择科研方向的会议上,我建议他们选择"处理有机磷农药废水"为课题,并依据有机磷农药易分解的特点,提议参照上海高桥化工厂采用低压水解处理无机氰的方法来处理有机磷农药的废水。化工系的领导为加强力量,从当时的农药教学组抽调朱良天和我充实到三废治理研究室,并任命朱良天为副组长。在条件十分艰苦、工作环境恶劣的情况下,全体人员齐心协力、艰苦奋斗,顺利完成了作为省重点攻关中试项目的"马拉硫磷生产污水闭路循环技术研究"(我是该项目负责人)。

该项目在申报科技成果奖时还发生了一个小插曲:在即将召开省科技大会的前夕,本人正好去省科委(现科技厅)汇报工作,顺道去成果处查看项目获奖情况,结果一查本项目没有获奖,因为成果处报奖时把该项目漏报了,我找到处长,他对项目漏报表示道歉,但也表示已无法挽回,因为二等奖以上的成果须科委主任会议讨论确定,不可能为了一个项目成果再召开主任会议讨论。眼看我们团队几年的努力就要白费了,我立即赶到省石化厅,找到综合处科技负责人朱燮勇,把情况向他做了汇报;同时又赶到省环保局(当时省环保仅设局级单位)向负责人鲍来法做了汇报,最后通过省石化厅和省环保局联名给省科委打报告,补上了遗漏的成果奖。有机磷农药是当时全国产量最大的杀虫剂,能为解决有机磷农药的生产废水处理提供一种有效方法,具有重要意义。该项目最终获得省科技进步奖二等奖(小试获省科技进步三等奖)。

1980年我又参加了"提高氧化乐果收得率"的科研项目。这是我主持与建德梅城镇农药厂签订的有偿技术转让合同项目,是当时国家开放技术转让后我校的第一个技术转让合同,合同金额5万元,这对现在来说是微不足道,但在当时,这可是一笔巨款项目。氧化乐果当时是一种新的高效低毒杀虫剂,国内需求量大,但生产收得率低,使得生产厂亏损严重。该项目是与建德梅城镇农药厂合作的,为尽快完成项目,在合同生效后,我就先行下到建德梅城镇农药厂,对氧化乐果生产工艺提出全面整改,并配合厂方边调试边培训操作工人,提高工人操作技术水平。然后与农药化工教学组全组教师下到厂里,长期住在厂里,与工人同吃、同劳动(三班倒),经过半年多的努力,最终解决了氧化乐果收得率低的难题,为我国这一新产品的推广做出了一项贡献,当时《人民日报》还对此做了报道。该项目后来获得省科技进步奖二等奖,同时获化工部科技进步奖三等奖。

我喜欢教师这个职业,热爱教育工作。曾有多次机会要调我去管理岗位工作,我都婉拒了。有一次调令文件已打印好,我知道后直接找到当时的校党委书记屠德勇,说明自己只想在教学岗位做一名普通教师的意愿,得到屠书记的理解和支持,最后学校撤销了该文件。作为一名高校教师,能为国家培养急需人才、为学校发展贡献毕生精力,虽然所做的工作微不足道,但自己感到满意,可说是此生无怨无悔。

如今高等教育与国家事业"同频共振",进入新时代,我们站在了具有重要意义的"两个一百年"的历史交汇点上。党的二十大更是擘画了我国建设成为教育强国、基本实现社会主义现代化的远景目标。在这种大好形势下,我相信凭借我们浙工大全体师生员工的智慧和凝聚力,勠力同心,奋斗不息,定能早日实现建成"双一流"大学的目标。

我的学校，我们的家

苏尔云

深夜，我拉开写字台的抽屉，女儿在 2004 年 10 月 31 日零时写给我们父母的一封感恩贺卡跃入我的眼帘："……抛开以往的小荣耀，摒弃浮夸，踏实地走，伴着一岁一岁地成长。"

那年她从华中科技大学毕业，被保送到浙江大学读褚老师的研究生。我们家的孩子读书，都喜欢到老远老远的地方去，可女儿现在她要飞回来，那就飞回来吧，谁不喜欢子女在身边呢？硕士毕业后，她又报考了我校俞老师的博士生。俞老师和褚老师是同根同宗的，她认为这样对她的专业培养更有利。我女儿在大学本科毕业之际，感恩我们做父母的把她培养成人；现在我们学校把我女儿培养成博士，我们全家感恩学校，感恩她的导师！

我家跟我们学校有千丝万缕的关系：我父亲就是我们学校早期的创业者之一，最初的三校合并，他就在其中，为学校建设奉献了自己的一生。他生前为教学呕心沥血的事迹，至今清晰地浮现在我的脑海中，一幕一幕，我沉入深思之中。

———

我是 1954 年跟随父亲来到杭州的。当时，温州工业学校、苏州高级工业技术学校和杭州工业学校三校合并，在杭州文一路创立"重工业部杭州化学工业学校"，那年我才 5 岁。当我有点懂事的时候，我们家又随学校搬到衢州烂柯山脚下，白手起家建新校，那已经是 1960 年了。

从 1960 年到 1965 年，是我校建校的高潮：从校舍的建造，到课程的建设，全校师生热情高涨。那时，父亲一周要上 36 节课，按现在的说法，讲课讲到气衰——上完课回家，就要躺在床上，用手托着外脱的痔疮，慢慢把它挤回去。因为有内痔，好出血，内裤上总有一摊血迹。妈妈天天洗衣服时，看到此镜头，就忍不住伤心落泪。可爸爸说，有什么好伤心？把痔疮托进去不就好了吗？现在是建校的艰苦时期，教师少，课时多，我们老当益壮，理应捡重担挑。爸爸就是这样的硬汉。当时爸爸已六十高龄，他不去医院看病，说没时间，也从不跟领导、同事们述说他的健康问题，对自己的身体从不关注，一心想到的就是教学。他对学校、对教学极其负责的态度，深深感染了我这颗幼小的心灵。

直到现在，我还清楚地记得50年前父亲在暑假备课的情景。1973年，父亲71岁，正逢小平同志复出抓教育。那年暑假，我们下面的三个子女在暑假里回家探望父母（上面还有三个哥哥姐姐远在外地）。原本冷冷清清的家，立马热闹起来，温州话荡漾在我们的筒子楼中（妈妈耳聋，我们的说话声不知不觉就会响一点），爸妈不知有多高兴。其实，我们都是有工作的人了，回家不一定要放在学校的假期，但长年累月的学校生活，养成了跟随学校作息制度的习惯。对于子女多的家庭，一般回家探亲时，学校都会给另外安排临时房间，但我们一家五口人，就挤在这16平方米的蜗居中，搭铺、挂帐子，热闹非常。父亲说，这样挤挤好，说说话，热闹点，不用再向学校要房子了。

当时全国高校百废待兴，我们浙江化工学院（浙江工业大学前身）也不例外，教师们百无聊赖，在校园里晃悠着，都在等着上面的新政策。父亲听说上面打算要恢复招生，十分高兴，急忙忙地就要准备教材。那时候给学生上课的教材，都是父亲亲手编写的。

父亲教制图，暑假第一天就把零号图板搁在集吃饭写字于一桌的打字桌上（打字桌要比普通写字台小一点，挤在16平方米的家中灵活点），开始动手为新生编写讲义。父亲弓着身子，趴在图板上，时而用圆规，时而用鸭嘴笔……

那时候，我家五口人挤在一间屋子里，并不觉得它太小。我们把门窗都打开，门口挂一块布做门帘，遮人视线；东窗晾挂一领旧席，遮挡夏日的骄阳。我们各守一隅，各看各的书，各做各的事，各得其所。

太阳越爬越高，父亲的汗衫被汗水越浸越湿。家中没有电扇，妈妈备了一盆冷水、一条毛巾，让爸爸时不时擦一把脸，去去暑气。可那手臂上的汗珠怎么也擦不完，只要一动笔，就不断冒出来，这双手就不能再碰图纸了。父亲让妈妈准备两条干毛巾，垫在两手下面，抽吸着汗水，不让有汗的手玷污了图纸。但在高温的盛夏，两条干毛巾，就像棉袖子一样，异常闷热。没几天，父亲手臂上长满了痱子。下午，东窗的旧席子收起来了，屋里的闷抑感蓦然消失。但热浪随东风袭来，暑气又从南窗逼近，家中处处都是烫的，房间里像火盆一样。爸爸干脆脱了汗衫，赤膊上阵。

爸爸弯着腰，扑在零号图板上画着图。画着、画着，痔疮又脱出来了，他不得不放下笔去托痔疮。妈妈看了很心痛，叫爸爸歇歇。父亲呷了口茶，说："休息、休息，一天能画多少幅图？能有几次好给你休息？做什么事都得抓紧呀！"说完继续伏案工作。

该画的图画完了,又开始写讲义。父亲教书,不喜欢用现成的教材,而要用自己编的讲义。他常说,科学在进步,学生也应该了解最新的学科知识。这只有自己编写讲义才能做得到。父亲很少去学校领教学用品,写讲义完全可以用学校发的稿纸,可他不,他看见有那么多的废蓝图,纸质那么好,完全可以用蓝图纸的背面来写讲义,就不去领稿纸了。父亲将废蓝图装订成册,一节一节,一章一章,废寝忘食地编写着。

由于房间小,零号图板铺开,比打字桌大不少,房间里的路就给阻断了。妈妈走进走出都要从图板下钻过去。有些时候妈妈就让我姐坐在里面看书,需要拿什么,叫一声,我姐姐就给递过去。到了该吃晚饭时,就不得不等爸爸"收了摊",妈妈才能把饭菜端上来。这时候已日落西山,薄薄的夜幕降临,邻居们已在饭后乘凉、聊天了,我家才开饭。我们姐妹有时要烦爸爸:学校里连学生的影子也没有,要你那么起劲干吗?父亲则语重心长地说,大学不可能不培养学生,现在邓小平出来了,教育肯定会慢慢正规起来。我今天准备好,明天就拿得出来。你们记住,暑假是学校为学生设置的,教师本无假!

就这样,酷暑在父亲的笔下慢慢消融。那年十月,学校果真招生上课。71岁的父亲又回到讲台,铜钟般的授课声,重新回荡在教学大楼。

父亲干到75岁退休,完成了他一世的心愿。

二

母亲在学校图书馆工作,她毕业于大夏大学(现为华东师范大学),学的是图书分类。当时,在学校图书馆里,图书馆学专业出身的馆员只有妈妈一个,所以,新书分类的重担靠我妈一人挑着。图书分类是一门非常复杂的工作,很多书籍是不能看书名来分类的。母亲说,还要看它的内容提要,才能准确分类,才能让这部分书的读者从浩瀚的书海中一眼就能找到自己想要的书籍。1962年以后,学校图书馆进的外文书籍逐渐增多,妈妈不但要对英文版熟悉,对俄文、德文、法文等也都要有一点"常识"。而这点"常识",不知花费了母亲多少心血。新书一到,有些比较刻苦钻研的教师就先来找妈妈,请她先编目他预定的书(图书馆进书,有一部分是一些教师预购的)。母亲喜欢爱读书的教师,所以这些教师的要求,母亲都会答应他们。这就苦了妈妈:新书像小山一堆,从中找出特定的一本,那花的气力、消耗的时间,都要数倍于按部就班的日常工作,于是妈妈自然就整天处于忙碌之中。

母亲的编目工作都是独自一人进行的(后来培养了一个助手),因为耳聋,她从不和同事坐下来聊天,必要的交流都是用递纸条的方式进行。1963年以后,无论大小会议,图书馆领导都不叫妈妈参加了。那时,每周六下午是政治学习的时间,大家都能舒缓一下一周下来的疲劳,唯独妈妈享受不到,她还在图书馆里编目。再后来,工间操也不参加了(没人叫她去做操)。这些会议、课间活动,不但对职工长时间工作的疲劳有个缓解调节作用,对每个人来说也是应有的权利。妈妈没有享受到这些权利,我们子女都很气不过,但妈妈自己没有意见,她肯吃亏。她认为新书一年比一年进得多,都来不及编目了,现在正恨不得把所有精力都放在图书编目上才好呢。

整天的编目工作,使她工作过于专注,经常到了下班时间而忘了下班。由于妈妈听不见同事们的招呼,所以,钟对她来说是至关重要的。妈妈离不开钟,自我懂事起,我就看见妈妈上班时手里拿着的双耳袋子里,总是放着一口闹钟。当时,我家六姐妹都在读书,家庭负担非常重,买不起手表,就靠闹钟来掌握上下班的时间。而父辈们对纪律又非常重视,离上班还有20—30分钟,爸爸就催妈妈好出门了。其实,宿舍到图书馆所在的机械大楼只有不到15分钟的路程,所以,妈妈到办公室也总是离上班还早得很。妈妈落座前第一件事就是拿出小闹钟,端端正正放在办公桌左上角,右上角堆着一叠未编目的新书,她就坐下来开始为新书分类编目了。每天一直要做到小闹钟的时针指向学校规定下班的那一刻,才开始收拾回家。她下班时,整个书库已静悄悄空无一人了。

那时我还小,在读小学,有时放学后会到妈妈办公室看看,但见偌大个办公室,只有妈妈一个人,四周堆满了书籍。有时我会去找一本看得懂的小说,对妈妈说,我想看,妈妈就说:"等我编好借出来给你。小孩子不要到大人的工作地方来!"就把我赶走了。

爸爸因为手不便,生活上全靠妈妈照顾。中午妈妈下班后,要赶去食堂买饭。可惜,食堂里即便菜再多,到了这个时段,剩下的也大多是空盘了。妈妈买两碗冷菜冷饭后赶紧回家,在煤油炉上热一下,与爸爸一起吃。吃了饭,收拾好,没等再喘口气,妈妈又要上班了。妈妈常说,生活跟打仗一样,那么紧张。但她一走出家门,就把胸挺得笔直,头高昂着,人显得精神焕发……妈妈从来是默默无闻地工作,干劲十足,不知疲倦。

我来校工作后,曾经听见妈妈的同事对她评价:"从不见郑老师的踪影(上班早到迟退,办公室又在书库最深处,所以说不见踪影),但见书架上新书源源不断地涌出,就知道郑老师的工作效率了。"这么多年来,数十万册的新书都要从妈妈的手中缓缓流入书库,再被读者借走,每一册书面上都有我妈妈的笔迹。妈妈就是一滴平静的水,从不掀起风浪,但阳光映照下发出的光辉,使读者心明眼亮。

年轻的我,当时不了解八小时一刻不停地书写工作,对老年人来说,需要多大的体力! 我在家的时候(妈妈60岁前后,我们六个子女都在外地工作,偶尔回趟家),经常听见妈妈熟睡中疲劳的呻吟声,她醒来后告诉我,她睡得很沉,身体很累,但妈妈起床后就会振作起来,精神饱满地去上班。时隔50年,直到今天,我的病人也多到坐满候诊室,我不得不一刻不停一个接一个地看,大脑始终兴奋着,这时才体会到这种看似"安静"的工作,需要耗费多么大的精力体力呀——我周三看一天病,周四要卧床休息一天,气力才得以续接上,周五才能够再打起精神上班。而我的妈妈,年近60岁还无休止地连轴转,累到睡梦中呻吟!

小小闹钟呀,你怎么这样守时,这样无休止地连轴转!不给自己那喘息的刹那间!

还有一件与钟有关的事,发生在"文化大革命"期间。当时父亲在牛棚里,母亲在图书馆劳动,打扫书库。1972年3月的一天,图书馆监管小组呈报给人保组一份汇报,要求对母亲加大劳动强度,命母亲打扫1965年从杭州运回衢州的书架,做旧书上架的工作。这些堆放在书库角落里六七年之久的破烂,竟要母亲一个人打扫擦洗。每擦一个书架,需要三道工序:首先用湿布把书架上厚厚的灰尘抹湿,使其不易扬尘;再用带水湿布反复擦抹,除净积年的尘垢;用干布把书架擦干,然后打开成捆包装的旧书(那上面又不知有多少的灰尘),拍打去灰,有序上架。于是,妈妈不得不整天在弥漫的陈旧灰尘中工作。

我为什么要把灰尘分出新旧呢?新的灰尘,没有真菌(或很少真菌)生长,而这存放多年的陈旧灰尘,真菌是一代一代地繁殖、死亡、再繁殖,对人的呼吸系统的感染性非常强。妈妈做了一个月就病倒了,发热,口腔多处溃疡。

屋漏偏遭连夜雨,唯一能指导她上班不迟到的闹钟又坏了,不会走了(当时用的是上发条的机械闹钟)。这事大了,比她生病发热还严重。没了时间提示,问别人又听不见(当时人与人之间关系的冷漠,不用解释了),她一步也动不了。母亲赶紧写信给我,我那时正在杭州拉大板车,接信后连夜坐火车赶回家。推开门(不锁门),看见门口床上躺着妈妈,脸朝墙,背对外,我叫了声"妈妈!"她没理我(没听见)。我走到床边,弯下腰,拍了妈妈一下,妈妈头往后一仰,看见是我,叫了声"云!"两手紧紧抱住我,我感受到那一刻妈妈的力量,那是看到了希望的力量啊!我弯下腰,也紧紧地抱住妈妈,脸贴紧了脸,四泉泪珠泪泪地汇在一起……

这一切都成为过去了。现在我手中还拿着那只妈妈用过的、破旧而准时的小闹钟,思念着遥远遥远的妈妈……

三

我大学毕业后,也被分配到我们学校。当时我们单位的领导(下城区卫生局)告诉我,可能分在市一医院(那时的分配原则是哪儿来哪儿去),所以我很笃定。别人都在忙着跑分配，我却静静地在图书馆里看 *Blood*，为一位宁波的重型再障患者查找资料。可是，等到毕业分配的名单下来，我却傻眼了：我被分配到烂柯山脚下的浙江化工学院。原来，时任浙江医科大学党委书记的张庆山书记，是我们学校（浙化）的党委书记，我毕业时浙化的领导就去浙医大把我挖回来了。张书记跟我说："小苏，回去照顾爸爸吧，苏老师年纪大了，需要人照顾。"我就是有一百个不愿意也没办法：照顾苏老师是学校把我要回来的最合情合理的理由了。我只有妥协，铺盖一卷，回家。

回到浙化后，学校领导很关心我，时常来学校医院看看我，问长问短，希望我安心工作。

其实我早已安下心来了，我已经在考虑，在这穷乡僻壤的山沟沟里，怎么能使教职员工有病不往城里跑？我组合了许多西药的处方，如发热的验方、急性胃肠炎的验方、胃肠神经官能征的验方、咳嗽验方、带状疱疹验方……有了这些治病手段，许多教职员工和学生的常见疾病可以自己处理了，不用千辛万苦跑城里的人民医院。所以，大家都喜欢找我看病，这种状况一直延续到我校搬回杭州。

回到杭州，有省人民医院在旁边，学校教师职工看病自然方便多了，我就把更多的心思放在学生的身心健康上。

2000年11月的一个早晨，我在从食堂回医院的路上，突然听到后面有人叫我："苏医生，苏医生！"我转身一看，是一位同学，他诚惶诚恐地跟我说："苏医生，我叫陈茂军，是机电1998级的，您还记得吧？我在大一时，心理负担太重，愿望与现实反差太大，以致无法再学下去了。亏得碰见您哦！给我心理指导，开导我，鼓舞我信心。现在，我已经大三了，成绩在班里排名第一呢！"

我欣慰地说："哦，真好！……我想起来了，当时我真担心你要休学呢！"（其实是差点被退学）

这位学生来自农村，那时能考上我校，对于他们乡下来说简直是中状元了，村里人把他看得很宝贝。但大学里很自由，没人督促他学习，加上中学里错误地宣传"中学吃苦，大学享福"，他开始放松了自己。到了期末，成绩单上一片红灯，把他吓呆了。第二学期的功课怎么也跟不上去，周围的朋友也少下去了。他渐渐感到抬不起头，觉得前途很迷茫，可他的本性是要强的呀！他越想越害怕，精神紧张导致失眠，失眠又使记忆力减弱，形成恶性循环。他到医院来看病，医生给了他一包安眠药。但安眠药解决不了他的心病，也就治不好他的失眠。一天，他来到我的诊室，问我要安眠药。我看他情绪非常不好，就轻轻地问他："有什么思想问题吗？我可以帮你解决！我帮助过很多同学走出阴影。"他听我这么一说，眼中一亮，但很快又黯淡了下来，说他要休学了，然后就把上一学期放荡的情况告诉了我。我一听火冒三丈，好像是在责备自己的犯错的孩子：

"你这是咎由自取!"我说,"怪不得别人! 你父母看见你退学,不知会怎么伤心呢!"

我把情绪控制了一下又说:"你想想,你爸妈会怎么样地伤心哦……你想要让你爸妈不伤心,只能在哪里跌倒,就在哪里爬起!"

"赶不上了,赶不上了,我真的赶不上了!"他在我面前哭了。

我最受不了男同学的情绪软弱,同情心萌发了出来:"不要跟别的同学比嘛,要跟自己比。你每个月都比上一个月进步一点就够了。才一年级,有时间给你赶上去。"我说,"人是要靠坚强的,要有毅力! 你现在最大的优势是没有朋友,你感到没有朋友没面子,我倒认为是件好事:把与朋友交际的时间全部用于学习! 希望你能振作起来。"

我又告诉他以后有问题尽管来找我,同时给他开了治疗情绪低落的"两粒半"西药配方……这次看病花了整整一个小时,讲得他直点头。

他回去时心情舒畅,轻松的情绪从他的步伐里散发了出来。今天能碰见陈茂军同学,并得知他的成绩进步到全班第一,我是多么为他高兴呀! 我感觉我这个校医做得还是蛮像样的。校医的职责就是让学生在心身两方面得以健康发展,让他们完美地修完四年的课程,一个也不掉队!

2002年11月10日中午,发生一个突发事件,让我至今无法释怀。

这天是周日,我们正在进行教师体检。下班时听见有同学在高喊:"有同学晕倒了!"这天正好是向医生和小李值中班,我也就没在意同学的呼叫,骑着自行车回家了。到蓝桥上碰到小李,小李叫我带她去救人。我们急忙赶到现场,看见路边躺着一个学生。我初步检查了一下,发觉这个学生已没有任何反应,心跳、呼吸也停止了,瞳孔放大0.8毫米。一见这情况,我二话没说,急忙投入到向医生和小李她们的抢救中去。开始我们按书上胸外按摩的速度抢救,发现患者脸色越发变紫,我赶快变慢节奏:慢慢下压,快速放开,同时配合口对口呼吸。尽管患者胃中恶气时不时被挤入我们口中,但我们三位医生都顾不上这些了。胸外按摩做了20多分钟后,患者脸色从苍白带紫转变成微红色,同时患者从被动吐气转为主动吸气。旁边关心他的同学都叫起来:"活过来了,活过来了!"我们见这位同学活过来了,心中不知道有多少高兴,我们的胸外按摩和口对口人工呼吸抢救成功了! 我们一直没有停止抢救,这位同学活过来十分钟左右,救护车到了。下来了一个年轻的男医生,态度非常蛮横,把我们赶走,他来按摩。他只按了两下,这位同学的脸色马上从微红返回到苍白。我大吃一惊:"给你弄死了!"我说,同时推开他,责无旁贷地自己上手。这下子,这个年轻的救护车医生也很知趣地离开了抢救岗位。可惜的是,患者的脸色再也没能恢复到刚才的微红……

救护车拉走了停止呼吸的年轻学生,望着远去的救护车,我长叹道:"多么难能可贵的十分钟生命啊！"是的，在我的医疗生涯中，抢救回来的生命很多很多，这是最短的生命了。即便如此，我还是为我能用胸外按摩抢救回来的十分钟生命而宽慰，我珍惜这十分钟的生命！这十分钟的生命，是我第一次用胸外按摩的手段救回来的生命！我能够把同学救回来十分钟，就有可能救他一条命。

患者被送到省人民医院后，做了开胸心脏按压，他的猝死原因一目了然：他患有严重的缩窄性心包炎。缩窄性心包炎导致心脏搏血量不足，胸外按摩速度太快，反而会使心容量更小。我用压迫轻而缓、放开快速的按摩方法，使心脏灌注量加大一点，患者就活回来了。由此可见，只要环境稳定，这样低的血容量也能维持患者的生命。所以，如果那辆救护车不来的话，这位学生可能还能够病恹恹地活着！

做医生必须立志做名医，才有救人一命的可能。古话说"庸医杀人"，就是提醒这个职业的两面性。要救人，就要向往着成为名医，否则，就像眼前这位救护车医生，庸医杀人！要成名医，必须要有超群的医技和仁厚的医德，还要有高远的目光。我虽然身为校医，但埋头于中西医结合治疗血液病的研究中。虽已退休十年有余，门外候诊室仍若闹市。听得旁边有患者在窃窃私语，蓦然回首，候诊室正盛传：苏医生是浙江工业大学来的，救人无数！

现在，我手中拿着女儿的感恩贺卡，回忆着70年来学校对我家一代又一代人的眷顾，心潮起伏。正是父辈们勤奋无私的奉献，而这奉献的精神又代代相传，才使我们学校从白手起家到今天进入全国高校排名前70，作为三代工大人，我感到无比自豪，这也就是我们知识分子的家国情怀！

2022年11月13日

我的博士之路

史鸿鑫

2002年6月30日，杭州上塘河蜿蜒流淌，东新关千年古桥静静地卧波而立。清风拂煦，绿水涟漪，柳丝摇曳，我身穿博士袍，头戴博士帽，穿行在浙江工业大学河边林荫路上，匆匆赶往河畔的子良体育馆，出席浙江工业大学2002届毕业典礼。

体育馆内人声鼎沸，本科生和研究生分区而坐，各自穿着学士袍和硕士袍，两眼左顾右盼，双颊喜气洋溢。主席台布置得简朴端庄，正中的花篮五彩缤纷，喇叭里传送着欢快的乐曲声。

毕业典礼开始了，奏国歌，校长讲话，宣布毕业生名单，很快进入授毕业证书和学位证书的环节。当司仪宣布浙江工业大学自己培养的第一位博士史鸿鑫时，全场掌声雷动。我欣喜地站了起来，因为只有我一个应届博士，感觉到几千双眼睛聚焦过来。我轻轻地抖了抖宽松的博士袍，整了整博士帽，深深呼吸一下以镇定自己，迎着羡慕和热切的目光，坚定地走向主席台。

众多领导向我祝贺，校长沈寅初院士紧紧地握住我的手，慈祥的脸庞、和悦的笑容、炯炯的眼光，表露出对我的祝贺与期盼，转眼把浙江工业大学第一本博士毕业证书和第一本博士学位证书慎重地交给我。瞬间，掌声再一次爆响。我缓缓地转过身，向着全体毕业生，高高举起证书，笑容满脸，频频向大家表达谢意。闪光灯下，照相机咔嚓咔嚓的快门声四起，留下了浙江工业大学第一位博士诞生的历史记忆。掌声中我快步走下主席台，手捧博士毕业证书和博士学位证书，看着证书上编号No.00000001，泪眼婆娑，思绪万千。

历经坎坷，追梦大学校园

我来自浙江嘉兴郊区的一个千年古镇，父母都是普通劳动者，大字不识几个。我性格文静，喜欢学习。小学五年级时，同学借给我一套《十万个为什么》（四本），我读得爱不释手，从此对科学技术产生了浓厚兴趣。后一年，"文化大革命"开始,正常的教学秩序被打乱,校园不再平静,读书学习几成奢望。1968年,激烈的运动渐渐和缓,在复课闹革命的口号声中我走进了初中校园。那时候学制改为两年,校长作为走资派被关牛棚,大批教师作为资产阶级知识分子而成为改造教育的对象。一年级没有正式课本,主要学习"老三篇",两报一刊社论和毛主席诗词。二年级时,党的"九大"已经召开,学校渐渐正常起来,但老的教材体系被抛弃,新的教材体系还没有建立。每天主要课程是"政治""语文"和"数学"。因为老三届中学生全部下乡插队,所以"读书无用论"思潮泛滥,学习普遍缺乏动力。倒是"学工""学农"和"学军"活动热火朝天。像我这样要学习的人,也因教材的问题,学无所学。1970年初中毕业,面临企业、下乡、支边和高中四种分配选择。因为太爱读书,我义无反顾地选择了继续升学。许多同学被分配去大兴安岭林场支边,有的同学被分配下乡插队落户,多数同学进了企业,而我则成为"文化大革命"开始后的第一届高中生。

由于教育改革,高中学制两年,学校统一春季招生。1971年2月底入学,中学教学秩序已经正常。数学、语文、英语、工业基础和农业基础五大主课,都有省编统一教材。那时候主张实用主义,理论为应用服务,理论知识都是最基本的内容,强调在生产中的实际应用。比如数学要讲农田水利建设的土方计算,三角函数要结合农田园田化测量规划,解析几何要测量桥洞抛物线、制作白铁管道等。"工业基础"主要讲发电机、电动机、拖拉机和水泵,即所谓的"三机一泵"。"农业基础"则直接参与水稻发芽、育秧、插秧、田间管理和收割等各个环节。由于学生基础差,英语从字母开始教学。刚被"解放"的校长上语文课,让我们第一次接触到《曹刿论战》等文言文。1973年1月高中毕业后,又面临分配问题。由于当时的经济形势,我被毫无悬念地分配下乡。

当年7月,我在附近农村插队落户。繁重的体力劳动之余,我想尽办法搜集了"文化大革命"前的初中和高中教材,系统自学了初中代数、平面几何、高中数学和物理。白天田间劳作,晚上灯下夜读。总是心存念想,希望能进高等学府继续深造。但在当时条件下,我"参军"轮不上,被生产大队推荐"工农兵大学生",在公社却被刷下。

1977年出现了转机,恢复高校入学考试。虽然1977级高考时,我还没有报考资格,但是参加了1978级高考,并一举考入浙江化工学院"农药化工专业"。

1978年10月20日,我从嘉兴赶到衢县浙江化工学院报到。学校距县城12公里,坐落在烂柯山下、乌溪江畔。一进校门就是生活区,七幢师生宿舍楼错落有致地分布在山脚下,食堂和后勤设施蜷缩在宿舍区的一侧。生活区南端是运动区,球场和田径场高低排列。运动区东侧为教学区,主要由教学大楼、图书馆和化工楼三座建筑组成。另有机械厂、印刷厂和化学试剂厂零星穿插在学校的角角落落。校园不大(占地270亩),远离城市,倒是一个读书学习的好地方。

1978级学校计划招生300人,后来扩招至330人,共有化工和机械两个系。化工系有无机化工、有机化工、农药化工和工业分析四个专业;机械系有化工机械、机械制造、化工设备防腐和工业电装四个专业。我们班级33位同学,分别来自山东、江苏、浙江、江西、安徽、福建和上海。有下乡插队十年的知青,有部队复员的退伍老兵,绝大多数是"文化大革命"开始后十二年来的历届生。年龄最大的"老三届"31岁,年龄最小的应届生只有17岁。十年动荡让我们深感接受高等教育机会的来之不易,大家都十分珍惜难得的大学时光。

五年知青生涯,养成了黎明即起的习惯。一般,天一亮就起床。简单洗漱后,就拿一本英语课本,先到田径场上跑四圈。然后在旁边的树下朗读英语,记英语单词。因为英语基础参差不齐,学校经过摸底考试,对没有学过或基础极差的同学安排学日语,像我有点基础的安排学英语。即便如此,我们的大学英语也是从英文字母和国际音标开始的。当时改革开放刚刚起步,外语教育开始得到重视,但我们的英语基础实在太差,大家必须刻苦努力。那时候自己还没有英语词典,得利用图书馆的资源,提前预习,查好单词,做好笔记,以便诵读记忆。为了提高记忆效果,需要高声朗读。又怕影响他人,就躲到田径场东南的幼儿园一角晨读英语至少1小时。防腐班的一位不知姓名的同学,晨读英语专注的神态,一词一顿,仿佛要把单词吞进喉咙的一幕,深深地激励着我。

上课需要抢位置,我们偏爱前几排居中的位置,这样听课效果会好一点,尤其是碰到方言口音重的或者讲话声音小的老师。上"化工机械基础"的王孚川老师,温州口音,嗓音小,必须坐到前排,才会听得清晰。课堂纪律出奇地好,老师热情洋溢地授课,板书都很规范;同学们学习热情都非常高,上课认真听讲,做笔记,几无开小差的现象。

大学一般连续上两堂课,课间休息,我们会涌上讲台,围住老师提预习或听课时的各种问题。由于提问的人多,问题多,老师没有一点闲暇时间。给我们上"高等数学"的洪明庚老师,好几次迫不得已要求同学给他一点上卫生间的时间。有的老师上课热情高,课间不休息。我们乐得多听点课,少有人中途出去休息或方便。每当这些老师上课,大家会调整早餐,只吃馒头,不喝粥,免得课间憋不住。

下午和晚上除了实验课,很少上课,大家喜欢上教室或图书馆自习,我更愿意上图书馆。那时候新的图书馆刚落成,面积不算大,只有两个阅览室对外开放,位置并不多。三楼的阅览室多为期刊,二楼阅览室有许多各类教学参考书,更受同学们青睐。但阅览室座位有限,争抢位置在所难免。我必须在阅览室开门10分钟之前赶到,才能占到一个座位,第一时间借阅相关的参考书。进校第一年学高等数学,吉米多维奇的《高等数学习题集》是大家争抢的数学参考书。跟着教学进度,除了完成教科书上的习题之外,还要阅读这本书上的内容,练习书上的习题。学微积分时,最多一次作业有100多题,再加上《高等数学习题集》上的习题,总共达到200多题。学习有机化学时,在阅览室翻阅相关的教科书,把课本上没有的内容摘录下来,作为拓展和补充。因为有较强的自学能力,课前预习,初步了解下一堂课的知识点、重点和难点。课堂上特别注意关键内容,再有不懂之处,就是课间围着老师讨教的问题。

作为工科生,工程实践能力尤为重要。我们在衢州化工厂认识实习,参观了化肥、电石和机械等分厂,对化工企业有了大概的印象。我们带着零号图板等全套制图工具,在上海农药厂进行生产实习,那时生产实习有四周。在老师指导下,四周时间深入敌百虫生产车间,分工段,按岗位,摸管道,走流程。弄清每步反应的合成原理和生产工艺,了解反应器、换热器等设备的结构,不同管件和阀件的材质和特点。白天在车间画流程草图,晚上和星期天画车间生产工艺流程图。实习结束时,对全车间每台设备大小尺寸、材质、结构和用途,每根管道的来龙去脉,从原料到产品的各步化学反应和工艺参数都了如指掌。毕业环节,毕业设计的任务是:年产3000吨氧化乐果生产车间工艺设计。按计划开始花两周时间,先后在兰溪农药厂、苏州农药厂和上海农药厂参观实习,考察相关工艺流程,测算有关设备的工艺参数,收集毕业设计所需的相关生产工艺数据,为完成毕业设计任务打下坚实的基础。整个毕业环节共有15周时间,通过毕业环节,对工厂的工程设计知识有了质的提升。

为了实现中学时代立下的当工程师的梦想,大学三年级时我就与嘉兴农药厂联系挂钩,希望去家乡专业对口的企业工作,结果深受厂方欢迎。从那时起,我就注意从图书馆收集农药生产相关的资料,特别是当时有机磷新农药甲胺磷、杀虫双等生产工艺,以及散布于各类杂志刊物上的涉及化工生产的小窍门、小发明。记了300多张卡片。结果事与愿违,1982年夏天大学毕业时,被安排留校,留在本专业教研室当教师。

学海无涯,荡漾知识海洋

我在五年知青生涯中曾经当过小学、初中和高中代课教师,特别是带过1978届高中毕业班,我和学生同时参加高考,并与其中两个学生同时考上了大学,对备课和上课不陌生,对教师这个职业有一定的体验。但是,当大学教师与中小学教师不一样,要当一名合格的大学教师要求更高。自己寻思首先要过好外语关、助教关和科研关。

我从大学才开始正规的英语学习,充其量掌握2000个左右的英语单词,还不能阅读专业英语文献。大学时英语听力不做要求,没有训练。入职后不久,学校人事处组织了新教师英语水平摸底考试。自己词汇量少,许多考试题型又没有接触过,结果可想而知。提高英语水平成了当务之急。当时英语教材少,没有听力资料,也无录音机,学习进步不明显。1984年春天,学校举办青年教师英语培训班,配备了英国外教老师,提供英语听力资料,有专门的语音教室,学习条件大为好转。为了扩大词汇量,强迫自己每天记忆100个单词。毕竟是三十出头的人了,不到一周就感到头痛欲裂。医生说这是短时间超强度用脑引起的,建议休息一段时间再学习。但完全休息是不可能的,只能适当放慢节奏,少记几个单词,多做一些阅读理解训练。英语学习是个循序渐进,积少成多的过程。入职头几年,相当大的精力花在学英语上,几乎晚上不到十点不歇手的。经过多年学习,英语水平终于有所提高,先后通过了国家英语水平考试(EPS)和美国托福(TOFFOL)考试。

化学化工专业的外文资料主要是美国化学文摘CA,大学读书时还不知道这部文摘。工作后需要查阅专业文献,必须进入CA。在图书馆外文资料室,看着一排排大部头的CA文献,一年就有100多本,真有点老虎吃田螺——不知从何下手。同在查资料的老先生齐植清老师看出了我的困惑,主动起身,在书架旁给我仔细介绍CA的结构和查阅方法。于是我知道了通过分子式索引、主题索引、专利索引等各种索引,查找所需文献的途径。打开CA,各种化学化工专业英语词汇扑面而来,一开始必须借助于专业英语词典,查阅速度极慢。经过长期文献查阅,结合科研,日积月累,掌握了较多的专业英语词汇。查阅各类外文资料得心应手,达到熟练的程度。

我深知大学四年只是打了了专业基础,作为专业课新老师,还必须在专业的深度和广度上下功夫。譬如,大学阶段有机化学,学习了各类化合物的结构、性质、化学反应,但没有涉及化合物的表征。而有机合成是我的主要专业内容,合成产物的化学结构分析鉴别必不可少。于是有机化合物化学结构表征的三大波谱——红外光谱、核磁共振谱和质谱成为学习的当务之急。1985年,核磁共振仪出现不久,杭州只有浙江大学有一台,浙大一位老师刚从美国留学归来,开了一门"核磁共振谱"的课程,向高校普及核磁共振谱知识。得知信息后,我跟着有机化学教研室的老师,去浙江大学听课。课程结束时,还测试了科研时所合成的新化合物的核磁共振谱图。除了波谱学,还聆听齐植清老师为化工系青年教师开的"高等有机反应基础"课,认真学习了亲电取代反应、亲核取代反应、加成反应等各种有机反应机理,巩固自己的有机合成理论基础。工作中接触到催化剂,萌发了对催化的兴趣,又开始学习催化理论。

科研是专业教师的基本功,何海兰老师是我开展科学研究的启蒙老师。1982年大学毕业后,我被安排在化工系农药专业教研室,进入何海兰老师团队,主要从事农药化工专业课的教学工作,也开展一些科研活动。1979年,计显琨副教授主持水稻白叶枯病新农药创制,合成了上百个二噻茂烷衍生物进行筛选。后来因病,长期住医院治疗,何老师接手后续的研究,带领我们继续合成新化合物,进行防治水稻白叶枯病药效测试。在大学期间虽然学过有机化学实验课,掌握了初步的实验方法。在科研工作中,何老师帮助我熟练了有机合成反应中的实验操作技能。当时我们专业教研室还在衢州石室,坐落在山上的化工楼四楼实验室里实验设备十分简陋。除了合成用的玻璃仪器、真空泵和烘箱之外,最高级的分析仪器是紫外-可见光光谱仪。学校里没有气相色谱仪、液相色谱仪和红外光谱仪,更没有元素分析和质谱等高档仪器。结晶法或薄板层析法是常用的分离提纯方法。多用光谱比色法测定化合物含量。但是,即便在这样的条件下,我们还是合成筛选出几个对水稻白叶枯病有明显防治效果的新化合物。

　　1984年夏天,农药教研室随化工系最后一批搬迁至杭州。第二年,学校顺应世界化工从煤化工、石油化工,开始向精细化工发展的大形势,决定投入5万元专项资金创办精细化工专业,从而成为国内最早设立精细化工专业的四所大学之一。教研室主任何海兰老师,带领我们几个青年教师,北上华东化工学院(现华东理工大学),与该校以染料化工为基础发展起来的精细化工教研室进行学习交流。随后,教研室编写了精细化工专业教材,开设了十多个精细化工专业实验,从原来的农药专业扩展到医药、农药、染料和表面活性剂等多个领域,形成了自己的特色。在20世纪80年代中后期,我们教研室也成了其他准备建立精细化工专业的大学来交流学习的对象。1985年10月,适逢浙江展览馆举办国际仪器展,日本岛津公司展出最新型号GC-9A气相色谱仪。展览结束后,我们教研室以展销价八五折的价格购入了展销样机。这样,精细化工教研室乃至化工系终于装备了当时最先进的分析仪器:GC-9A气相色谱仪。由于其双色谱柱、计算机控制、程序升温、自动打印等功能,它也成为我校当时最好的分析仪器。

　　我们的科学研究也从单一的农药领域,转向医药和染料等方向。1985年何海兰老师申报成功浙江省科研项目"水杨酸的合成",我作为主要助手,全程参加了项目工作。在何老师的指导下,我第一次使用高压釜,摸索用荧光硅胶制备色谱层析薄板,学习气相色谱仪的操作使用等实验技能,了解项目研究的流程和科研方法。

　　当教师的最初四年,我从当助教开始,观摩何老师的课堂教学,通过授课方式、重点把握、作业批改和试卷出题等多方面的学习,逐渐积累大学上课经验。通过指导专业实验、带领学生下厂生产实习,辅导学生毕业设计,慢慢积累大学实践环节的教学经验。最后通过试讲考核,才获得走上大学讲台的资格。

学无止境，拓展专业领域

1982年大学毕业留校时，由于教学任务繁重，教师紧缺，时任化工系领导不准新教师报考研究生，提倡在工作中提高业务水平，而机械系领导却鼓励新教师报考在职研究生。随着国家对知识、科学技术和人才队伍的重视，特别对高校青年教师的学历要求逐渐提高，化工系终于在1985年后不再限制青年教师报考在职硕士研究生。那一年我32岁，继续深造年龄偏大。但为了提高知识水平和学历层次，我毅然决然报考在职研究生。在承担正常教学工作的同时，还要准备报考在职研究生的四门科目：政治、高等数学、英语和化工原理的复习。在短短3个月，每天夜以继日，一面工作，一面复习，不到半夜十二点不休息。功夫不负有心人，硕士研究生入学考试一炮打响，成为本校1986级化学工程专业在职研究生。我的导师过中儒副研究员，1985年秋刚从中科院兰州化学物理研究所调到我校，组建应用化学研究室，主要从事金属催化研究工作。1986年，他申报成功国家自然科学基金项目"钯系双金属催化剂的制备化学及其反应特性的研究（1987—1989）"，这也成了我硕士研究生的研究课题。

与精细化工截然不同，金属催化对于我而言是全新的领域。从吸附催化机理，到催化剂制备，从催化剂表征，到催化性能评价，又得从头学起。过老师开设催化理论课，徐慧珍老师开设催化剂表征课。经过一年的努力，我初步踏进了"催化"学科的大门。好在研究课题已经定下，我从研究生第二学期开始查阅文献资料，为课题研究做准备。之前，人们对负载型铂（Pt）金属催化剂的研究比较多，而对相对价廉的贵金属钯（Pd）催化剂的研究却很少。我的课题任务是制备出在载体三氧化二铝（Al_2O_3）上分别呈蛋壳型、蛋白型、蛋黄型和均匀型分布的 Pd 催化剂，以及钯和铂（Pd—Pt）、钯和镍（Pd—Ni）、钯和钴（Pd—Co）、钯和铜（Pd—Cu）呈内外层不同分布的 Pd 系双金属催化剂，并评价其催化性能。文献只有在竞争吸附剂存在下，不同分布的单金属 Pt/载体催化剂制备的资料，我得解决在载体上不同分布 Pd、Ni、Cu 和 Co 单金属和双金属催化剂的制备方法。难点是针对不同金属离子和在载体上不同的分布位置，筛选出各自合适的竞争吸附剂；不同金属离子在载体上显色，以便观察和测量；两种金属在载体上不同层状分布的制备方法。直径3毫米的载体 Al_2O_3 上的 Pd 系双金属催化剂制备成功后，热心的本研究室张卫基老师用其照相机帮我拍照，以显示金属在颗粒上分布的直观影像。相片很清晰，但因为颗粒太小，照片上金属分布层不明显。后来辗转到浙江医科大学病理切片实验室的显微镜下，拍摄得到理想的照片。

催化剂性能研究需要相应的评价设备，但研究室只有一台上海分析仪器厂生产的上分-102型气相色谱仪。在测试金属催化剂的程序升温还原性能时需要一台程序升温控制仪,只能自制设备。在过老师和徐老师的指导下,用一个电炉和一个电压调压器,手动控制升温速度,通过上百次试验,掌握了调节控制要领,自制设备达到了程序升温的要求。评价催化剂的抗硫性能、氢氧反应和苯加氢反应性能时,因为没有整套评价设备,只能自己设计,制作评价装备。幸好化工系有玻璃作坊,方文真师傅根据我的图纸,吹制了一整套反应器(管)、液体蒸发器等玻璃仪器。利用玻璃二通和三通阀,把原料气体和反应尾气接入GC-102气相色谱仪,分析气体各组分及其含量。用过老师自制的开合式管道电炉给反应器加热,通过调节调压器的电压来控制反应温度。就在这样简陋但又实用的自制反应装置上,完成了各种催化剂抗毒性能和反应性能的评价。经过两年的努力,完成了所承担的国家自然科学基金项目,从金属离子在载体上的吸附规律,到金属不同分布的负载型Pd单金属催化剂和Pd系双金属催化剂的制备;从催化剂的程序升温还原特性,到催化剂的抗毒、加氢和氧化反应性能的全部实验工作。并在此基础上,撰写硕士毕业论文,顺利通过国内催化界老前辈金松寿先生主持的论文答辩。论文获得很高的评价,并高度肯定我"已经具备独立科研的能力"。1989年,我由此获得了工学硕士学位。

20世纪90年代,随着精细化工中化学药物合成的快速发展,有机物手性合成成为新的研究热点,引起了我的关注。时任化工系主任周执明教授提醒我,科研要跟踪国际前沿和热点,鼓励我走出国门去发达国家学习交流。1993年,经过努力,我获得了作为访问学者赴法国高校学习交流的机会。在国家教委的安排下,我到上海外国语大学强化学习法语。从零开始,不计时日,不分昼夜,勤奋努力九个月,我初步获得法语听说交流能力,并通过国家法语水平考试和法国专家的法语面试。1994年9月,赴法国著名的Paris-Sud大学化学系做访问交流,学习先进的有机物手性合成理论和实验方法。每周一和周二的上午,听研究生课程,学习五门相关理论。其他时间在实验室工作,学习该校独创的手性合成方法,并进行课题研究。实验室拥有气相色谱仪、液相色谱仪、红外光谱仪,学校有核磁共振仪和质谱等先进分析仪器,学习这些仪器的使用方法。特别是核磁共振仪,必须和研究生一起听课,理论和实验考试合格后方能上机操作。实验室规定要用法语做实验记录,同时为了与法国老师的交流,我利用实验间隙,晚上以及周末等时间,背诵记忆了3000多个法语单词,并练习法语听、说。一年访问交流期满,我已经能以法语较熟练地进行交流。回国后根据研究成果,在外文期刊上发表了两篇学术论文,均被SCI收录。

自强不息，攀登学位高峰

1998年底，学校获得第一个博士学位授予权——工业催化博士点，1999年计划招收第一批博士研究生。由于种种原因，鲜有报名者。化材学院动员年轻老师报考，仍然响应寥寥。我当年45岁，继续深造攻读博士研究生的积极性不高。博士点负责人刘化章教授和副校长葛中华教授亲自上门做工作，肯定了我的学业基础和科研能力，动员我报考。当时距离博士研究生入学考试不到两个月，指导六个本科生毕业论文等教学环节也处于关键时刻，毕竟年龄足够大，已经到了博士研究生最大报考年龄，思想一直犹豫不定。抱着让学校第一个博士学位点建设顺利启动出把力的想法，博士论文课题要与自己的研究领域相一致的想法得到了认可，于是我同意报名，放手再拼搏一次。接着的两个多月时间，在保证教学工作正常进行的前提下，积极复习迎考。我把睡眠和休息的时间压缩到最少，把复习的时间和效率发挥到极致，终于在5月底参加并通过了全国博士研究生入学三门科目的考试。1999年秋天，我成为浙江工业大学第一届博士研究生，在职攻读博士学位，同一级总共三名博士生，我年龄最大。

为了提高博士论文的水平，我把选题瞄准化学药物的手性合成这个前沿领域。但当时实验室既无液相色谱仪和红外光谱仪，学校也无核磁共振、质谱和元素分析等有机化合物表征用大型仪器设备。为了解决课题要有高水准，但实验装备不匹配的难题，我想到了国际合作的途径。于是我与法国同行、法国科学研究中心（相当于中国的科学院）ORSAY分子化学研究所的Bloch教授，共同成功申报了中法政府科技合作项目——血小板致活因子拮抗剂反式-2,5-二芳基四氢呋喃MK-287合成的研究。1999年10月赴法国巴黎，利用ORSAY分子化学研究所的仪器设备和法国政府的40万欧元经费，开展课题研究。

针对当时现有化学合成反式-2,5-二取代四氢呋喃的几条路线存在收率低、异构体难分离或立体选择性不理想等缺点，与Bloch教授讨论，提出新的合成方法：以（±）-乳醇，即（±）-4,10-二氧杂三环[5.2.1.02,6]-癸-8-烯-3-醇为原料，在其3-位和5-位先反向引入两个取代基，再经过热分解和催化加氢反应，高立体选择性地合成反式-2,5-二取代四氢呋喃。当然，课题研究并非一帆风顺，常常会碰到问题，需要及时调整合成方法，其间Bloch团队给予我很大的帮助。由于在法国的居留签证只有一年，又必须在法国完成全部实验工作，所以从进实验室第一天开始，我就统筹安排实验进度。一般开启两套反应装置，实验操作如加料、薄板层析、过柱分离等交替进行，头脑始终保持清醒状态，做到既紧张，又有条不紊，避免手忙脚乱，做到实验不出差错。最紧张的时候，甚至同时开三套实验装置。Bloch教授十分体贴地安排他的助手Mandeville先生协助我，负责合成化合物的核磁共振谱、质谱和元素分析，节约我大量时间，加快了我的实验进度。特别是离开巴黎前一周，Mandeville先生和我一起整理实验数据，帮我复印了所合成全部化合物表征分析的全套谱图以便我带回国，让我有时间撰写出研究报告，提交给ORSAY分子化学研究所。

经过努力，我合成了107个化合物，其中91个为新化合物，全部做了红外、核磁共振、元素分析和质谱分析表征。研究结果证实了我们提出的合成新方法的正确：从（＋）-乳醇或（－）-乳醇出发，经过加成、氧化、还原、热分解和催化加氢五步反应，对映选择性地合成了（2S,5S）-和（2R,5R）-2,5-二取代四氢呋喃，如旋光纯的MK-287；并以（＋）-乳醇为起始物，经过加成、甲基磺酰化、环合、热分解、氧化和还原六步反应，对映选择性地合成了脱氧维生素H的重要中间体（2S,3R,4S）-2-正戊基-3,4-二叠氮基四氢噻吩；从3,4,5-三甲氧基苯胺出发，以较高收率合成了MK-287的重要原料——3,4,5-三甲氧基溴苯。我在法国勤奋一年，以体重减轻12斤的代价，为MK-287等PAF拮抗剂和维生素H等手性五元杂环类化合物等药物的合成，提供了新途径，并出色完成了中法政府间科技合作项目的研究任务。

2000年回国后，以不到一年的时间，完成了博士课程的学习。根据研究成果，我先后在 *Tetrahedron*、*Tetrahedron: asymmetry*、*Tetrahedron Letters*、*J. Chemical Research* 和高等学校化学学报等中外期刊发表学术论文10篇，全部被SCI或EI收录。2001年12月，我顺利通过以沈之荃院士为主席的答辩委员会组织的博士论文答辩。博士论文获得好评：合成了107个化合物，其中91个

沈寅初校长为我颁发博士学位证书

为新化合物,发表了SCI和EI论文5篇(截至论文答辩时),第一篇博士论文就为浙江工业大学树立起博士论文的高标杆……

　　一阵热烈的掌声再一次响起,我的思绪重回典礼现场,校长正为最后一批本科生颁发毕业证书。毕业典礼在欢快的乐曲声中落下帷幕。步出礼堂,看到桥头"翔"的雕塑,我想到,是伟大时代开启了求学之门,是改革开放造就了良好环境,是浙江工业大学提供了工作条件,是勤奋努力成就了博士梦想。博士只是新的起点,我的命运与学校紧紧相连,唯有兢兢业业,共创工大辉煌。

我校俄语教师的足迹

陈文光

在我国,建立一所中专、一所大学,必须设立外语教学课程,因此我校自1953年建校伊始就成立了外语教研室,70年没有停过。但是杭州化工学校成立之初,外语教师从何而来却成了一个很大的难题。

笔者走访了部分在杭的现仍健在的几位曾经从事过俄语教学的老同志,感到很有必要把这段被人遗忘的俄语教学历史以及那些俄语教师的辛酸经历记录下来,供后人研思。

提起俄语教学,对于我校现在年轻的教师,即便是外语教师来说,可能都印象不深,但对于那些曾经为俄语教学和研究付出心血的老先生来说,却有一场刻骨铭心的记忆。在谈起那段不堪回首的经历时,许多俄语老教师犹如"过江诸人"中的士大夫们一样,感慨万千。有的教师在谈起这段历史时,眼里饱含着泪水,一颗坚忍的心几乎被敲破,只能用坚强的微笑、强忍的泪花,掩饰那些累累伤痕。其实,笑容有多深,伤害就有多重。有的教师则低头沉思,久久不肯抬头,只默默地说:"往事如烟,不谈也罢。"其艰辛难过程度可想而知。

20世纪50年代初,新中国刚刚成立,百废待兴,急需恢复经济落后局面,创办学校更是一项经济复苏的重要措施。1950年2月,中华人民共和国与苏联签订了《中苏友好同盟条约》,苏联政府派遣了大批援华专家来华协助我国进行社会主义经济建设,于是许多部门都亟待补充大量高水平的俄语翻译和既懂技术又懂俄语的专业人才。1953年,高教部召开第二次全国俄语教学工作会议。会议就当时俄语教学中存在的问题提出了若干重大决策,俄语教学成为各大中院校的重要课程,在绝大多数工科类的大专院校中,俄语成为唯一的公共外语课程。

1953年刚刚建立的杭化就是在这样的背景下起步办学,成立了杭化外语教研室,开始了俄语教育。但是当时我校的俄语教师奇缺,几乎没有俄语教师,更没有一位大学俄语本科毕业的专职教师,学校为了解决即将开学的外语教学师资问题,只好从社会上招聘。经过学校的考核,龚永发、吴铎、杜卓强、王德元、金通泗、谭连佑等同志纷纷从温州、宁波、杭州、上海……相继来到杭化,成为杭化的第一批俄语教师,及时开出了俄语课程。

这些教师在我校成立之初和后来的发展历程中都做出过不懈的努力和自我牺牲的奉献,我们不应该忘记他们。

龚永发老师,宁波人,20世纪20年代,他到上海当了一名学徒工。在工作中他接触到中国共产党,成为我党的一名地下工作者,经上海党组织的引荐,到苏联学习俄语,回来之后他就去了瑞金。第五次反"围剿"之后红军开始长征,他被留在瑞金处理红军走后留下来的一些生活物资。在瑞金被国民党军队攻陷之时,他被捕入狱,但他没有暴露自己的真实身份,只说自己是被红军抓来的一名挑夫。国民党兵看看从他的身上得不到更多有价值的信息,又由于当时国民党的军队也需要挑夫,就将行军挑夫的担子压在了他的身上。在一次跟随挑夫队伍行动的时候,他趁敌人防备的疏忽逃出了虎口。逃出来之后他身无分文,只好化装成乞丐一路行乞,到上海去寻找党组织。但当时上海的党组织已被破坏殆尽,在寻找党组织无果的情况下,他只身回到家乡——宁波,以挑担子卖水果维持生计。新中国成立之后,他找到了组织,经过政审,进入了宁波市公安局。因当时杭州化工学校严重缺乏俄语教师,浙江省教育部门知道他曾经在俄国学过俄语,找到了他,要求他到杭化外语教研室担任俄语教师。他二话没说,服从党的工作需要,于1953年来到杭化外语教研室,成了一名俄语教师。1960年2月,浙江省委下达文件,决定在衢州以杭州化工专科学校为基础新建浙江化工学院。要办大学了,要求更高了,龚永发老师感到自己的文化水平较低(他的学历只相当于小学),感到自己无法胜任将来学校的发展,含泪调离了教学岗位。

1953年,当时的杭州化工学校是由苏州高级工业技术学校化工科、温州工业学校和杭州工业学校三所中专学校合并而成的。温州工业学校的二位俄语教师,吴铎老师和王德元老师也因此来到了杭化。

20世纪50年代末、60年代初,我们国家处于严重的经济困难时期,许多教师都是在食不果腹的状态下坚持上课。吴铎老师的家属没有正式工作,孩子又多,为了能够给家庭带来生活好一点的希望,他总是省吃俭用。他经常早饭不吃就去操场锻炼,去教室上课,中饭、晚饭也是饥一顿饱一顿,所以营养严重缺乏,导致肌肉萎缩。发展到后来,腿脚行动不便,举步维艰,手臂伸不直,抬不到黑板那么高,无法使用粉笔在黑板上书写,只好终止了教师生涯,回到老家温州疗养。仅过一年时间,他就逝世了。王德元老师尽管没有到衢州的浙江化工学院工作,留在杭化专继续教学,但也由于辛劳过度,积劳成疾,脾脏出血,于20世纪60年代初就不幸病逝。

金通泗老师,结业于上海中苏友好协会俄语培训班,是杭州化工学校开课时第一个上讲台的教师之一,但在1955年的肃反运动中,受到她丈夫的牵连,无奈地离开了俄语教学岗位,跟随她的丈夫前往新疆流放。

谭连友老师曾经在杭州中苏友好协会工作,很早来到杭化外语教研室担任了俄语教师,也是外语教研室当时唯一的共产党员。由于他的爱人在衢州化工厂工作,在浙江化工学院"五年三迁"的过程中他调去了衢州化工厂,后来成了衢州化工厂的工会主席。

还有一些老师,60年前,甚至70年前,他们来过这里,在这里担任过外语教研室的俄语教师,有的老师留了下来,后来转行成了英语教师,有的离开了教学岗位,离开了浙江工业大学启航的地方。浙江工业大学发展到现在,我们可不能忘却那些为浙工大的起步做出过奋斗和努力的人。杜卓强、孙东篱、金鹤松、赵复光等就是这样的教师,他们来的时候无声无息,离开教学岗位的时候也是鲜有人知。

1960年2月,浙江省委下达文件,正式成立浙江化工学院,校址定在离衢州市区12公里的石室公社、烂柯山下。由于校址远离城市,交通不便,很难招募到外语教师,原有的教师有一些还由于种种原因离开了学校。尽管当时教育部已经要求各大专院校尽量开设英语教育,但浙江化工学院外语教研室无法满足教育部的要求,在公共外语这门课程中只开设了一个班的英语实验班,其他班级开设的还是俄语课程。

说起杭州化工学校艰难建校的20世纪50年代、浙江化工学院"五年三迁"的60年代初,我们更应该感谢那些现在还健在的,一直奋斗在杭州化工学校、浙江化工学院、浙江工学院和浙江工业大学的尹翠龄、金如堂、谈志人、沈蕙萱等俄语教师。

尹翠龄老师于1953年从大连俄语专科学校俄语专业毕业,1954年从省教育厅转派到杭州化工学校,她也是新中国最早培养的一批大学生。她来到杭化报到,才使这个缺少外语教师的外语教研室有了第一位正规俄语专业毕业的教师。她一来到学校,相关领导就指派她承担教研室主任的职务。从25岁大学毕业开始,她的教研室主任的职务一直延续到退休之后(尹老师退休之后,还继续留在教学岗位上干了许多年),"文化大革命"中也没有中断。

爱岗敬业、无私奉献,是对尹翠龄老师工作的最好诠释。她热爱教育工作,从工作的第一天起,教育工作就是她一生的选择。她说:"外语不单是一种工具,还是一种探索人生的手段。"她还说:"外语教师是为别人建立平台的,但在这个平台上也在演绎自己的人生。"她以校为家,恪尽职守,出早勤、出满勤,几十年如一日,风雨无阻。从她来到学校直到"文化大革命"前,几乎年年被学校评为"先进工作者"。两个孩子先后出生,为了不耽误工作,她将孩子交付自己的母亲,后来硬是把刚满百日的孩子送到了托儿所。小儿子出生不到三岁时她去了衢州,孩子在杭州的幼儿园手臂骨折,她也没有返回杭州带儿子去看病,以致把孩子的病给耽误了三年。直到孩子长到六岁,要上小学了,尹老师才发现孩子的手臂出现了异样,手臂内的两根骨头,一根在生长,一根在萎缩,她急忙带着儿子去医院检查,才发现当初手臂上靠近小指的尺骨骨折后没有得到正确的治疗,出现了畸形生长。尹老师含泪无言,只能请医生重新开刀将儿子手臂的尺骨接好。可是,那一次的骨折却给她的儿子留下了永远无法弥补的后遗症,现在她儿子的手臂还是不能和常人一样自如地伸缩转动。

对于外语教研室来说,最为艰难的还是师资严重短缺。到了1960年下半年,尽管学校已经开始了第一届本科教学,但师资并没有增加,为了完成教学任务,有的俄语教师每周要上24节课,加上那时每周还有两次雷打不动的政治学习,每位教师都是在超负荷的状态中顽强地坚持教学和工作,睡眠严重不足,只要工作一停下来,就要打瞌睡。

谈起当时俄语教学工作的艰辛,谈志人老师的夫人告诉我说:"那时候,谈老师上完课回到家,就有气无力地瘫坐在椅子上,闭上眼睛,跟他搭话也不理睬。当时正是国家三年困难时期,有时早饭还未吃饱就去上课了。看着他回来耷拉着脑袋的样子,知道他因为营养不足而体力透支,就拿个陶瓷碗到食堂排队为他买豆腐渣,补充点营养,那时的豆腐渣可是个好东西哦!"

1956年以后,中苏关系逐渐开始恶化,从亲到疏,以致最后决裂,但是我们学校的俄语教学却没有停止。由于师资匮乏,俄语教学一枝独秀的局面一直延续到1964年,冰冻期总算被打破,开始开设公共英语课程了,但当时只有三位英语教师:刘佑同、钱松生、林乃儿,无法为全校所有的专业开设英语课程,因此俄语教师仍然活跃在课堂里、讲台上。

1970年,浙江化工学院开始招收工农兵学员,在全校各专业都开始了英语教学,俄语教学从此被撂在了历史舞台上。那些原来在教坛上孜孜不倦、辛勤耕耘几十年的俄语教师,往日在外语园地上独领风骚的俄语教学,被彻底冷落了,许多学有专长的俄语教师纷纷被迫改行,俄语教育也就此走向沉寂。那些长期从事俄语教学和研究的教师面临着巨大的选择与挑战,是选择去校办工厂当工人,还是转行学英语、当英语老师? 由于工农兵学员的外语水平普遍较低,需从英文字母开始教学,考虑到英语师资的严重不足,学校教学部门鼓励原来的俄语教师改行教英语。所以大部分俄语教师选择了改行从事英语教学,他们凭着一股热情,凭着原来在中学时代的英语基础,再加上夜以继日地自学,不断努力,逐步走上英语讲台。但也有两位老师:谈志人和孙东篱老师,离开了教学岗位,去了校办工厂。他们通过自己的努力,后来都当上了工程师。

当问及谈志人老师为何去工厂的原因时,他说:"20世纪60年代后期,经过一段'文化大革命'的洗礼之后,学校开展了一场'破师立工'运动。原来在教师编制上的42位教师纷纷去了学校的机械厂当工人。恢复招生之后,绝大多数老师逐渐回到了教学岗位,尹翠龄老师也曾动员我返回教学岗位教英语,但我以自己的英语基础太差,恐怕误人子弟为借口,婉言拒绝了尹翠龄老师的诚意。我依然坚守在校办工厂那块土地上,一干就是30年,直到退休。但是我没有后悔过,因为在学校的校办工厂,同样可以为学校和社会做贡献。"在20世纪90年代,由于谈老师的努力与奋斗,在校办工厂这块崭新的土地上,在科研方面做出了特殊贡献,他拿到了国务院政府特殊津贴。

为了能够尽快提高俄语专业出身的教师的英语水平,教研室为改行英语的金如堂老师和沈蕙萱老师配备了指导教师。金如堂的指导老师是刘佑同,沈蕙萱的指导教师是钱松生。金、沈二位老师除了自己上课之外,还要帮助指导教师改作业,到指导教师的课堂里听课、写课堂笔记,定期到教研室接受指导教师的辅导。指导教师也会到他们的课堂里去听课,指导教学。

说起当年转行的事情,尹翠玲老师曾经说过:"我在中学里学过英语,有一点点英语基础,就听从领导的意见,转攻英语,拼命充电。那个艰难程度确是刻骨铭心的。从决定改行的那一天起,我就从来没有一天是在晚上12点以前睡觉的,为了能够上好课,我几乎对教材中出现的每个单词都要翻阅字典、翻看工具书,查阅佐证,抄录例句,才不会感到心神不定。中午我也绝不睡午觉,趁中午时间借用黄素行老师(一位化机专业教师)的收音机,收听中央对外广播,以提高自己的英语听力水平。"

沈蕙萱老师是1963年杭州大学俄语专业的优秀毕业生,在她还没有来得及施展自己才华的时候,"文化大革命"开始了。1970年,在去工厂还是改行学英语教英语的选择中,她踌躇了好久,尽管她以前没有学过英语,但由于教学工作的需要,在领导的鼓励之下,在同僚的帮助下,她留了下来,拜刘佑同老师和钱松生老师为师。1972年中日建交,社会上需要既懂技术又懂日语的科技人才。1976年,学校根据国家和社会形势的发展需要,准备在外语教研室设立日语课程,学校的教务部门希望沈蕙萱老师前往浙江大学进修日语,以便今后在浙江化工学院开设日语课程。沈蕙萱老师二话没说,服从领导的安排,打起铺盖就前往浙江大学报到。到达浙江大学之后,她夜以继日地进修了三个月的日语,回来之后现买现卖地为年轻教师开设了日语课。她从俄语教学转到英语教学,又从英语教学转到日语教学,其中的艰辛过程,只能由她本人去"独自享受"了。外人只是钦佩她的一丝不苟、无怨无悔、勤勤恳恳、一心为教。但是谁也没有料到,20世纪70年代末80年代初,我们学校相继来了两位日语本科专业毕业的老师,她这个半路出家的"和尚"在浙江工学院成立之初无奈地又被边缘化了。如此三番五次地改行,折腾来折腾去辛辛苦苦了一辈子,虽然她有雄心壮志,但由于一直都在语言教学的边缘折腾,在80年代末开始讲究职称、岗位的评定中,那些评职、评岗所要求的条条框框却令她吃了大亏。因此当我与她交谈关于她一生的从教过程时,她含着眼泪,摇头叹息,闭口不谈。

金如堂老师是我们学校当时为数不多的20世纪50年代的俄语硕士研究生。学校迁到衢州之后,他的家在衢州化工厂的家属宿舍,从学校到衢州化工厂,必须通过过乌溪江大桥,要绕行十多里的水泥马路,晚上,马路两旁没有路灯,只能摸黑骑自行车回家。有一次,晚自修"天天读"之后,金老师骑着自行车回家,与迎面而来的另一辆自行车相撞,被撞翻在地,满脸是血。金老师不省人事地被送到衢化医院,摔坏了鼻梁骨,摔成了脑震荡,醒来时庆幸自己还活着,可是鼻梁弯弯,至今还留下歪鼻梁的后遗症。

20世纪60年代之后,俄语教育在全国范围内萎缩了,在我们学校也可以说沉寂了、停止了。但仍有一些俄语学人默默地坚守着俄语这块阵地,悄悄地寻找新的出路,在他们身上发生了很多感人的故事。也正是因为有了他们的坚守,才有了后来俄语教育在我国快速恢复和发展的基础,才有了后来英语教学快速接轨和转行的基础。

改革开放之后,我国开放程度一步步地扩大,在经济全球化、教育国际化的大趋势下,外语教育迎来了空前的发展机遇。1984年,我们国家中学俄语学习人数在经历较长时间的持续停顿、减少后又有了增长回升的趋势,在一些有俄语基础的中学里重新开出了俄语教学。

恢复高考八年之后的1986年,浙江工学院的招生办招收了六位中学时期学习俄语的新生。这些学生经过学校相关领导做工作之后,大部分人都愿意改学英语,但仍有一位来自山东的学生始终不愿意改学英语,坚持要求学习俄语。考生的家长也来到学校,找到学校的相关部门和领导,说:"我儿子的俄语已经学得不错,并且我们在报考你们学校的时候,就打听到你们学校有俄语水平很高的教师,我们坚持建议你们学校应该开设俄语课程,为学生的未来考虑和负责。"

学校在万般无奈之下,只好通知金如堂老师来承担这个只有一个学生的俄语课程。从1986年到1994年的八年中,金老师断断续续承担了四届学生的俄语教学,有时一个学生,有时三个学生。1994年之后,学校招生时注意了考生高考时的外语语种,俄语教学才在我们学校终结。

在我校俄语教学的最后八年时间里,正是金如堂老师坚持到了最后。他是1993年退休的,他退休之后还在为我校的俄语教学和英语教学奔波在课堂里(在那讲究教学工作量的年代里,一个学生或三个学生的教学工作量是不够的,金老师还要承担英语教学的任务)。在此,我们暂不说他改行教英语时带来的种种艰难,就是他重新承担俄语教学的过程也是困难重重。

首先,由于俄语教学来得突然,金老师没有一点思想准备,开学时已经安排好的课程要重新调整,中断了20多年的俄语教学和研究又要重新开始,麻烦事很多。其次,学生已经到校,没有教学大纲,没有教材,没有教学辅助资料。金如堂老师翻遍了学校的图书馆,穿行在杭州各大新华书店,根本没有合适的教材。他只能使用手头现有的"文化大革命"前的"理工俄语",心中还在忐忑:"行不行?"但就是这样一本教材,也只有金老师有。看着学生那双渴望、茫然的眼神,金老师下定决心亲手动笔抄写教材,后来教研室为金老师提供了俄文打字机,他就用打字机打印教学材料,从来没有耽误学生的学习。与此同时,金老师写信到北京外国语学院向老同学求助,老同学推荐了丁树杞主编、外语教学与研究出版社刚刚出版的《俄语基础》。《俄语基础》教程一到学校,教材部门就立即通知金老师,终于解决了金老师的燃眉之急,他叹了一口气:"总算不需要再打字编教材了。"再次,金老师单打独斗,在教学中碰到困难没人商量,很难开展教学研究。最后,由于是面对一个学生的教学,必须要根据学生现有的俄语基础开始授课,面对面的教学还是有生以来的第一次,只能摸索着前进,用当时的流行语来说是"摸着石头过河"。

更烦恼的事是,教务处从一开始就没有为一个学生的俄语课程安排固定的上课地点。20世纪80年代中期,浙江工学院刚开始建校初期,学校的教学用房非常紧张,有一个学期,教务处竟然无法在校园里找到一个可以上俄语课的教室。金老师和当时学俄语的学生只好去借用朝晖中学的一个小房间。房间里没有黑板,所以每次上课之前,学生会很主动地背着小黑板,夹着书包,和老师一起走到朝晖中学去上课,上完课再将小黑板背回来。

上课的时间,只能选在学生所在班级上英语课的时候,金老师每次上俄语课时,总是提前到该学生的班级上课的教室门口等这个学生,再和他一起找教室上课。他们经常打游击,学生也常常抱怨,金老师只好劝说学生克服困难,告诉他"既然要学,就一定要坚持到底"。事实上,金老师的心中也很苦,为了学校,为了学生,金老师只能强作笑脸。有时候,实在找不到上课的地点,金老师就把学生带到自己的家中,上完课和学生一起在家中烧饭吃。另外,当时的新华书店缺少俄语参考书、工具书,金老师就把自己所用的工具书借给学生。可惜的是,最后一届来自陕西的学生学完俄语毕业的时候,金老师没有从学生的手中收回借给学生的工具书(一本俄语惯用法字典和一本语法书),那些工具书都是金老师珍藏了40多年的宝贝啊!

1986年之后,大学英语已经在全国范围铺开了"大学英语四级考试",时隔一年,俄语也相应出现"大学俄语四级考试"。尽管学校对学习俄语的学生没有必须通过"四级考试"才能毕业的要求,但有一位从内蒙古来的学生就提出一定要参加"大学俄语四级考试"。经过师生的共同努力,经学校的多方联系,最后,该学生在当年的杭州大学参加了俄语四级考试,并获得合格证书。

经世致用 踔厉奋进
——献给浙江工业大学七十周年校庆

回顾我校的俄语教育,以及俄语教师所走过的历程,既有许多成功的经验值得我们借鉴,也有不少深刻的教训需要我们吸取,更有俄语教师的艰辛泪痕值得我们珍惜。从1953年到1966年,从1986年到1994年,断断续续的俄语教学中,无论是大众化的完整教育,还是一两个人的个性化教学,都充分结合了时代背景,适应国家、社会、学校和个人的需求,服务于国家战略,服从于学校大局,一切为了学生,珍藏着我校的外语教学和俄语教师的心血。尽管早年的那些俄语教师所走的路程十分艰难,但他们攻坚克难、矢志不渝、笃行不怠、不负时代,在不同的时期,俄语教育都基本实现了人才培养的既定目标,也体现了我校俄语教师对外语教育事业一贯秉承的执着和奉献。

我愿当个码字工

沈振闻

可能我比较喜欢码字。

有机会时,遵命多码字。

无机会时,争取码点字。

1971年初,当时燃料化学工业部(原石油部、煤炭部、化工部合并)请浙大周春晖先生组织浙江大学、北京化工学院、华东化工学院、华东石油学院,成立一个编写组,由四校各派两名教师参加,编写教材《化工自动化》。周先生当即率领8位教师奔赴浙江、上海、重庆、四川、兰州、北京等地的几十个大型石油化工装置,从设计、施工到安装、调试、运行进行深入细致的认真调研,在总结各种经验与教训的基础上,历时三年,完成书稿。

印象最深的,是从上海十六铺码头乘坐东方红32号江轮,至重庆朝天门码头的七天七夜。我们反复讨论编写大纲,其热烈、较真的程度终生难忘。从未听说过写一本书拟订编写大纲需用七天七夜的时间。书籍出版后获得好评,为化工自动化专业打下了较好的基础。领军人物周先生后来出任浙江大学副校长,华东化工学院的蒋慰荪先生出任该院教务长,我的同事北京化工学院的凌秋明女士出任化工部规划司司长,后起之秀浙江大学孙优贤老师荣任中国工程院院士。这是后话了。

20世纪80年代初,全国掀起了学习系统工程的热潮。中央电视台邀请钱学森、宋健等20多位著名科学家举办长达数月的几十期系统工程讲座,也给我提供了一次很好的学习机会。当时,我供职的杭州电子工业学院邀请了日本系统工程著名专家——东京工业大学寺野寿郎教授前来讲学,举办了为期一个多月的系统工程讲习班。我在参与学习的同时,协助做些具体工作,担任讲习班的班主任,因此有机缘能多向寺野寿郎先生请教。在两次较为系统的学习基础上,我与日语翻译合作编译了《系统工程学导论》一书,由电子工业出版社出版,也算是赶上了一次潮流。

当时,管理学科在高校发展很快。哈尔滨工业大学、吉林工业大学、长春光机学院与杭州电子工业学院四校合编《管理系统工程》教材,得到中国系统工程学会的支持,我也有幸参与其中,增加了一次很好的学习机会。当时,编委会十分慎重,先以该书的初稿油印讲义为教材,在广州华南工学院举办了一期有近百人参加的学习班,广泛征求学员们的意见,审读通过后,才由吉林科学技术出版社出版。以上这些均是奉命之作,一面学习,一面工作。

90年代,我国房地产行业发展迅猛。我校(浙江工业大学)在全省率先倡办房地产经营与管理专业,先办干部班、大专班,后办本科班,一批教师先后补充到房地产专业的教学中来。我又奉命学习相关知识,边学边教,逐步适应。1995年,建设部、人事部开展全国房地产估价师执业资格考试。我想,自己虽然已不年轻,但既然在这个领域工作,应该也要努力去考一下。于是,我以58岁高龄报名应考(也许是全国最高龄的老童生了)。当时共考4门课程,我有幸得以一次性通过。第二年我又将几年来的学习经历和几个月来的备考心得,总结整理成一本《中国房地产估价师考试千题解》,由中国物价出版社出版。此书可能是房地产估价师考试辅助读物中最早(或较早)的一本,也开始了我在房地产领域码字的发端。在以后几年中,建设部、人事部又先后开设房地产经济师资格考试、房地产经纪人资格考试、物业管理经理资格考试和物业管理从业人员资格考试等,我也相应在相关范围内码字助考读物。从1996年到2006年的11年中共码了22本,平均一年两本的速度,其中房地产估价师类8本,房地产经济师类4本,房地产经纪人类3本,物业管理类2本,有关房地产投资、金融、会计、施工、测量等5本。好了,年已古稀,老了,码不动了,就不要再码了。

最后,为了讴歌全国优秀农民企业家陈张海先生(他是我的好朋友),曾与鲁冠球先生齐名的萧山劳模,人称"钳子大王"。我与王治平老师合作撰写了报告文学《海的胸怀——全国优秀农民企业家陈张海》,请许行贯副省长题写书名,作为封笔之作。

这28本书,字数粗略估计有1170多万字。当然,并非一人所为,尤其是前5本,仅是奉命参与而已,后23本也只是一时兴趣而作。凡当过教师的,谁不会出题目,编写个习题集之类的呢?这是谁都会做的。如此而已,岂有他哉!充其量只是一个不十分称职的码字工。

附:编写作品书目

1.《化工自动化》(上册),合编,燃料化学工业出版社,1973年,书号15063.2035(化-123),26.7万字。

2.《化工自动化》(下册),合编,燃料化学工业出版社,1973年,书号15063.2036(化-124),39.8万字。

3.《管理系统工程》,合编,吉林科学技术出版社,1986年,书号15376.35, 49万字。

4.《系统工程学导论》,编译,电子工业出版社,1988年,书号 ISBN 7-5053-0000-8/F·O,26.6万字。

5.《现代设计科学的发展》,参编,中国建筑工业出版社,1994年,书号 ISBN 7-122-02349-1/C·4,13.5万字。

6.《中国房地产估价师资格考试千题解》,主编,中国物价出版社,1996年, 书号 ISBN 7-80070-573-0/F·433,36万字。

7.《物业管理培训应试习题解》,主编,中国物价出版社,1998年,书号 ISBN 7-80070-813-6/F·611,36.4万字。

8.《新编房地产开发企业财务会计实务》,主编,中国物价出版社,1998年, 书号 ISBN 7-80070-861-6/F·645,29.9万字。

9.《新编房地产投资理论与实务》,主编,中国物价出版社,1998年,书号 ISBN 7-80070-860-8/F·644,30万字。

10.《土木工程测量与房地产测绘》,副主编,中国物价出版社,1999年,书 号 ISBN 7-80070-9/TB·25,42.2万字。

11.《新编房地产估价师执业资格考试指导》,主编,中国物价出版社,1999 年,书号 ISBN 7-80155-000-5/F·O,30万字。

12.《新编住宅金融》,主编,中国物价出版社,2000年,书号 ISBN 7-80155-154-0/F·119,26万字。

13.《最新房地产估价师考试指南》,主编,中国物价出版社,2001年,书号 ISBN 7-80155-264-4/F·200,40.6万字。

14.《入世后建筑施工企业经营管理实务》,主编,中国物价出版社,2002 年,书号 ISBN 7-80155-346-2/F·251,31万字。

15.《2002年房地产估价师考试指南》,主编,中国物价出版社,2002年,书 号 ISBN 7-80155-420-5/F·306,40.8万字。

16.《2003年房地产估价师考试模拟试题解》,主编,中国物价出版社,2003 年,书号 ISBN 7-80155-575-9/F·413,44万字。

17.《2003年房地产经纪人考试模拟试题解》,主编,中国物价出版社,2003 年,书号 ISBN 7-80155-580-5/F·413,30万字。

18.《新编物业管理实务手册》,主编,中国市场出版社,2004年,书号 ISBN 7-80155-709-3/F·488,39.9万字。

19.《全国房地产经济专业技术资格考试模拟题解(中级)》,主编,中国建 筑工业出版社,2004年,书号 ISBN 7-122-06459-7/F·550,33.5万字。

20.《2004年全国房地产经纪人执业资格考试模拟试题解》,主编,中国建材工业出版社,2004年,书号 ISBN 7-80159-629-3/TU·332,56万字。

21.《2004年全国房地产估价师执业资格考试模拟试题解》,主编,中国市场出版社,2004年,书号 ISBN 7-80155-733-6/F·504,55万字。

22.《全国工商管理专业技术资格考试模拟试题解(中级)》,主编,中国建材工业出版社,2005年,书号 ISBN 7-80159-924-1/F·052,48.7万字。

23.《全国建筑经济专业技术资格考试模拟试题解(中级)》,主编,中国建材工业出版社,2005年,书号 ISBN 7-80159-927-6/TU·520,51.8万字。

24.《全国房地产经济专业技术资格考试模拟试题解(中级)》,主编,中国建材工业出版社,2005年,书号 ISBN 7-80159-916-0/F·042,57.4万字。

25.《2005全国房地产估价师执业资格考试模拟试题解》,主编,中国市场出版社,2005年,书号 ISBN 7-80155-910-X/F·606,42万字。

26.《2005全国房地产经纪人执业资格考试模拟试题解》,主编,中国建材工业出版社,2005年,书号 ISBN 7-80159-629-3/TU·332,73.5万字。

27.《全国房地产估价师执业资格考试预测试卷及历年真题答案与解析》,主编,中国建材工业出版社,2006年,书号 ISBN 7-80227-105-3,66.9万字。

28. 报告文学《海的胸怀——全国优秀农民企业家陈张海》,王治平、沈振闻主编,许行贯副省长题写书名,浙江万达集团内部发行,2008年。

我很幸运，我的工作是摄影

吕少英

　　我的摄影生涯是从刚毕业留校工作两年后（1978年）开始的。那时我被调到校党委宣传部，领导把一台相机（海鸥4D）交到我手里，让我负责学校的新闻摄影。这对我来说是个极大的挑战。一来我从没用过照相机，不会拍照。二来摄影知识无处去学，也无人可请教，既没有什么摄影培训班，也找不到有关摄影的教材。三来学校新闻摄影事关重大，既要报道新闻，还要留档存案，重大活动不能重来，所以不允许我有任何失误。我只好从头学起，在工作中慢慢摸索，边干边学，每拍一张都记录下数据，以便总结提高，同时不放过当时在报纸杂志上能看到的好照片。每有活动要拍照，我都得把整个活动中的拍摄时刻规划好，以便刚好凑够一卷12张，活动结束后马上冲进暗房，直到把胶卷和照片冲洗出来才放心。

　　就这样，一点一点地像海绵吸水般学习、一步一步摸索着提高，直到2005年退休，走过了27个春秋，经历了学校从浙江化工学院、浙江工学院、浙江工业大学的各个成长阶段，我用相机见证和记录了这个历程，同时我的摄影技术也有了长足的进步。27年来，我虽有几次短暂离开宣传部，但始终没离开过摄影，为学校留下了几万张工作照片和上千张档案资料。

　　我的工作得到了学校和师生员工的认可，为学校的发展、为师生员工服务，做了我应尽的微薄贡献。下面的照片选自我的作品，虽然只是这一段历史的几个瞬间，但连接起来也可以大致显现学校发展的这一段足迹，以此献给学校的七十周年校庆。

1979年左右,位于衢州石室街的浙江化工学院大门

1980年开始,浙江化工学院从衢州陆续搬迁来杭,此时古运河畔的朝晖校区选址还是一片农田,我在当时学生生活区唯一一幢宿舍的楼顶拍下了这片即将开发的土地

朝晖校区的建校工地分处上塘河两岸,当年仅靠这座竹桥连通。每逢下雨,尤其是冬天下雪,竹桥桥面湿滑难行,就铺上稻草袋防滑

1980年，浙江工学院第一届本科新生入学，因校址在建，借米市巷招待所举行了开学典礼，省委领导薛驹等参加了大会。我特意从衢州赶到杭州，拍摄记录了这一场景

1977年，我校氨合成催化剂A110-2获国家技术发明奖三等奖、省科技成果一等奖，A301低温低压氨合成催化剂获国家技术发明奖二等奖。这是1979年前后，项目负责人刘化章老师在实验室向来访者介绍成果

1980年，浙江工学院第一台小型电子计算机正式投入使用，那时全校需要使用它的教工只能排队轮流等候上机

1982届硕士研究生毕业论文答辩

浙江化工学院的老院长李寿恒先生，是我国化工教育的先驱，桃李满天下。1985年，浙江工学院召开了李寿恒先生从教六十周年纪念大会

1986年2月1日,教学区的第一幢教学大楼——主楼(存中楼)落成启用

浙江工学院在发展中得到了爱国台籍同胞张子良先生的慷慨捐资。1991年
12月举行了浙江省和张子良先生捐资兴建浙江工业大学的协议的
签字仪式

1992年4月21日，子良大楼奠基和文体中心开工仪式，省长葛洪升、台胞张子良冒雨为大楼奠基

1993年，浙江工学院正式升格为浙江工业大学，这是浙江工学院改名浙江工业大学换牌仪式的历史瞬间

1999年,我校首届博士研究生招生,导师们正对考生进行面试

1999年9月,杭州船舶工业学校并入浙工大,成为浙工大之江学院

2002年4月，屏峰校区即将动工，要对屏峰校区原址进行拍摄以留存档案。
我身后的这片地块，是即将要动工建设浙江工业大学屏峰校区

2002年6月，屏峰校区动工建设，省长柴松岳等亲临开工现场

张德江任浙江省委书记时，视察我校的第一间计算机实验室

2002年9月，张立彬副校长亲赴上海钱伟长家中，答谢他为浙江工业大学
建校50周年题词

　　浙江省委、省政府对我校的发展一直予以极大的关心和支持，省领导多次来校指导工作。2003年，时任浙江省委书记习近平视察我校，参观浙工大发展史展览。他还和信息工程学院王守觉院士亲切交谈，了解教师们的工作情况。

　　我见证了一届又一届校领导班子的新老交替，许多过程还是很温馨感人的。正是这许多老领导日夜操劳、无私奉献、辛勤工作，才带领着全体工大人走上了一条飞速发展之路。

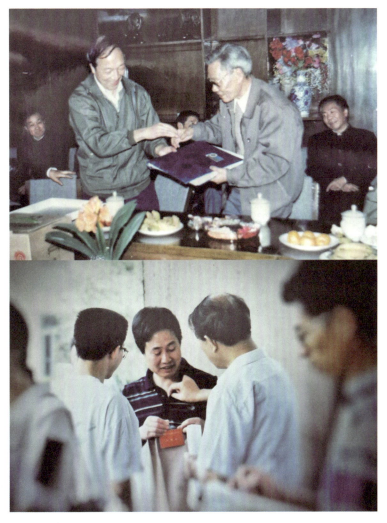

校领导班子的新老交替

　　学校在发展过程中,非常注意引进人才,壮大师资队伍,秉持教学研一体的办学理念,坚持立德树人、教学改革,重视学科建设和科学研究,使浙工大从学科单一的普通工科院校发展成多领域、多学科、文理工渗透、本硕博完整的综合性教学研究型大学,几十年一路走来成就辉煌。我作为这一路的拍摄者、见证者,深感荣幸。

经世致用 踔厉奋进
——献给浙江工业大学七十周年校庆

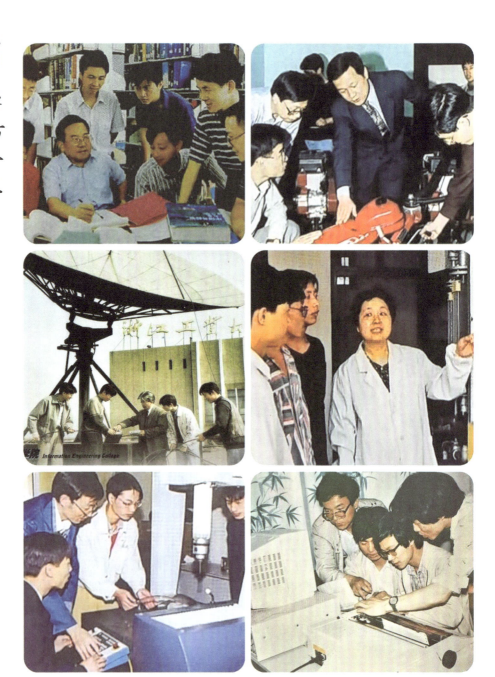

我经常去各学院、教研室、实验室,拍摄教师们辛勤工作、谆谆教导学生的场景

沈寅初院士在指导青年教师

2001年7月，我校首届博士研究生毕业

　　为了采集、留存一些学生的校外社会实践活动的资料，即使领导没有给我安排任务，我也时常主动去寻找机会，参与他们的活动。2000年，我自告奋勇报名，参加赴井冈山社会调研小分队，和学生们同吃同住同活动十几天，拍到了许多第一手的活动照片。

经世致用 踔厉奋进
——献给浙江工业大学七十周年校庆

在老乡家了解农村经济发展情况

在生态园区参观

茶园里

活动照片

    1999年5月的一个晚上,我因患眼疾早早睡下了。突然传来消息,说大批义愤填膺的学生拉起队伍上街游行了,原来是抗议北约轰炸我国驻南斯拉夫大使馆并炸死我国三名工作人员。那时我就住在学校家属区,得到通知后我马上起身取来相机,急忙跟上学生的队伍,天黑路急一路跟拍,直到半夜才回家。

学生抗议北约轰炸我国驻南斯拉夫大使馆游行

2003年，屏峰校区迎来了第一届新生入学

我校与美国、法国、德国、英国、俄罗斯、日本等国的几十所学校建立了校际合作关系

我校还接收了许多的外国留学生,2000年2月,新一届留学生开学了

下面是几幅比较有代表性的校园风光图。

1986年建成的教学大楼,当时叫"主楼",20世纪90年代在校园文化
建设中被命名为"存中楼"("存中"是沈括的字)

照片背景是浙工大的校园LOGO，一届又一届的毕业生从这里走上社会

拓工桥所见美景，拍摄于20世纪90年代下半叶。我至今还清晰地记得，那天傍晚下班回家经过拓工桥，一眼看见西斜的太阳、明媚的晴空，光线和倒影非常美，我就赶紧拍下了这个美景。后来频繁出现在学校的招生广告、宣传画册、录取通知书等画面中

这张照片被大量用于学校自制练习本的封面上，伴随多届学生度过了
他们的在校学习生活

2003年，浙工大朝晖校区的正大门

朝晖校区的大操场、体育馆、师生活动中心

朝晖校区的新教楼、图书馆、精弘桥、东新桥

流光溢彩的朝晖校区夜景：教科大楼、梦溪村

流光溢彩的朝晖校区夜景：精弘桥

255

这些照片被学校大量用作招生简章、录取通知书等对外宣传材料的封面，后来有些学生熟悉我了，会向我开玩笑说：我们是被你的照片"骗"来的。

浙工大招生简章、录取通知书、邮票等

在我工作期间，历年的学校介绍、宣传画册、邮票，基本都采用了我拍的资料照片。经常是前面画册中的大楼还是模型或图纸，在后几年的画册里已变成了实体，就是在这样的变换中，我见证了学校的快速发展。

那时没有无人机航拍，要想拍到学校的全景照片，就要爬到周围更高的高楼顶层，因此，我爬过学校周围所有高楼的顶楼，包括隔壁华东水利设计院28层的楼顶，只为能拍到学校的全景。

学校全景

随着时代的发展,摄影技术也在与时俱进。最早我是拍了自己冲洗,那是黑白的。后来都是彩色的了,就拿到店里去洗,再后来就没有底片了,变成了数码照片,不用再冲洗了,但得自己用电脑调整、储存照片。等到学校有了校园网,我就每天下班前把当日的新闻照片写好说明,传给学校网站,争取当日新闻当日发。为了这些,我经常会拖到天黑才回家,当然,这也不是领导要求的,只是我对自己的要求。

本人拍照留念

2002年,我被调到艺术学院,但此后我仍偶有为学校拍摄的任务。我平时也会把自己碰到的一些事件拍下来留存,我的工作让我养成了这个职业习惯。

我常对别人说,我很幸福,因为我的爱好就是我所从事的工作。虽然摄影职业特别是新闻摄影,对一个女性来讲比男同胞有更大的挑战,个中辛苦自不待言,但我却乐此不疲。我感恩学校,能让我在这个岗位上工作了多年(几乎是半辈子),让我在摄影方面有学习,有进步,有完善自我、体现自我价值的机会。

2003年前后,由校工会牵头,由我具体操作,成立了校摄影协会,开始了学校摄影团体的各种活动。那一年,我也被浙江省摄影家协会吸纳为协会会员。我的生活翻开了新的一页。

校摄影协会成员合影

和热血青年同成长，和赛车梦想共前行

柳政卿

我和浙江工业大学结缘，始于2018年，这一年恰是浙工大建校65周年。我带着一往无前的勇气来到这个年轻却又积淀厚重的校园，渴望能够在此奉献自我、实现自我，而我和浙江工业大学方程式赛车队、和队伍里热血沸腾、怀揣梦想的年轻人的故事，也在这一年拉开序幕。

浙江工业大学方程式赛车队（ZJUT RACING）是一个凝聚了青春风采、培育了初心梦想、浓缩了珍贵回忆的地方。在这里，同学们举行着工程实践活动，接受着先进科技教育，培养着综合素质能力，在课堂理论学习和工程实践锻炼中都拥有了多元发展的机会。近五年的时间里，我在方程式赛车队迎来了一群又一群对未来充满憧憬、对赛车领域求知不倦的同学，又送走了一拨拨有所收获、热切诚挚的赛车队员，我深刻地感受到他们在车队茁壮成长时所爆发出的蓬勃的活力。同学们利用寒暑假坚持做设计、加班赶工期、熬夜焊车架，虽然在组装的过程中经常出现许多意想不到的问题，但最后的结果都是令人欣慰的：从想法到设计，从图纸到加工，从零件到装配，直至最终看到一辆自己制造的方程式赛车驰骋赛场。

回想起这段在赛车队的难忘时光，队员们提到最多的，是关于无畏梦想、无悔青春、无限坚持和无私团结。这些回忆，大多围绕着赛车队参加的中国大学生方程式汽车大赛展开。在这个年度赛事中，浙工大赛车队的队员们通过对赛车进行设计、制造、检测、修改和完善，在培养实践动手能力、综合分析能力、独立工作能力和团结协作应变能力的同时，锻炼了自己的心性，释放了自己的热血，实现了自己的目标。

参加方程式汽车大赛　　　　　　　　　参加方程式汽车大赛

　　大多数赛车队的队员对于自己第一次参加中国大学生方程式汽车大赛的经历总是印象深刻的。他们对比赛有着雄心壮志,满怀希望,虽然面对困难和遗憾会感到失落、难过,却依旧暗自为下一次的征战树立梦想和信念。2020赛季赛车队队长崔琦最初是电池组队员。由于初来乍到,专业知识欠缺,他花两天时间读完了近四百页的技术书籍,也经历了将知识付诸实践却未能顺利实现的遗憾。我清晰地记得敢想敢拼的他毅然踏上了前往河南赞助商企业的道路,花了一个暑假的时间,完成了赛车电池设计和装配。由于经验越来越丰富,他肩负起下一届展望未来的重任,也在面临困境时奋勇逆流而上,成功挑战不可能。

方程式赛车总装　　　　　　　　　　　赛车跑动调试

　　作为制动组组长,吴一鸣同样经历了那个遗憾收场的2019年。为了在2020年以更好的状态参与比赛,他和队员们付出了大量的时间和汗水。为了确保赛车制造过程中不出任何差错,他们通宵达旦地进行整车装备及相关调试。汗水浸湿了衣服,油渍沾满了双手,数不尽的不眠之夜汇聚了车队无数的心血,直至整车落地。在他看来,这种在浙工大赛车队和大家共同奋斗的日子组成了他珍贵青春的一大部分,在进步的同时,他感受到了自己的成长。

　　的确,对于苏炼、王延凯、蒋陶辉和郑宇康而言,每天做接线、插件,重复着出错、重做,又出错、又重做的车队日常,通宵几乎是老生常谈。王亚东、徐浩炀、吴滔等队员都提到过自己在参与比赛时经历的艰辛,不论是熬夜赶工还是脏累艰苦的实际工作环境,为了打磨方程式赛车模具而穿着闷热的防护服,强忍着原子灰难闻的气味坚持修补模具,衣服、裤子和鞋子沾染上了洗不掉的树脂,都令人印象深刻。由于项目的细致和复杂性,接线和接插件时的繁多针孔让人极易出错;骆俊伟穿着严严实实的防护服,每次焊接完赛车车架都满头大汗,焊接时烫到手也是常态。王泽兴记得,在比赛的过程中难题总是频频出现,而尝试去解决这些难题其实就是成长的过程,最后无论有怎样的收获都是刻骨铭心的。

焊接赛车车架

团队协作

在这些辛苦的背后,是一个团队共同努力,一起想办法解决问题的美好回忆。那种一起走过的经历让如今的大家遇到问题时变得更为沉着冷静,也有了更强的动手能力。控制组的滕相豪和郑英杰说,最难忘的就是一起通宵的日子,而也正是这些共同努力的日子让他们更加熟悉彼此,更有责任和担当,更沉稳和可靠。在我看来,那些大家相聚的时光中有着处于困境时的焦虑,更多的却是成功解决难题的喜悦,是大家为了一个共同目标所付出的坚持,也是团队合作时难能可贵的凝聚力。

方程式赛车完成电控调试

新车发布会

怀揣着梦想,他们作为浙工大学子来到了方程式赛车队,又在赛车队的生活中逐渐充实和完善自己，而这不仅仅体现在更丰富的知识、更熟练的工程实践技能以及进步的团队协作能力上，还体现在精神上的强大和进步。在2019赛季方程式赛车队队长邓琳的记忆中，在经历过失败，当自己再一次以不同的身份带领队员们参加比赛的时候，他有了更加积极的心态。无论是队员们通过赛车电检和防水测试时泛红的眼眶，还是组员们折戟在制动测试时自责的面容，都让他深刻意识到，人生总是会充满各种快乐和遗憾，但更难能可贵的不是优秀的成绩，而是在其中遇见的每个人和自己的成长，是人在面对挫折和失败后，还有重新站起来的勇气。在追逐梦想的过程中成长，是一件难能可贵又激动人心的事情，而这样的成长，随着浙工大的发展，随着赛车队伍的壮大而变得更广为人知，也越来越有独特的意义。

对方程式赛车发自内心的热爱逐渐在每个追逐梦想的年轻人心中生根发芽。他们在赛车队里找到自己的位置，找到真正喜欢并能持之以恒的事情，与赛车融为一体。因为他们深知唯有真正的付出才能带来深层次的成就感和快乐，他们也更明白带着责任和担当的热爱才会走得更为长远。

一年又一年过去，赛车队的队伍越来越壮大。唯一不变的，是浙江工业大学和机械工程学院源源不断的支持，是学校和学院为队员们提供的这样一个实现梦想的阵地，让他们与赛车队相遇、相知、相伴，共同成长，一起前行。这几年，浙工大方程式赛车队参加了一届又一届的比赛，一次次挥洒汗水，获得了一个个傲人的奖项，培养出一群群充满朝气、蓬勃有力的赛车队学子。这些，都是这一路上相聚和成长最好的见证。

浙江工业大学方程式赛车队简介

浙江工业大学方程式赛车队成立于2014年8月，是由浙江工业大学各相关专业、富有激情、热爱赛车运动的在校大学生自发组成的方程式赛车队伍。赛车队隶属于机械工程学院，主要由本校车辆工程研究所全体教师担任赛车研发的指导工作。方程式赛车队旨在培养学生的工程实践动手能力，全面提高当代大学生的综合素质和自身修养。车队坚持以面向赛车运动为原则，希望建立一支长期发展、持续进步，在国内外都具有一定知名度的大学生赛车队伍，打造具有浙江工业大学特色的高性能方程式赛车。

赛车队每年约50名队员，涵盖大一到研三各年级在校大学生。赛车队以设计研发部为核心，分设电池组、电气组、电控组、传动组、车身组、车架组、悬架组、制动组、转向组九个技术组，同时设立商管部，主要负责赛车队运营管理、成本控制、市场营销和团队沟通协作。赛车队学生在一年时间内根据中国大学生电动方程式汽车大赛赛事规则，自行设计和制造出一辆在加速、制动、操控性、轻量化等方面都具有优异表现的小型单座方程式赛车,通过大赛现场对赛车机械和电控性能进行检测,参加静态(营销报告、赛车设计、制造成本分析)和动态(直线加速、"8"字绕桩、高速避障、耐久测试和燃油经济性)一共八项比赛。

浙江工业大学方程式赛车队连续参加了六届中国大学生电动方程式汽车大赛,创造性地推出了具有浙江工业大学特色的大学生方程式系列赛车,获得了由中国汽车工程协会颁发的多项奖项,包括2015年设计答辩第9名、2016赛季二等奖、2017赛季三等奖、MathWorks动力仿真一等奖、2019赛车技术创新奖三等奖、2020动力学仿真与控制线上竞赛二等奖等奖项。授权专利30多项,在核心期刊上发表论文多篇,涉及赛车车架、三电系统、车手座舱等。通过方程式赛车队活动,学生把理论知识和工程实践相结合,能够进一步提高教学质量,更重要的是,学生的工程实践动手能力、综合分析问题的能力、独立完成工作的能力、团结协作的能力和应变能力得到了很好的锻炼和培养。

历年参赛车型及赛车队合影

2015赛车队,E15电动方程式赛车

2016赛车队,E27电动方程式赛车

2017赛车队,E16电动方程式赛车

2018赛车队,E24电动方程式赛车

2019赛车队，E54电动方程式赛车　　　　　　　2020赛车队，E18电动方程式赛车

浅谈大学的文化传承与创新

姜一飞

文化,是民族的血脉、人民的精神家园;教育,是民族振兴的基石、社会进步的根本。"观乎人文,以化成天下",中国先贤的文化概念生来就带有教育色彩,而高等教育更是优秀文化传承的重要载体和思想文化创新的重要源泉。中国现代高等教育从萌芽到发展、壮大,始终肩负着推进文化传承创新的光荣传统和使命。现代大学的本质是在积淀深厚文化底蕴基础上的继承和创造,传承文化是现代大学的基本功能。作为科技第一生产力和人才第一资源的重要结合点,高等教育在推进文化传承创新建设社会主义文化强国进程中居于特殊的重要地位。

大学是以人才培养、科学研究、社会服务、文化传承与创新为主要功能的独特社会组织。因此,大学文化是大学在长期办学过程中经过历史沉淀、人文积累所形成的价值取向、信念目标、理想追求、道德导向和行为准则,是对学生进行人格塑造并影响其人生轨迹的精神财富的时空存在。大学与大学文化如影随形,大学文化是大学的阳光和空气,直接作用于师生的思维方式和行为方式,犹如血液一样,浸润营养并循环于大学整个肌体的方方面面。大学文化传承能够彰显大学价值、培养健全人格,并凝练和熔铸大学精神。每个生活于大学的人,都在接受大学文化的陶冶,都在大学文化的氛围之中徜徉,这就是教育的最高境界——不言之教。文化反映价值,价值体现文化,大学文化对大学师生的行为起着浸润、营养、发酵、培植、导向、引领和示范作用。

大学传承的是文化,研究的是学术,崇尚的是真理,生产的是人才,塑造的是品质,萌发的是理想,培养的是能力,熔铸的是精神,服务的是社会。大学文化是由存在于大学校园内的多种文化构成,且每一种文化都有其存在的方式、理由、功能与作用。具体来讲,大学校园内的多种文化构成及其存在形式主要有以下 10 种:主导文化(以社会主义核心价值体系为代表)、科学文化、名师文化、思潮文化、热点文化、网络文化、快餐文化(流行文化)、创新文化、传统文化和外来文化。这些文化在大学师生的碰撞、交流中,构筑了多姿多彩的大学文化。大学教育是对大学生的精神雕琢，而精神雕琢的利器便是大学文化和大学精神。如果说大学文凭是进入主流社会的通行证，那么，大学文化才是对青年人生的一种再造和升华。人才培养是一个复合因素作用的过程，因而，人才必经多元文化的锻造，才能应对时代、立足社会、支撑人生。

文化传承与创新，是时代赋予中国大学的特殊使命，是大学功能的新扩展。大学文化要引领社会发展，必须首先克服大学文化当前面临来自社会不良风气的种种挑战，找回失落的大学精神，提高文化品位。素质教育，文化育人是大学文化传承与创新的最重要途径，必须高度重视。传统文化犹如一颗种子，从小耳濡目染，早已在人们心中生根发芽，而且对于人们的工作、学习、生活方式都具有重要的指导作用，是价值观念与思想行为指导，传统文化不仅是一个时代的文化缩影，更是思想的升华，对于形成正确的"三观"具有重大的作用。当前在进行文化传承的过程中，不能用"全盘吸收，拿来主义"的做法。文化中既有精华，也有需要摒弃的糟粕。所以，在传统文化的吸收上，要有选择地筛选。传统文化是在特定的环境下产生的，有些传统的观念已经不能适应当前社会发展的进程，这就需要通过科学判断，应用创新的思维模式，根据当前社会建设的实际需要，既要能够借鉴，还要加入分析，才能更好地确定是应该继承还是应该抛弃。民族国家的繁荣，绝不是仅仅靠继承前代而形成的，更要依靠一代又一代的后人在前人的基础上不断探索、持续突破。传承很重要，创新同样重要，就如同树木一般，没有创新，传承只能作为一颗种子深埋于泥土之中难以发芽；而没有传承，创新就是无根之木，经不起风雨。当前我国正在致力于经济建设，首要的工作便是利用创造性思维，结合自身的实际情况，科学有序地开展文化传承与创新工作。

全球化是当今世界局势中最引人关注的现象之一。全球化并不仅仅表现为经济、市场的一体化。随着科技一体化、信息网络的发展，当经济科技的潮水冲破传统的国界和民族边界时，不同的文化价值系统也被推向了共同的世界舞台。在全球化的时代背景下，面对人类共同面临的许多困难与危机，中国传统文化蕴含着许多积极的元素值得全人类吸收和借鉴，但也面临着传承和创新的挑战。

敢于突破、敢于创新，将传承与创新结合在一起，才能在平凡中创造非凡的力量。不仅有效地继承人类积淀的思想和知识，也把世界最先进的科学技术知识拿到手，我们再向前迈半步，就是最先进的水平、第一流的科学家。大学能将不同文化置于同一平台，使差异得以展示，了解得以进行，沟通得以实现，融合成为可能。大学还可以发挥独特优势，消弭文化冲突，进行跨文化的交流与融合，这正是国际化背景下大学的新使命。不但要把中国文化传播出去，增强中华文化在世界的影响力，使中国文化为世界所向往，同时也要引进和融汇世界上最先进的科学文化成果,对此,大学责无旁贷。

文化形态是众人的稳定且秩序的生活方式。大学之所以被视为文化的代表,原因之一在于大学具有创新生活方式和引领生活方式的功能。大学拒绝平庸,更拒绝粗俗,以精神活动为生活方式的基调,是大学的重要特征。文化是一所大学的厚度,而思想是一所大学的高度。有思想自由,才有学术自由,才有创新自由,新思想和先进文化才会涌现。大学要靠思想去引领社会,靠思想去推动文化走向社会。如果大学是社会前进的灯塔,那么,点亮灯塔上那盏明灯的,只能是思想。在这个意义上,大学也是思想共同体。没有思想的大学,对先进文化便没有意义。

在文化的传承与创新中,大学承担着伟大的责任与使命,大学的根本职能就是文化的传承和创新,这一功能是通过高等教育的四大职能来实现的。我国新时期高等教育的四大功能就是人才培养、科学研究、社会服务、文化传承创新。如何实现文化传承创新功能,深入挖掘优秀传统文化,接纳和传播来自全世界的新思想、新文化,大力弘扬优秀传统文化和社会主义先进文化,实现传统文化与时代精神的深度结合,是高校目前面临的重要课题。在进行文化传承的过程中,要协调好传承与创新两者之间的关系,要对传承与创新进行深入分析。传承是优秀文化得以延续的重要手段;而创新则是在原有文化传承的基础上,利用创新的思维方式,与当前的时代背景相融合,深究文化的内在含义,创造出新概念、新内容、新形式。

把文化的传承创新作为大学的第四大功能,对我们全面提高高等教育质量,建设世界一流大学具有重要指导意义。文化传承创新与科技创新具有同等作用,也应具有同等地位。一所大学不仅要具有与原职能相适应的创新能力,更要有与新职能相适应的"守成能力"。因为文化的传承需要忠诚坚守,尤其是要守护住大学精神,守护住大学作为道德共同体、学术共同体、知识共同体、价值共同体、思想共同体、文化共同体的地位与尊严。大学既要向前看,也要回头看,而且看的方法必定不同于世俗,大学需要对历史可能形成的那些永恒做出选择与承诺。

今年是浙江工业大学建校70年。伴随着国家发展的跌宕起伏,学校经历了艰难与简陋的初创期、高等教育的大调整、五年三迁的大折腾、"文化大革命"的大冲击,终于迎来了改革开放、开拓创新的时代浪潮。70年来,广大师生员工在十分困难的条件下,不忘初心,坚守大学的底线和肩负的责任,开展教学改革、开拓创新的实践与探索,在办学困境中以务实图强谋求新生,在"文化大革命"中坚守大学理念与探索改革之道,在高等教育恢复发展中寻求自我价值的突破,始终以艰苦创业、务实图强的精神办学,一步一个脚印,踏踏实实地追逐办学目标,抓住历史机遇快速崛起,从单科性学校华丽转身,成长为一所具有一定办学实力、受到社会广泛好评的教学研究型大学。

我校毕业生在社会上一直有较好声誉,深受社会欢迎,企业普遍认为我校毕业生精神面貌好、专业基础扎实、动手能力强、综合素质较高,这是由于我校本科教育一直把实践教学作为教学计划重要一环节来落实,并形成系统、完善、科学的实践教学体系,从而夯实产教融合的根基。这个体系主要包含以下四个方面:

一是明确办学定位和培养目标,按照区域产业发展需要,聚焦分析问题、解决问题,培养动手能力,促进产教融合,学校在办学定位和目标上明确,面向区域经济服务。

二是优化培养方案,依据产业发展需求,科学设置专业并不断优化,制订完善专业培养目标,按照培养目标制订培养方案、学科建设、课程设置和学时安排,按照既有扎实的理论学习,又有丰富的实践历练的要求,与生产实际、社会实践紧密结合。着眼于增强专业教学的岗位指向性、任务明确性、要求具体性,完全基于现实工作标准的实训教学。

三是建设了一支资质合格的师资队伍,不断充实在线教师的理论功底,下功夫提高在校教师的实践教学能力,聘请企业或社会上品行端正、技术娴熟、经验丰富的管理人员、技术人员或资深技工担任学生的兼职教师,形成专兼结合、优势互补、资质合格、满足要求的教师队伍。

四是完善教学计划,对实践教学有刚性要求,绝对不粗枝大叶。做实实践教学环节,加强实践教学的条件建设,包括实践教学教材、实践教学材料、实践教学实验室、工厂企业和实训基地,以满足实践教学要求。实践教学有足够的学时,不凑数,更不让学生放养式应付实习任务。对实践教学的考试,指导教师从择业报告、教学实验到课程实习、毕业实践,像理论教学一样进行认真指导和批改,严格考验考核,并建成奖励机制,注重实践教学的导向。

当前学校正在全面开启建设"中国特色、世界水平的一流本科教育"的新征程,产教融合是工科类大学本科教育不可或缺的重要一环,继续发扬我校一贯重视的实践教学优良传统,从本科教育计划抓起,形成系统、完善、科学的实践教学体系,从而夯实产教融合的基础,为争创世界水平的一流本科教育添砖加瓦。

21世纪是中国经济腾飞和升级转型的世纪,我国是世界上最大的制造业中心,要想成为制造业兼创造业中心,必须依靠科技进步和创新驱动,首先必须大幅度提升高等教育的基础素质,通过加强学生实践能力的培养,为国家建设和社会发展培养更多有用的优秀人才,从而不断从整体上提高国民生产水平和经济建设与社会发展的质量。我校正在追求卓越、争创一流,推动学校核心竞争力和综合实力实现新的跃升,这就要继承发扬我校的"艰苦创业、开拓创新、争创一流"的"三创精神",加强产教融合,加强基础研究和科技创新,以体系化科技创新能力建设为核心,面向世界科技前沿、面向经济主战场、面向国家重大需求,加快各领域科技创新,力争掌握全球科技竞争的先机。

高校要实现文化传承与创新的功能,需要构建全过程、全方位文化育人的长效机制。教师是大学教育的主体,是大学文化的创造者、承载者和传播者。特别是名师,是学生的精神偶像和学校的精神象征,是知识的化身、人格的楷模、效法的榜样,对学生做人、做事、做学问都能起到潜移默化的作用。教师在学生心灵塑造及价值选择方面的引领启迪示范不可替代,故教师除教书之外,更要肩负起传道育人的神圣职责。

浙工大退休的老教授们,是学校发展70年来的亲历者,也是浙工大文化的创造者、践行者。老教授协会组织的"浙江工业大学文化研究"课题,其主要成果就是编写了大学文化研究方面的三本书:《大学学术文化与校史文化——纪念浙江工业大学建校六十周年文集》《厚德健行 取精用弘——浙江工业大学文化研究文集》《累积平凡 铸就非凡——浙江工业大学"三创精神"研究文集》。三本书共120余万字,是众多老教授亲身经历、亲身体验的践行者实录,是工大文化的创造与传承的写照。在这三本书陆续编辑出版的八年中,已有十多位老教授作古,如毛信德、徐崇嗣、马端春、沈德隆、濮阳楠等。所以,编辑出版这三本书,某种程度上也是在抢救和发掘工大文化。现在我们又编辑出版了这套丛书的第四本书《经世致用 踔厉奋进——献给浙江工业大学七十周年校庆》,是这一探索的进一步深化。

浙工大建校七十周年的庆典快要到了,这四本书的编辑出版,也是我们这个老教授群体努力发挥余热,向浙江工业大学表达深情厚谊、贡献微薄力量,献给建校七十周年大庆的一份深情厚礼。

当教师不容易

陈文光　唐　明

　　光阴荏苒,岁月无情。我们都是20世纪70年代先后走上教师岗位的,讲台上站了30余年,退休后在学校的主讲教师资格认定办公室继续忙活,转眼又是13年。回首我们在浙江工业大学40多年的从教历程,以及和各年龄段教师的广泛接触,我们深深感受到:当教师不容易,当好教师更难。

　　今年我们迎来了第三十八个教师节。在中国,教师节是我们党和政府第一个专为某个职业设立的节日。人们说教师是"太阳底下最光荣的职业",是"人人羡慕的行当",实际上那些不仅是闪烁在教师头上的光环,也是压在教师肩上的重担。想当初,我们走上教师岗位,并非全是出于个人心愿,也并不懂得这些光环和重担,是各种社会因素把我们推上讲台的。当时只想着:既然当上了教师,就要好好干,做一名合格的教师。我们认真地干了,也慢慢地体会到了教师的艰辛、不易和责任。

　　当教师艰辛吗?——非常艰辛。当教师的,每天心里记挂的都是学生、教材、课堂、作业、考试、升学……从来不敢稍有懈怠。教师起得最早,睡得最晚。别说八小时工作制、上下班打卡,教师其实没有这种时间概念,只会在三尺讲台上分秒必争,上好每一堂课。教师几乎每天都要挑灯夜战,只是为了第二天在课堂上不留遗憾,为了作业的批改能够对得起学生。教书其实也是重体力活,课堂上的长时间站立、走动、大声宣讲、用力板书,常常令教师们声嘶力竭、腰酸腿疼、膝盖老化,面对几十、几百名学生的长时间讲授,给许多教师带来了声带和咽喉的严重职业病,更别说教师们普遍用眼过度、颈椎腰椎变形。许多人羡慕教师有寒暑假,殊不知,那只是另一种形式的工作时间。为了提高学术水平、提升教学能力、完善自我,为了钻研课题、完成实验、发表论文,他们在寒暑假不知要花多少时间、耗多少心血、经多少磨难。

　　当教师容易吗?——很不容易,想当一名好教师更不容易。教师不只是一种谋生的职业,更是一项难度很高的事业。有道是"学高为师,身正为范",好教师首先要"学高为师",这个"高"字就把对教师的要求提升到很高的层次,要求你有深厚的专业功底,要有超人的学术造诣,要敢于独立思考、勇于创新。而"为师",则要求你能深入浅出、厚积薄发地向学生们"传道授业解惑",这不但需要学问高,还需要教学艺术高,教学中不但要精神昂扬、循循善诱,要有充沛的工作精力,还要有应对学生各种质疑提问的敏捷而清晰的反应思路。这些,都是需要凭借多年的教学经验积淀和淬炼的。

当教师责任重吗?——非常重。教师被尊称为"人类灵魂的工程师",他们的工作是"育人""树人""立人",工作对象是活生生的人,而且是成长中的、可塑性最强的青少年,所以要格外精心、铭记责任。"好教师"必是爱学生的,因而也必是呕心沥血、具有无私奉献的忘我精神的。人们在描写教师职业时说,"教师就像蜡烛,燃烧了自己,照亮了别人",这其实就是教师价值的体现。"好教师"才不在乎教室里有没有监控探头,满课堂的学生们那几十双、几百双渴望和信任的眼睛,就是最好的监控,足以让教师谨言慎行、认真讲课。即便是离开课堂甚至出了学校,"身正为范"也在约束着教师们,要使自己的言行举止成为社会世人的模范,要为社会风气传输正能量。这些,就是"教师的责任和良心"。

我们从事"主讲教师资格认定"工作十多年中,和各种专业的年轻教师、中年教师、老年教师有广泛的接触交流。我们发现,没有哪位教师不想成为一名合格教师、成为一名好教师的。

刚刚跨入教师队伍的年轻教师来学校就职,总要先对学校、学科的现状有一个了解的过程,总希望能够得到同僚和领导的关怀帮助,使他们全身心地投入教师工作的新岗位,即便接手的新课程是自己学科的边缘,比较生疏,他们也会克服困难,勇敢承担。他们会花更多的时间去备课、听老教师上课,花更多的精力去琢磨如何上好每一堂课。还有做实验、搞科研较多的教师,每有心得体会,也总是会融入课堂,给原有的教学内容补充新意,努力把理论教学与科研进展结合起来,提高教学效果。

到了一定年龄,经历过若干年历练的中年教师们,常常会回头看看这些年的"忘我之路"。或许有人会感叹:为了事业,忘了家庭,忘了爱人;为了别人的孩子,疏忽了自己的孩子。一心想成为合格、优秀的教师,却忘了如何成为合格、优秀的父母。不过换个视角也许会意识到,爱护自己的孩子,这只是所有动物都会有的生物性本能,而爱护别人的孩子,才是一种超凡的人类大爱,才是一种无法抗拒的神圣境界。

到了老年,到了退休,才会感觉到退休教师更不容易。岁月沧桑、饱经风霜,两鬓苍苍、两眼茫茫,牙齿松动、腰痛腿软,许多感受也面目全非。回到原来熟悉的校园,看见满园鲜活朝气的学生,却发现这一切已经生疏。回到原单位、原科室,一屋子年轻人个个低着头干事,无人相识,也无人打招呼,因为他们更忙。于是,许多老同志不太愿意主动回原单位看看。老人原本就有精神不振、反应迟钝等生理现象,被冷落之后更生出几分凄凉、几分伤感,唯有回顾往事时,还有几分欣慰:曾几何时,自己也曾跟着潮流披荆斩棘、勇攀高峰,也曾乘风破浪、勇往直前,也曾冲锋陷阵、勇挑重担,也曾为人师表、培育英才。往日的那份浪漫、那份执着、那份期盼,在惆怅与迷茫中还能给自己留下一丝心灵上的安慰。有的退休教师偶尔来到我们办公室闲聊,常常提到追梦"优秀教师"的过往记忆:"有时我在整理房间的时候,会看到一叠厚厚的荣誉证书,一本一本地翻开,思绪万千,心情难以平静。看着那些'优秀教师''优秀共产党员''优秀教学科研奖'等荣誉,想起当年这些证书的获得过程,无一不倾注大量的心血。然而,这些金光闪闪的荣誉证书体现了什么?究竟有多少价值?有时沉思良久,难以回答。事实上,那几十年,在我们的工作中,许多教师和我干同样的工作,有的干得比我还要好,但是他们却不一定能获得这些荣誉,当年的各种原因其实很复杂,只是机遇善待了自己。这些证书,只能说明我尽到了当教师最起码的职责,想想其他教师的努力,我又感到问心有愧。"

退休之后,有关部门领导安排我们承担主讲教师资格认定办公室的工作,听听年轻教师的授课,给年轻教师提些建议。这也许算是对我们几十年教学工作的肯定评价吧,或许也算是我们人生价值的部分体现。这十多年,我们主动走入各种教室听课,没有上千也有八百,并且与上千位教师交流过教学体会,我们感觉到,现在当教师比当年的我们更不容易,年轻教师的成长之路比我们曾经走过的路会更难。

年轻教师,不管是博士还是博士后,刚进校门就要参加岗前培训,以便了解校情校史、提升师德师风、提高教学科研技能,以期更快地融入浙江工业大学这个大集体,尽早为浙工大的发展做出贡献。为了能够获得那本高校教师资格证,还要参加一系列培训,接受一系列考核。拿到资格证以后,只是具有了当大学老师的资格。然后,为了职称的晋升,还要忙忙碌碌若干年,殚精竭虑上讲台、踏踏实实做实验、苦心孤诣发论文,如果职称名额有限,还要在同学科人群中竞争。再然后,获得讲师及以上职称以后,还要为站稳讲台再上一个台阶——取得主讲教师资格。前几年我们发现,有的教师都进校十多年了,还未获得我校特有的主讲教师资格证,不能正名,只能挂在别人的名下上课,虽然满腹牢骚,但也只能望书兴叹。再者,尽管每学期都在辛辛苦苦地思考如何才能尽心地教书育人,期末却还要接受学生们的学评教检验。评级评岗,更是折腾教师,全方位地品头评足,几乎每几年都要从头再来一次。

退休之后,与各种年龄段的教师打交道十几年,我们总能从他们身上找到自己往日的影子。年轻教师刚踏上教学岗位,为了能够当一名合格教师,他们都在不断努力、不断奋斗,同时也需要有人指点、有人关怀。我们作为年轻教师的指导教师,理应诚心诚意地为他们服务,为帮助他们尽快入轨、提高教学能力,尽一份绵薄之力。

　　能与众多年轻教师交流探讨,是我们的荣幸;能为年轻教师服务,也是我们的职责所在。多与学生、年轻教师在一起,我们会获得许多的感染激励,会感到自己也变得更加年轻阳光。心态年轻则精神饱满,精神饱满则星光灿烂,希望当我们告别教坛的时候,能有一点点光环,能给自己的人生画上一个圆满的句号,不留遗憾。

浅谈师德修养

姜一飞

师德修养的内涵是非常丰富的,它既包括教师内在品质方面的修养,如公正、爱生、以身作则、献身社会主义教育事业、热爱科学、追求真理等等,也包括外部行为方面的修养,如稳重、沉着、外表端庄、语言规范、衣着整洁大方等。师德修养应当是内在品质修养和外部行为修养的高度统一。

从一般意义上讲,师德修养包括两方面的含义。其一,师德。就是教师的职业道德素质,是指教师在从事教育、教学、科学研究及其他职业活动中,调节和处理与学生,与社会、集体,与自然环境,与职业道德的实施原则。其二,修养。这是一个与师德密切相关的范畴,它不仅意味着师德的自觉性与能动性,是师德自我建立的主要或者说是根本的途径。个人的"修身养性","修犹切磋琢磨","养犹涵养熏陶",要求教师遵循师德的标准,个人不断地进行整治、改变、修炼、修明和培育、发展、提高。一般来说,任何师德修养都有要达到的最终目的,有一个贯穿其中的道德修养的基本实施原则。这个目的就是进行道德修养的活动的方向,而原则对师德修养的规范和要求也有着十分重要的指导作用。

师德的内涵:一是教师对待教育事业的道德;二是教师对待受教育者的道德;三是教师对待同事和教师群体的道德;四是对待学生家长及其他社会人员的道德。

不同时代有不同的道德观,不同职业有不同的道德内涵,但无论哪个时代,也无论何种职业,道德观念必有其共通的地方。教师作为社会的一分子,其师德内涵必然融汇于整个社会公德之中;而教师的特殊职业与地位,则决定着师德必然对整个社会公德产生极大影响。教师的师德决定了教师的素质,教师的素质又决定了教育的质量,因而师德建设是教师队伍建设的核心。作为一名教师,只有不断提升自身的师德修养,才能做到与时俱进,适应新时期发展的需要,完成教书育人的重任。

师德是教师最重要的素质,是教师的灵魂。一方面,师德决定了教师对学生的热爱和对事业的忠诚,决定了教师执着的追求和人格的高尚;另一方面,师德直接影响着学生们的成长,教师的理想信念、道德情操、人格魅力直接影响到学生的思想素质、道德品质和道德行为习惯的养成。高尚而富有魅力的师德就是一部教科书,就是一股强大的精神力量,对学生的影响是耳濡目染的、潜移默化的、受益终身的。

被誉为"万世师表"的伟大的人民教育家陶行知先生非常重视师德修养,他本人为培育英才呕心沥血,百折不回,表现出崇高的师德;他精辟的师德理论,是21世纪师德建设的宝贵财富。他在强调教师地位和作用的同时,又中肯地指出"要人敬的必先自敬,重师首位在师之自重"。这"自重"的关键在于教师要提高自身素质,加强师德修养,他指出"我们深信教师应该以身作则","个人的一举一动,一言一行,都要修到不愧为人师的地步"。

"学高为师,身正为范",良好的职业道德是教师职业活动最基本的要求,教师是学生增长知识和思想进步的导师。教师队伍师德师风素质的高低,直接关系到素质教育的顺利实施,直接关系到青少年的健康成长,直接关系到全面建成小康社会和中华民族伟大复兴宏伟目标的实现,直接关系到祖国的未来。

教师应忠诚于人民的教育事业,热爱教育事业。社会主义的教育事业是人民的教育事业,是真正的天底下最光辉的事业。每位教师都应当忠诚于人民的教育事业,甘愿为人民的教育事业奉献自己的聪明才智。在实际工作中,兢兢业业、勤勤恳恳、不图名利、甘做蚕烛,在岗位上发出光和热。

教育家陶行知说:"捧着一颗心来,不带半根草去。"托起一缕真诚,用一颗对事业执着的心,忠于党的教育事业,无私奉献,爱岗敬业是从事教育事业强烈的使命感和职责感。

爱岗敬业,尽职尽责是教师基本的职业道德。教师从事的是一种培养人、教育人的事业,这对社会礼貌进步发展起一个推动作用,因此,教师职业关系着千千万万的自我价值和人生幸福,关系着学生自由而全面发展的程度。在教师岗位上,没有悠闲自在的舒适和安逸,只有默默无闻的奉献。认真负责、工作严谨是教师的需要,是道德职责感的体现,作为"人类灵魂的工程师"务必具有崇高的职业道德,在一行,爱一行,千万不能坐在这儿,这山望着那山高。

师德的另一体现是具有崇高的奉献精神。教师的工作责任重大而又极其艰辛。之所以说责任重大,是由于教师肩负着培育下一代接班人的责任。抽象地说,社会的未来掌握在教师的手中,之所以说艰苦,是由于教师工作条件艰苦,特别是在市场经济条件下,教师的社会地位、物质待遇较低,甚至处于相对清贫的地位。在此情况下,教师应当以社会责任为己任,无私奉献,否则,如果以待遇高低来决定工作态度,那么,就可能在知识传授、教书育人中,难当社会重任。

师德最外在的体现:以身作则、为人师表。教师在教书育人中,除了言传,更要身教,用自己的示范行为来教育学生,这就是为人师表。为人师表在一定角度上看,主要是强调教师要言行一致。要求学生学习的知识自己应当精通;要求学生崇尚的行为,自己应当行之;要求学生反对的行为,自己应当坚决杜绝。正所谓"其身正,不令而行",否则"虽令不从"。所以,每一位教师都应从自身做起,真正为学生树立一个模范的榜样,推动学生全面发展。

有人说:"如果一个教师把热爱教育和热爱学生结合起来,他就是一个完美的教师。"反过来说,如果我们只知道教书而不知道育人,那么,只能称其为"教书匠",所谓"人类灵魂工程师"也是空有其名。由此看来,"德"是赋予人灵魂的基石。道德的培养和提高,不管是对教师自身还是对学生都是尤为重要的。教师要根据学生的身心发展规律和认知规律,有的放矢地进行教育工作,做到晓之以理、动之以情、导之以行,要通过自己的表率、模范作用去感染每一个学生,教育每一个学生。明清之际的思想家孙奇逢曾说过,教人读书,首先要使受教育者"为端人,为正士,在家则家重,在国则国重,所谓添一个丧元气进士,不如添一个守本分平民"。这无疑也提示了我们:教师不仅要向学生传授知识,还要教会学生学会做人。所以在教学和生活中,要特别强调教师不仅要自重、自省、自警、自励、自强,还要做到以身作则,言行一致。只有这样才能"春风化雨,润物无声"。此外,教师既要善于汲取民族精华并赋予时代精神,还要善于吸收古今中外的先进经验和优秀文化,做到"古为今用""洋为中用"。教育学生敢于思考,勇于创新,既提高人文素养,又打好科技素质基础。

"言必行,行必果",行动实践远胜于说教。师德,不是简单的说教,而是一种精神体现,一种深厚的知识内涵和文化品位的体现。其实,在日常的教育教学工作中,我们教师都在用行动诠释着师德师风的真正内涵。师德需要培养,需要教育,更需要的是每位教师的自我修养!让我们以良好的师德,共同撑起教育的蓝天。

我们应该树立良好的师德形象。捧着一颗心来,不带半根草去。教师良好的师德形象是教师伟大人格力量的体现,教师不仅仅是社会主义精神文明的建设者和传播者,更是莘莘学子的道德基因的传递者。

教师的主战场是学校,学校的一切教育紧紧围绕着以育人为本、以德治校、以德立校,以质量求生存,以信誉求发展。古语有云:"师者,所以传道授业解惑也。"今人周济也曾指出:"教书育人,教书者必先学为人师,育人者必先行为世范。"说的都是为师者不仅要有广博的知识,更要有高尚的师德。优良的师德、高尚的师风是搞好教育的灵魂。

第一,自尊自重。"要人敬的必先自敬,重师重在自重。"教师要自敬自重,必先提高自身的职业道德素养。师德师风教育活动是改善教育发展环境,转变教育系统工作作风的内在要求,也是促进教育事业健康发展的有力保证。第二,诚信立教,首先要做到淡泊名利,敬业爱生,在为人处世上少一点名利之心,在教书育人方面多一点博爱之心。第三,创新施教,要做到以人为本,因材施教,同时要不断加强学习,与时俱进,学习先进的教学理念和方法,更新教育观念,掌握先进的教学技术和手段。

陶行知先生曾经说过:"道德,是做人的根本一环,不可缺乏的一环。不然,纵然你有一些学问和本领也无其用处。"教师在学生心目中,是知识的化身,是智慧的源泉,是道德的典范,是人格的楷模,是先进思想文化的传播者,是莘莘学子人生可靠的引路人。因此,教师以德立教、以身示教,与时代同步,锻造不朽师魂!

在中国,缺乏高尚师德的,专业素养绝不会是顶尖的;没有高超的专业素养,师德也会是苍白无奈的。师德修养和专业水平是相互促进、相互制约的。高尚师德的养成靠日常教育教学活动的磨炼。教师要善于从师德修养的角度发现问题和分析问题;善于从自我教学行为的变化改善师德修养。

我校的沈寅初院士是具有崇高师德修养的典范,他从加盟浙江工业大学以来,就以那种甘于为国家科技事业奉献的科学精神和人格魅力,无时无刻不感召和激励着郑裕国及其团队成员,使他们在科学研究的道路上攻坚克难,攀登了一座座科学高峰。沈寅初院士是这样诠释着何谓"高尚师德"的:"大学之大,不在大楼,而在大师。大师何以谓之?我认为,除了高深的学术造诣,更应具有宽宏的气度,这是高尚师德的重要内涵。"他这样诠释"师德",也是这样践行的,以自己惯有的气度和胸怀,一次次打破学术界的"惯例",把国际顶级刊物综述性论文"第一作者"谦让给年轻人。很多国内外学术交流的机会,沈寅初都让给了年轻人参加。有荣誉、奖项来了,他也总是尽可能把荣誉让给年轻人,把年轻人的名字写在奖项的前面。几十年来,沈寅初团队先后获得了20余项省部级以上的奖项,然而,很多奖项沈寅初都把自己的名字排在了后面。沈寅初院士认为:为了青年一代的成长,"我们要造就一批年轻的学术带头人,这是自然法则的要求,事业要有人一代一代传下去。老教师的责任或者主要任务是培养年轻人,要有这样的胸怀,要促进年轻学术带头人成长。老一辈的长处是经验积累比较丰富,但应该清醒地看到创新能力不如年轻人了,要把精力放在培养年轻人上面。这是学校发展的根基、学校发展的后劲"。他力倡学术的正气和和谐,"发挥团队作用,首先领头人要有先人后己的精神,吃苦在先、享受在后,在奖金分配、成果分享等方面都要体现高风亮节;团队内部要形成团结、和谐的氛围。一个团队是否团结、和谐,团队建设的好坏,责任首先在领头人,不要让无谓的内耗影响我们的发展"。人民网是这样评价沈寅初院士:"沈院士做人做学问的风范,可谓高山仰止,令人为之倾倒。"学校党委书记蔡袁强对沈寅初院士评价:"可以说,21世纪以来工大取得的每一项成就与辉煌,都离不开沈院士的辛勤付出。一直以来,沈院士爱校如家,具有很强的改革创新精神,为人、治学都尽显学术大家、教育大家的风范。沈院士的办学思想、治学精神、人格魅力对学校的发展产生了深远影响,已成为工大人宝贵的精神财富。"

我们已步入一个信息化的时代,教育环境的改善,多种媒体的介入,一个班学生的信息占有量远远超过一名教师,"吾生也有涯,而知也无涯"。因此,教师必须是一个终身学习、始终站在时代前沿的人。教师的专业结构应是处于不断流变、革新之中的,因为教师专业总是面临着新的挑战,其整个专业活动之中充满了创造性。寻求自身的发展的教师,会把自我的发展与职业的要求结合起来,把教学的成功与持续不断的学习结合起来。并且不安于已有的成绩,始终像一名田径场上的起跑者,以昂扬的士气、精益求精的态度、学而不厌的精神超越自己。

灯下随笔

郁云泉

2020年,中国北斗三号系统建成,2020年7月31日,习近平总书记正式宣布,"中国北斗卫星导航系统"向全球开通。

2022年6月,中国自行设计制造的003航母(福建舰)正式下水,福建舰排水量超过八万吨,中国列入世界第二航母大国。

以上两则消息对我国乃至世界来说都是大事,对于我个人来说,我内心无比高兴,因为,导航与舰母是我毕生学习与培养人才的追求。

1990年初,我应"中国造船工业史料集"编委会之约,写了一篇"培养导航人才是我毕生的追求"的文章,被载入史册,由此引发我思考了许多值得回忆的往事,每日白天想想,夜晚提笔写写,所以此文名"灯下随笔"。

读《新时代的中国北斗》白皮书

1. 中国的北斗,世界一流的北斗

2022年11月4日,《新时代的中国北斗》白皮书正式发表。白皮书是由官方制定并正式对外发表成为国际公认的官方文件。可见,中国北斗白皮书所述的内容是国际公认的,是权威性的。

我一面读白皮书一面回忆,学到了不少新知识,加深了认识,也引发好多思考。

我想起,1991年美国对伊拉克发动海湾战争,在极短时间内就把伊拉克全国军事指挥中心及许多军事设施几乎全部摧毁。海湾战争使人们意识到美国的GPS卫星系统在军事上的主导作用,并以此将现代战争推进到信息战。

还有,1993年,我国的"银河"号货轮在海上失去导航信号后,在海上漂泊了好久。

所有这些,使我国意识到建设自己的卫星导航系统刻不容缓。

1994年,我国开始立项研发自己的卫星导航系统,并取名为"北斗"。

2000年,建成北斗一号系统,服务中国,采用有源定位服务。

2012年,建成北斗二号系统,服务亚太地区,采用无源服务。

2020年,建成北斗三号系统,面向全球卫星导航服务。

这标志着,北斗系统分三步走的战略任务胜利完成,现在我们说的中国北斗系统,就是指北斗三号系统。

2020年7月31日,北斗三号卫星导航系统建成暨正式开通仪式在北京人民大会堂隆重举行,习近平总书记出席并宣布北斗三号系统正式开通,并对北斗系统建设取得的成就给予充分肯定。

1994年北斗工程刚开始时,只是在当时总参测绘局的招待所三楼的一间约20平方米的房间里,迈出了26年征程的第一步。

在我国北斗系统开通之前,美国的GPS系统是单极格局的标杆,当我国的北斗一号系统建成之后,欧洲、日本、印度也纷纷立项建设卫星导航系统。如今,中国的北斗成为多极格局的顶梁柱,中国的北斗是世界一流的北斗,其背后是一个强大的国家支撑,是集中力量办大事,大规模的团队合作取得的,是自力更生、艰苦创业的精神支柱取得的。中国的工业体系是完整的、独立的,不受制于人,其核心技术掌握在自己手中。

衡量卫星导航系统的质量是多方面的,但主要是定位精度与授时精度以及测速精度,影响上述精度的重要因素是无线电干扰。在无线电干扰的环境下提高精度,是世界级难题,无数北斗科技人员迎难而上,经过艰苦努力之后,中国北斗的抗干扰能力足足提高了1000倍。定位精度为1米,测速精度为0.2米/秒,授时精度为10纳秒(1纳秒=1/10亿秒,北斗研制成功的铷原子钟300万年误差为1秒)。大家不要小看授时精度这个数据,据测算,1纳秒导致距离差为3米,如果授时误差为1秒,则距离差为30万公里,可见如今信息战的年代,关键就在于原子钟的授时精度。

中国北斗的"心脏"就是原子钟,中国北斗人研发成功了铷原子钟。20世纪60年代中国有了原子弹,如今中国有了原子钟。

关于定位精度,主要在于选择优越的地球轨道,美国1938年就研发了GPS系统,1964年开通,所以优越的地球轨道已被美国"捷足先登"。北斗的科研团队虽遇到了这个难题,但北斗人选择了三个地球轨道:GEO轨道(地球同步轨道,离地球36000公里);IGSO轨道(倾斜地球同步轨道,离地球36000公里);MEO轨道(地球中圆轨道,离地球20000公里)。

在上述地球轨道上共设置了30颗轨道卫星,采用这样的星座方案覆盖全球,提高定位精度,扩大应用范围,使北斗的服务性能与服务范围与美国的GPS相当,同时,GEO、IGSO轨道卫星始终在我国上空移动,定位精度更高,应用范围更广。

北斗地球轨道

例如,2019年武汉暴发新冠疫情,当时急需在一周之内建成一座大型方舱医院,如果按照建筑测量方法,寻找方舱四个构成正方形的坐标,一周时间都不够,而采用北斗之后,一座大型方舱医院一周之内建成了。

又如,东北是国家的大粮仓,种植面积很广,北斗可以"一目了然"发现禾苗的生长情况,并把信息发给相关的无人机立即前去处理。

北斗系统犹如一条修好了的大路,使大家可以驰骋起来,将其终端与5G智能网联,可以应用到方方面面,改变人们的生活方式,造福全人类。

中国北斗系统还免费为中国周边地区服务,收敛时间为30分钟。

中国北斗进入国防、民航、国际海事、搜救卫星、移动通信等国际组织并提供服务。到2035年,无论地面、地下、室内,还是空中、深空、太空,都会有北斗,都有中国的时空体系。

中国北斗大有可为,必将为世界航海航天事业做出更大贡献。

2. 事业培养人才,人才造就非凡

中国北斗对人才是如何培养的呢?

中国北斗提出,坚持以事业培养人才,团结人才。为了推动人才建设,建重点实验室,构建人才培养平台。北斗的科技人员克服了许多世界科技难题,成就了北斗事业,也为自身获得了科技成就,我想这就是北斗事业培养人才的深刻意义。

北斗并没有停留在这个起点上,他们将继续建重点实验室,加强定位导航基础理论研究,让更多的科技人才在这个平台上继续展现自己的才华,为北斗取得更大的成就,为国家创造一流的技术。北斗事业培养人才,人才创造新的北斗。

传授与激励

习近平总书记说过：三寸粉笔，三尺讲台系国运；一颗丹心，一生秉烛铸民魂。作为一名老师，我在讲台前平凡工作了几十年，对习近平总书记的话都会有深刻的体会。

我们向学生传授知识，同时激励他们刻苦学习，把学到的知识变成智慧，为国家建设出力，成为有用之才，教师平凡的累积，铸就学生未来的成就。

高楼万丈平地起，其基础是一粒粒小沙子与小石头构成的，是设计师与工人们辛勤劳动建成的。教师的工作，又宛如大楼地基中的一粒粒小沙子与小石子，是同一个道理。

大家知道，上海陆家嘴有三座标志性大厦，上海中心大厦高 632 米，上海环球金融中心高 492 米，金茂大厦高 420.5 米，可以想象，这么高的大厦，其基础工程多么重要。三座大厦建好后，如何来检查基础工程的质量呢？三座大厦的建筑师们，把三座大厦的最高点，在空间上必须构成一个连续性的光滑弧面作为检查三座大厦基础工程的质量标准。为了防止大厦震荡，他们根据惯性原理设计了一个很大的防震装置，保证大厦安全平稳。如果没有牢固扎实的强大基础，就不会有高楼大厦。教师向学生传授基础知识与大厦的基础是一个道理。

1. 基础理论是科技创新的基石

如今水面舰艇或船舶在海上航行，可分别由陀螺罗经指示航向，卫星系统显示定位，但目前对潜艇来说，无法接收空中信号，只有惯性导航系统可以为它提供自主或定位导航。惯性导航的原理是：利用数学中将加速度进行二重积分运算，来获得位移坐标，即经度与纬度。

数学中的积分知识，表面上看是计算曲线包圈的面积，但其实质是计划位移坐标。或许有人会问，用等速运动进行一次积分计划移位坐标更简单，为什么非要用加速度二次积分运算呢？这是因为等速运动是很难实现的，尤其在海上，所以利用瞬间加速二次积分获得位移坐标才是正确的、精准的，这就是基础理论的重大意义。

任何一项科技创新，首先要确定它的数学模型，只有数学模型是正确的，该项科学发明才会成功，惯性导航系统是一个十分典型的例子。

1955 年至 1960 年间，我在上海船校讲"造船原理"，并带领学生毕业实习和毕业设计，跑遍了国内大型造船厂，如上海江南造船厂、沪东造船厂、中华船厂、武昌造船厂，还有大连造船厂，目的是让学生尽可能多地熟悉实际知识。

造船是在船厂露天船台上工作的，我与学生们穿着厚厚的帆布工作服，和工人们一起劳动。

一艘排水量几千吨的船造好后要下水,工艺要求很高很复杂,不允许有任何差错,这是一个造船技术人员必备的知识与技能,我常把学生带到现场,跟着工人在船底下看、学、记,并写出实习报告。

根据流体力学原理,船从头至尾必须设计成流线型,可是有一种"球鼻形"船,在船艏底部设计有一段"长鼻子",其横向截面又是圆的,所以称为"球鼻形"。在20世纪50—60年代,此种船型没有被人重视,我对此船型可谓"情有独钟"。

根据流体力学原理,当巨大的海浪出现在"球鼻形"船艏时,海浪的波峰很快变为波谷,在船艏侧向的波峰也变为波谷,这就大大减小海浪引起的兴波阻力,减少能耗,又不降低船速,"球鼻形"的内舱可以安装声呐等测深设备。

每当我讲到这部分内容时,我总要提醒同学们,当我们国家造航空母舰、造大船时,一定会采用"球鼻形"船的结构,可是多年来一直没有见此船型出现。

2022年6月,我国自行设计的003航母(舷号为18)福建舰正式下水,福建舰就是采用"球鼻形"结构,舰长316米、宽78米、吃水11米,排水量8万多吨,已列入超级航母,中国已成为世界第二航母大国。此外,我国的055大型驱逐舰、大型集装箱船,也都采用"球鼻形"设计。

003航母福建舰

我虽然几十年不教造船专业课了,但当我看到003航母时,感到特别亲切、自豪,这是我国经济实力、科技实力、军事实力强大的表现,基础理论迟早是会发光的。

2. 实践是学习基础理论的重要环节

无论是陀螺罗经还是惯性导航系统,其实质就是以陀螺仪为敏感元件的随动系统,是典型的机电结合型专业,是以数字技术与精密机械组成的传动装置,专业口径很宽。为了使学生学好专业知识,必须要有一个较好的实践环节的训练。

我们对某一海军急需装备的"反潜武器"进行试制,因为它"五脏俱全",很适合学生实践技能的训练。当将此"反潜武器"试制成功之后,立即装备海军,为学生实践训练创造了机会,又为海军建设做出了我们的贡献。

接着,我们将"反潜武器"原有的系统改为半导体技术系统并获得成功。实践表明,随动系统小型化、微型化是可行的,并且会有更大的发展。尤其当今许多企业的车间里看不见工人,只看见许许多多智能化的机器人手臂在操作,不管机器人手臂上有多少个小手臂,它们都是小型化、微型化的随动系统,所以早就想建一个随动系统实验室,可为惯导系统做准备,也为开发智能化机器人手臂做准备。

建此实验室的思路是:教学相长,教学、科研与生产相结合,在教师指导下,师生共同参与科研,成熟一项投产一项。知识产权可以归个人所有,也可归团队所有,创出一条实验室的新路。

我们这个想法曾多次向中船总公司有关领导来杭州船校视察工作时向他们提出,请支持建此实验室。我说:船舶导航专业在全国中专学校中唯有杭州船校设此专业,并且已办学20多年,也是中船总公司唯一设此专业。造船工业发展需要导航技术人才,建此实验室很有发展,他们表示支持。

记得有一次我在中船总公司大连疗养院疗养时,一天晚上,时任中船总公司总经理王荣生同志与我们共进晚餐,我借机也与他讲过我的想法与要求,他也表示支持。1960年我在武汉时他是武汉船厂的厂长,我也见过他,后来他调去第六机械工业部任造船局局长,我也见过他,都是谈导航专业建设的事。

我们导航实验室有三台陀螺罗经,一台是美国的,一台是苏联的,一台是国产的,其中苏联的一台是时任六机部部长边疆同志亲自批准从军库中调拨给我们学校的,可见部领导对"导航专业"的重视。

中央各部委进行体制改革,所有院校下放地方,杭州船校与浙江工业大学合并,当时我已退休,但仍抱着希望,希望地方政府能从大局出发,能保留并办好导航专业,并再建一个随动系统实验室,这对浙江自身发展也是有利的,能给学生有一个值得回忆自己在此成长而骄傲的母校。对于在此把毕生精力建设导航专业、培养导航技术人才、从事教学工作几十年的教师们来说,也有一个实实在在的成就感。

可是如今,之江校园一片静悄悄,俱往矣!问苍天!!

但校园中,多年前种下的树苗,如今树根强劲有力,树干长得又粗又壮,又高又大,树叶茂盛葱绿,树人同种树是一个道理。

3. 我对教师人生价值的认识与实践

1960年,我调去武汉船校,筹建船舶导航专业,学校早已从上海招了几十名学生,那时湖北武汉经济十分困难,供应很紧张,加上武汉夏天很热,有"火炉"之称,少数学生想返回上海,我与全班同学围坐在一起促膝谈心。我说我不会做思想工作,但我们可以以心换心讲心里话,学校把你招来,发给你们助学金,希望你们好好学习,毕业后学会一门专业技术,成为一名中专技术人才,可是你们少数人却想返回上海,坦率地说,你们父母工资收入并不多,你们年纪轻轻不想学习合适吗?现在你们完全有自己选择的能力。

我的话音未完,全场一片掌声,有好几位同学纷纷站起来,有的女同学流着眼泪表示,不再有回上海的想法了,留在学校安心学习。接着,我与所有同学一一握手,那种场面我也很感动,至今仍在脑海里。

接着我又说:我们一起把武汉船校看作是一座"熔炉",一座革命的"熔炉",我们老师与你们一起往里跳,经受锻炼。我又说:我们一起共同努力,创造一个新的"船舶导航专业",把你们培养成本专业的首届毕业生。

全场又是一片热烈的掌声。

由于学校条件有限,为了教学质量不受影响,我们利用最后半年时间,克服种种困难,在上海442厂进行毕业实习和毕业设计,与工人一起上班,学习仪器装配与调试,写出实习报告与毕业设计说明书,画出陀螺罗经的电路总图与结构图,并请工厂技术人员与工人师父提问答辩并评定成绩。

1962年底,"船舶导航仪器"专业首届学生顺利毕业。

1964年,我在上海求新造船厂联系工作,一位学生热情地叫我,一看是武汉船校的毕业生。他告诉我,他现在负责船上导航仪器的安装与调试,全厂只有他一个人懂此技术,感到很高兴。我问他家中好吗,父母好吗。他说:"都很好,谢谢郁老师。"

武汉船校原先是第一机械工业部的干部学校,学员是来自全国各大型机床厂的领导干部,如昆明机床厂、上海机床厂、齐齐哈尔机床厂等,有厂长、副厂长、技术科长及车间主任、经验丰富的老工人等等,培养目标是大专。

我刚到学校,既要领导船舶导航专业的筹建,又要负责干部学员班的"材料力学"讲课,教务副校长讲"理论力学"课。给我的教本是苏联莫斯科大学"材料力学"俄译本上、中、下三册,以前我没有讲过此课,我翻阅全书以后答应任课,授课学时为一学年。

教本内容很多,如何取舍是一大难题。我根据学员的实际水平及授课学时编写了授课计划、讲课提纲、备课笔记,真可谓废寝忘食、十分认真,讲课尽量做到少而精、简而明,精讲多练,每当做完一个大型作业,他们普遍反映相当于在工厂一项技术设计,既有计算又有说明书等。

教完一届"材料力学"课程之后,我看到一本清华大学编的《材料力学》,发现其内容几乎全是莫斯科大学《材料力学》的摘录,且与我的讲课内容相当,我对干部学员说,你们学的"材料力学"完全达到大专水平或超过大专水平,加上你们有丰富的实际经验,相信你们回厂后,一定会把工厂办得更好。

干部学员有人抽烟,他们总是在教室走廊里抽,见到我就主动丢下烟头,我对他们说,你们称我老师,我称你们为师傅,我讲基础理论知识,向你们学习丰富的实际经验,我们教学相长。我一共教了两届,与干部学员结下了深厚的友谊。

大约是在 1987 年前,我写过一篇文章投稿给《中国舰船》杂志,过了不久,该杂志回信说我的文章不适宜在本杂志发表,已把文章寄给航海杂志社。后来,我接到航海杂志社的来信,寄来一份我的稿件清样要我修改准备发表,我没有什么修改,寄回给航海杂志社,不久,我的文章在《航海》上发表了。

1987 年 10 月,我去上海海运学院出差,接待我的是一位老师,当他看完我的介绍信说:"你是郁老师?"我说是,他又说:"我看过你的文章,今天见到你本人了!"我说谢谢!

当我们谈完我联系的工作,准备告辞时,他对我说今年年底在上海召开国际海事会议,他是会议筹委会成员,邀请我参加,我表示愿意参加会议,不久就寄来了邀请函,如期参加会议。

参加这届国际海事会议的有世界各国造船、航海、导航等方面的大公司大企业的代表,也有各有关院校的代表等,国内也有许多工厂企业参加。在此会上,我也见到了上海交大我的老师,会议开了一周时间。

在会上我听了几场专题报告,我主要是收集各国展台上的资料。

开幕式的当天晚上,时任上海市市长的江泽民同志在上海展览馆举行欢迎晚宴,晚宴是以自助餐形式进行的,我亲眼看到江泽民同志,他穿着普通的便服、半旧不新的皮鞋,面带笑容地与大家招手示意。

2022 年 11 月 30 日江泽民同志不幸逝世,2022 年 12 月 5 日,习近平总书记陪送江泽民同志的灵车开往八宝山,我在电视机前站立,目送全程。2022 年 12 月 6 日,在北京人民大会堂举行追悼会,我仍在电视机前站立看了全过程,静静默哀,向他三鞠躬,寄托哀思!

1951 年至 1955 年,在大学四年学习期间,没有教材,各门课程都是老师编写的讲义,我听课认真记笔记,晚自修一面看讲义,一面看课堂笔记,然后整理成复习笔记。我们班有一位来自香港地区的同学,他说讲义上不少内容都是当前最新的资料。

毕业前,我们把四年来各门课程的讲义送到上海一家印刷厂,整理装订成一本本整齐又厚的"书",一共有 20 多本。我十分珍惜,把它们装在布袋里带回了家。我母亲看着我带回的讲义说:"你脑子里装这么多知识啊!"又说:"四年来你吃的住的都是国家的。"我指着那一袋讲义说,这些书也是国家发的。接着我母亲又语重心长地说:"现在你当老师了,要把所学的知识好好教给学生!"我说我会的,一定会的!

2022 年 12 月 12 日

"同心"思想浅析

姜一飞

学校工会提出"工大同心"这一响亮口号,作为激励全校师生员工在习近平新时代中国特色社会主义思想指引下,全面落实立德树人根本任务,加快建设"区域特色鲜明、国内一流的研究型大学",为推进浙江省"重要窗口"、社会主义现代化先行省和"高质量发展建设共同富裕示范区"建设,助力实现中华民族伟大复兴做出新的卓越贡献。

"同心"思想,即以同心为内核,以思想上同心同德、目标上同心同向、行动上同心同行为基本内容的思想体系的总称,从客观上看,它根植于几千年的中华文明,渊源于以"同""和"等思想为表征的中华传统文化,孕育于中国民主革命的丰厚土壤,凝聚于1949年9月政治协商会议的召开和《共同纲领》的制定,流淌于中华人民共和国成立后社会主义建设的曲折长河,迸发于中国共产党领导的多党合作的伟大实践。从微观来说,它直接源于毕节试验区建设和科学发展的成功探索,直接源于统一战线服务科学发展"毕节模式"的形成过程和同心工程的生动实践。

在中国革命、建设和改革开放历史进程中,各民主党派从认同到最终选择并坚持中国共产党的领导,与中国共产党同甘共苦、同舟共济,形成了牢不可破的同心品质,具有厚重的历史性,鲜明的时代性和巨大的包容性。同心同德、同心同向、同心同行,三者互相印证,互为因果,同德是"同心"的思想根基,同向是"同心"的目标要求,同行是"同心"的外在实践,三者相辅相成、相得益彰,形成体系,彰显着"同心"思想的夺目光芒,指引我们夺取革命、建设和改革事业不断取得新的胜利。

"同心"思想渊源

要说"同心",可以追溯到历史上中国共产党和各民主党派的同心实践,而在中国新民主主义革命时期,中国共产党和各民主党派之所以能"同心",其历史渊源是因为只有"同心"才能共生。"同心"思想的制度选择是共存,各民主党派在中国历史上能与中国共产党同心协力,还经历了几次以共存为核心内容的制度选择与制度完善。"同心"思想的社会效应是共荣,各民主党派与中国共产党的同心合作,极大推进了我国经济社会的发展,维护了社会的稳定。多党合作的事业在同心同德的旗帜下,焕发了制度魅力,那就是共荣。"同心"思想是新时期多党合作事业顺利发展的保证,而践行"同心"思想最重要的就是因为其中蕴含着共赢的价值内涵。

"同心"思想是当前社会背景下凝心聚力的保证,是建设中国特色社会主义事业,实现中华民族伟大复兴的保证,只有这样才能国家富强、社会稳定,才能共赢。只有"同心",形成的团结联合才能牢不可破、历久弥坚;只有"同心",才能凝聚人心、汇聚力量。坚持"同心"思想,实质就是坚持中国特色社会主义统一战线理论。

"同心"思想精神实质

当前,随着经济社会转型、发展方式转变,统一战线成员,坚持党的领导、建设中国特色社会主义的思想共识不断巩固,同时价值取向、思维方式和愿望诉求日益多样。进一步巩固壮大最广泛的爱国统一战线,必须正确处理一致性与多样性的关系,使各种意见在统一共识的基础上相互借鉴而不对立、各种诉求在共同利益的基础上相互尊重而不冲突,始终保持和谐发展。坚持"同心"思想,实质就是通过求同存异不断增进一致性、包容多样性。

"同心"思想主要体现为思想上同心同德、目标上同心同向、行动上同心同行,强调理想信念上的共识、道路方向上的一致、具体实践上的协力,在不同时期表现为特定的内涵。当前,思想上同心同德,就是要始终坚持中国共产党的领导,坚持中国特色社会主义道路、理论体系和制度,自觉践行社会主义核心价值体系;目标上同心同向,就是要高举中国特色社会主义伟大旗帜,共同致力于全面建成小康社会和中华民族伟大复兴;行动上同心同行,就是要自觉投身于中国特色社会主义伟大实践,全面推进社会主义经济、政治、文化和社会建设。这些是统一战线最核心的价值追求,需要引导广大成员不断深化思想认识、提升精神境界,进一步夯实团结奋斗的牢固基础。

"同心"思想既体现了统一战线的根本原则和要求,又包含与时代发展相适应的鲜明特点。具有增强共识的教育性,强调引导统一战线成员增进对中国共产党领导的高度信任,对中国特色社会主义道路的高度自信,对中国特色社会主义理论体系的高度自觉,对中国特色社会主义制度的高度认同。具有凝心聚力的整合性,通过共同理想的感召、共同目标的激励、共同利益的维系,将统一战线成员的智慧和力量汇聚起来,为党和国家事业发展提供有力支持。具有尊重多样的包容性,不是追求表面的一致和形式的统一,而是以求同存异弥合分歧、以民主协商扩大共识、以和谐共赢深化合作,从而达到更高层次的协调一致。具有推动实践的指导性,指明各领域工作开展的着力方向,是衡量统一战线服务党和国家工作大局成效的重要标准,体现在履职尽责和发挥作用的各个方面。

"同心"思想实践

"同心"思想源自实践,也指导实践。在"同心"行动实施过程中,要突出"同心"思想的引领作用,增强与党和国家中心工作的关联度,立足服务发展稳定的大局高标准谋划,坚持发挥优势与凝聚共识并重,更好地彰显与党同心、与人民同心的真谛。着眼"同心"思想的目标追求,最大限度地团结引导各方面力量,积极参与中国特色社会主义建设的生动实践,为推动科学发展、促进社会和谐、实现人民幸福安康做出积极贡献。按照"同心"思想的具体要求,立足工作实际,加强分类指导,针对不同领域、不同工作对象的特点,科学合理地组织实施,不搞"一刀切"。

"同心"思想既是推进"同心"行动的精神动力,也是其重要工作方针。把"同心"宣传作为展示统一战线形象的重要窗口,及时反映"同心"行动实施的情况,深入挖掘先进人物的感人事迹,充分发挥典型示范带动作用,切实提高其在广大成员中的号召力和动员力。

"同心"行动是体现统一战线优势作用的生动实践,重点要围绕建言献策、助推发展、服务民生、共促和谐四个方面开展,在突出品牌、注重实效上下功夫。着重总结探索和创新各种创建活动,协助党和政府做好解疑释惑、理顺情绪、化解矛盾的工作,维护社会和谐稳定。

"同心"思想体现着统一战线同心奋斗的思想境界,也为衡量"同心"行动成效提供了重要的价值尺度。以"同心"思想为评判标准,必须坚持鲜明的政治属性,将其贯穿"同心"行动的各个环节、各个方面,使思想上的团结与统一、目标上的一致与协调、行动上的沟通与合作成为其重要标志。以"同心"思想为评判标准,必须紧密结合社会实践,坚持遵循规律办事、实事求是,切实把经济社会发展需要与统一战线优势作用有效对接,把完成阶段性任务与长远性谋划有机结合,把重点领域的突破与全局工作的推进有序统筹。以"同心"思想为评判标准,必须坚持走群众路线,一切为了群众、依靠群众,以群众为评判主体,帮助群众解决实际困难和现实利益问题,用群众满意度、受惠度检验行动开展的实际成效,真正体现与党和人民群众同心的要求。

"同心"思想在高教中实践

习近平总书记指出："高等学校承担着人才培养、知识创新和社会服务的重要任务。谋共生，促融合，同心筑梦，服务社会，聚力教育事业发展找准融合切入点。"我国正处在建立社会主义市场经济体制和实现现代化战略目标的关键时期，高等教育进入了一个新的发展阶段。

在高等院校中，"立德树人"是教育的根本任务。应因时而进、因事而化、因势而新，切实肩负起新时代赋予的新使命。思想政治教育保证创新创业教育立德树人的政治方向，引领创新创业教育的价值导向；创新创业教育是思想政治教育的新载体，是展示理想信念和践行社会主义核心价值观的新平台。创新创业教育与思想政治教育的"同心同行"和紧密融合将有助于推进高等院校立德树人工作取得新成效、新突破。"同心同行"是创新创业教育与思想政治教育的基本点。创新创业教育与思想政治教育工作"同心同行"，是高等教育改革的必然要求，也是高校人才培养的现实要求，更是青年大学生实现成长成才的必经之路。创新创业教育的本质是素质教育，归根结底是要培养德智体美劳全面发展的社会主义建设者和接班人。思想政治教育可以正面引导青年学生树立正确的创业观、良好的创业操守及纯正的创业动机。创新创业教育可以引导青年学生树立远大的职业理想，更大限度激发每个学生的潜能潜质；可以进一步将思想政治教育核心内容的理想信念教育由抽象变得更具体。创新创业教育内容包括创新创业意识、创新创业精神、创新创业能力等，更加需要注重青年学生未来的发展，培养青年学生树立正确的世界观、人生观和价值观，这些可有效增强学生学习的积极性，提升思想政治教育的亲和力和针对性。两者在目标、内容、方法和功能上高度统一、相辅相成，在各自的理论研究和实践探索中均取得了诸多进展，但也面临着阻碍各自发展的共性问题，任何一方的独立发展都存在自身难以克服的障碍，必须"同心同行"，合力培养德、智、体、美、劳全面发展的社会主义建设者和接班人。思想政治教育可以培养高校青年学生的创新创业思维，引导创新创业教育活动的正确方向；创新创业教育可以增强学生的实践能力，提升思想政治教育的针对性和时效性，两者有着共同的目标方向。还要积极营造"创新带动创业，创业促进就业"的校园文化氛围，这对青年学生具有价值引导、思想激励、行为规范和陶冶情操等作用，能增强学生的创业综合素质。

构建高素质专业化的教师队伍，推动"同心同行"往心里走。创新创业教育工作具有政治性、思想性和业务性强的特征，需要一支科学化、专业化的具有创新创业素质的教师队伍作为师资人才支撑。同时，要不断提升思想政治师资队伍,特别是广大党员教师队伍的思想政治教育和创新创业教育的双重能力,发扬越是艰险越向前的干事创业精神。进一步树立以学生为中心的育人理念,充分发挥思想政治教育工作者的优势作用,通过思想政治教育工作对学生的创新创业意识进行潜移默化的影响,同时做好学生创新创业活动的保障服务工作,把工作做细做深,做到学生心里。

要把"同心"思想作为新时期政党关系的指导思想,不断增强政治意识、大局意识、责任意识,紧密结合学校改革发展稳定的实际和师生员工的思想实际,研究新情况,解决新问题,增强工作的针对性和实效性,切实加强思想理论建设、队伍建设、制度建设和阵地建设,锐意进取,开拓创新,狠抓落实,务求实效,努力调动广大师生员工的积极性和创造性,为学校改革、发展、稳定提供强有力的精神动力、智力支持和思想保证。把教育和管理相结合,把社会主义思想道德原则融于科学有效的管理之中;正确处理好改革、发展、稳定的关系,团结全体师生员工,同心同德,不断推进学校的改革和发展。在"为中国人民谋幸福、为中华民族谋复兴"的进程中,源源不断地输送拔尖创新的青春力量,在新时代为中国高等教育做出新的贡献。

谈谈《我们工大人》的创作理念

唐　明

　　《我们工大人》这首歌，是应浙工大工会、妇联"工大同心"征文而创作的。恰逢浙工大建校七十周年的校庆即将到来，这首歌也可以算是献给七十周年校庆的一份心意。

　　起笔的时候我就想，众人同心，需要有一个共同认可的、能凝聚大家思想的核心。歌词里不要空洞的高大上口号，就以我们的"工大文化"作为凝聚的核心吧。

　　那么，"工大文化"又是什么呢？

　　建党百年庆典前夕，我们老教授协会刚刚出版了关于浙工大文化研究的第三本研究文集。"浙工大文化研究"这个大课题，从毛信德任会长的时候开始提出到现在，搞了十年，先后出版了三本研究文集，收集了几十位老师写的一百多篇文章，有的老师一人就写了好几篇。大家依据自己的亲身经历，从多个侧面比较完整地回顾了浙工大70年的发展历史，从中发掘"工大文化"的特色和内涵。研究的结果怎么样呢？

　　第一本书提出了"学术文化与校史文化"，后来主要集中于"校史文化"。

　　第二本书取用"厚德健行　取精用弘"，这是浙工大的校训和学训，它们可以代表"工大文化"吗？我觉得还是比较空泛，缺乏浙工大的特色，不太接浙工大的"地气"。

　　第三本书《累积平凡　铸就非凡——浙江工业大学"三创精神"研究文集》，把我们的"工大文化"集中提炼为浙工大的"三创精神"——"艰苦创业、开拓创新、争创一流"，这是从我们浙工大的发展历程当中淬炼出来的，是70年来一点一点逐渐积累形成的，非常有浙工大特色，也得到浙工大师生员工的普遍认可，我觉得它们确实能反映我们浙工大人的精神风貌，很接我们浙工大的"地气"，是地道的"工大文化"，所以我决定立足于"三创精神"来写歌词。

　　歌词分三段，围绕着"三创精神"的三个词，差不多正好反映了浙工大70年发展历程的三个阶段。

第一阶段,从 1953 年初创到 1978 年决定迁回杭州。这 25 年中,学校沿着化工、化机的专业方向,从中专层次发展到本科学院层次,打下了学校最底层的基础。从西溪河边的杭州化工学校、浙江化工专科学校,到烂柯山下的浙江化工学院,再到古运河畔的浙江工学院,三次都是从头开始创业,十分艰苦卓绝却又充满希望、乐观坚强,创业也都比较成功,所以,炼成了"艰苦创业"这个浙工大文化的底色。

第二阶段,从 1978 年迁回杭州并入浙江工学院到 1993 年升格为浙江工业大学,这 15 年中,学校乘着改革开放的东风,逐步实现了根本性的转型,从单科性的化工院校,到多科性的工业院校,再到文理渗透、多学科兼容的综合性大学,创新的水平越来越高,眼界越来越开阔,胸襟也越来越宽广,所以浙工大文化的特色主要体现为"开拓创新"。

第三阶段,从 1993 年升格为浙江工业大学到现在。这 30 年中,国家扩大开放、经济起飞,浙工大也经历了扩大招生、兼并扩容,又先后新建了屏峰校区、莫干山校区,同时抓质量、增学科、上水平,不但发展速度更快,自我要求也越来越高,从"地方一流""国内著名",到"世界知名",从教学型、教学研究型,到研究教学型,眼光和目标总是紧盯着各层次一流的定位,所以这个时期浙工大文化的特色主要体现为"争创一流"。

可见,"三创精神"的三个词,很贴切地反映了浙工大发展历程三个阶段的主要特色,而且,从打好基础、拓展专业、提高层次和水平,三个阶段一步一步向上攀登。可以说,"三创精神"是"工大文化"之本。

当然,这三个词也不是割裂的,从初创开始就有一股不甘平庸、追求卓越的劲头;蜗居在衢州的时候就已经提出要拓宽专业面,试办非化工专业;而直到新世纪走上发展快车道、立志争创一流了,也始终不忘艰苦创业、因陋就简,拓宽专业的步子也一直没有停止过,所以在浙工大 70 年的发展历程中,这三者应该说是融为一体、贯穿始终的。浙工大今后要想发展得更好更快,就需要更好地继承和发扬自己"内生"的这种"三创精神",不能忘了这个本,这是融入工大人骨子里的精神。所以我觉得,"工大同心"就要人同此心,歌词的内容就是强调这一点。也因此,歌词分为三段,分别对应这三个词。

但如何表现呢?我想,不能空喊口号,要选取具体的形象来表征。第一段,我选取了初创时西溪河边"共享"草棚、和在衢州建校时师生参加劳动热火朝天地夯筑房基这两个场景;第二段,我选取了在西湖边大华饭店时大家抱着"把被'四人帮'耽误的时间抢回来"的信念昼夜奔忙、在上塘河边建设校园文化时大讲古运河的千年情怀这两个场景;第三段,我选取了朝晖校区的"励志小径"(象征环境比较逼仄,但大家励志前行)、两个新校区的宽阔大道(象征更宽阔的发展空间)两个场景。希望唱响这些场景的时候,经历过这些历史时期的人能联想到更多的具体经历和事件、人物,联想到当年的奋斗情景和感受。至于这三个阶段的历史大背景,则分别用"跟随新生的共和国艰难地起步""搏击改革开放的世纪大潮""追逐中华民族崛起的国运大势"来表达,说明浙工大的发展正是跟随和顺应了国家和时代的发展,浙工大文化的大背景也就是我们的民族文化和时代文化。

三段主歌分别表现三个阶段,而最后一段副歌则回归到"厚德健行,取精用弘"的校训学训,这里就带有一点号召性,号召工大人团结同心,凝聚成工大魂。这个"魂",既是"三创精神",也是"厚德健行"。

对于曲调的考虑,我希望要有点"工大人"的自豪,但不必是那种进行曲似的雄壮激昂;要有一点回望历史的悠远,但也要有一点激励前行的鞭策。同时,作为普及性的群众歌曲,曲调要比较容易上口、易于传唱,最好能适用于齐唱和合唱。这是我的希望,不知能否达到。

我们工大人(歌词)

主歌：

我们工大人,西溪河旁共享过竹片的草棚;
我们工大人,烂柯山下夯筑过坚实的房基。
跟随新生的共和国艰难地起步,
我们工大人炼成了艰苦创业工大传统。

我们工大人,西子湖畔争夺过荒废的岁月;
我们工大人,古运河边萦怀过千年的情怀。
搏击改革开放世纪的大潮,
我们工大人铸就了开拓创新工大胸怀。

我们工大人,朝晖校园徜徉过励志的小径;
我们工大人,屏峰莫干山铺展开宽阔的大道。
追逐中华民族崛起的国运大势,
我们工大人扬起了勇创一流工大风帆。

副歌：

厚德健行,取精用弘,
同为工大人,凝聚工大魂。
厚德健行,取精用弘,

同为工大人，凝聚工大魂。

下面附上歌曲的合唱谱：

我们工大人

作词：唐明
作曲：唐明

1=F 4/4 ♩=100

1.我们 工大 人， 西溪 河旁 共享 过 竹片 的草
2.我们 工大 人， 西子 湖畔 争夺 过 荒废 的岁
3.我们 工大 人， 朝晖 校区 徜徉 过 励志 的小

我们 工大 人， 烂柯 山下 夯筑 过
我们 工大 人， 古运 河边 萦怀 过
我们 工大 人， 屏峰 莫干 山 铺展 开

棚，
月，
径，

坚实 的房 基。 跟随 新生 的共 和国 艰 难 地 起
千年 的情 怀。 搏击 改革 开 放 世 纪 的 大
宽阔 的大 道。 追逐 中华 民 族 崛 起 的国 运大

$$
\begin{array}{l}
2 - - \underline{55} \mid 5. \ \underline{6} \ 3 - \mid 3 \ 2 \ 1 \ \dot{6} - \mid \underline{5 \ 5 \ 5} \ 3 \ \underline{2 \ 2} \ \underline{2.3} \mid 1 - - - \| \\
7 - - \underline{55} \mid 3. \ \underline{4} \ 3 - \mid 3 \ 2 \ 1 \ \dot{6} - \mid \underline{3 \ 3 \ 3} \ 1 \ \underline{2 \ 2} \ \underline{2.3} \mid 1 - - - \| \\
2 - - \underline{55} \mid 5. \ \underline{6} \ 3 - \mid 5 \ 4 \ 3 \ 2 - \mid \underline{5 \ 5 \ 5} \ 3 \ \underline{5 \ 5} \ \underline{4.3} \mid 3 - - - \| \\
7 - - \underline{55} \mid 1. \ \underline{2} \ 3 - \mid 1 \ 7 \ 5 \ \dot{6} - \mid \underline{1 \ 1 \ 1} \ 6 \ \underline{7 \ 7} \ \underline{6.5} \mid 1 - - - \|
\end{array}
$$

步，我们 工 大 人 炼 成 了 艰苦 创业 工大 传 统！
潮，我们 工 大 人 铸 就 了 开拓 创新 工大 胸 怀！
势，我们 工 大 人 扬 起 了 勇创 一流 工大 风 帆！

$$
\begin{array}{l}
3. \ \underline{5} \ 6 \ 5. \mid \underline{5 \ 6} \ 3 \ \underline{3 \ 2.} \mid 2. \ \underline{3} \ 2 \ 1 \ \dot{6} \mid 2 \ 1 \ 2 \ 3 \ 5 - \mid 3. \ \underline{5} \ 6 \ 5. \\
3. \ \underline{3} \ 4 \ 3. \mid \underline{3 \ 4} \ 3 \ \underline{3 \ 2.} \mid 2. \ \underline{1} \ 7 \ 1 \ \dot{6} \mid 7 \ 6 \ 7 \ 1 \ 2 - \mid 3. \ \underline{3} \ 4 \ 3. \\
5. \ \underline{\dot{1}} \ 2 \ \dot{1}. \mid \underline{\dot{1} \ 2} \ 6 \ \underline{6 \ 5.} \mid 5. \ 3 \ 4 \ 3 \ 2 \mid 2 \ 1 \ 2 \ 3 \ 5 - \mid 5. \ \underline{\dot{1}} \ 2 \ \dot{1}. \\
1. \ \underline{1} \ 2 \ 1. \mid \underline{1 \ 2} \ 6 \ \underline{6 \ 5.} \mid 7. \ \underline{1} \ 7 \ 6 \ 6 \mid 7 \ 6 \ 7 \ 1 \ 2 - \mid 1. \ \underline{1} \ 2 \ 1.
\end{array}
$$

4.厚 德健行，取精 用弘，同 为工大人，凝聚工大 魂。 厚 德健行，

$$
\begin{array}{l}
\underline{5 \ 6} \ 3 \ \underline{3 \ 2.} \mid \underline{2 \ 2} \ 1 \ 2 \ 3 \mid 5 - - - \mid \underline{6 \ 6} \ 5 \ 3 \ 2 \mid 1 --- \mid 1 \ 0 \ 0 \ 0 \| \\
\underline{3 \ 4} \ 3 \ \underline{3 \ 2.} \mid \underline{2 \ 2} \ 1 \ 7 \ \dot{6} \mid 3 - - - \mid \underline{4 \ 4} \ 3 \ 3 \ 2 \mid 1 --- \mid 1 \ 0 \ 0 \ 0 \| \\
\underline{\dot{1} \ 2} \ 6 \ \underline{6 \ 5.} \mid \underline{5 \ 5} \ 3 \ 2 \ 3 \mid 5 - - - \mid \underline{6 \ 6} \ 5 \ 5 \ 4 \mid 3 --- \mid 3 \ 0 \ 0 \ 0 \| \\
\underline{1 \ 2} \ 3 \ \underline{3 \ 2.} \mid \underline{7 \ 7} \ 1 \ 7 \ \dot{6} \mid 5 - - - \mid \underline{2 \ 2} \ 3 \ 1 \ 7 \mid 1 --- \mid 1 \ 0 \ 0 \ 0 \|
\end{array}
$$

取精 用弘，同 为 工 大 人， 凝聚 工 大 魂！

青年学子成才的道路广阔
——与同学们谈心

张　澄

当你进入大学校园时，可能会有各种想法。有的同学会对自己提出很高的要求，因此学习很努力，几年后收获很大；有的同学则无高要求，认为在四年中怎么也能通过考试最后顺利毕业，因此学习较放松，几年以后感到自己今后不知该怎么办，觉得做什么都没有把握，这种现象存在不少。

我在高校任教40余年，现在退休了，但有许多感想。我教过的学生有成百上千，他们大多数学习都很努力，课堂上认真听讲，课后复习，阅读各种参考资料也抓得较紧，有时还提出各种深入的问题找老师、同学讨论，尤其对各种实验、实习、课程设计与毕业设计都做得认真，毕业后工作岗位上很有成就。不少同学在毕业多年后，回校念念不忘在校四年的学习生活，念念不忘母校对他们的教育和培养，但也有小部分同学感到自己在校时努力不够，学习抓得不紧，错过了学习的好机会，感到很可惜。

应该说学校是最好的学习场所，大学是培养人才的最好基地，当前国家需要大批建设人才，各种岗位都需要各类专业人才，大学设置的各类专业都是国家所需，大学设置的各门课程都是实际生产的需要，教师更是培养人才的主导，他们在各教学环节中，全心全意地教育学生，使学生学得更多更好，这些都是客观存在的良好条件，但是对每个同学来说，又常有较大的差异，这就需要每个同学必须通过自己的努力，认认真真、踏踏实实地学习钻研，才可能取得较大的收获。

我是20世纪50年代在清华学习，当时正值第一个五年计划，急需机械行业各种人才，于是我们废寝忘食地学习，星期天也在教室和阅览室度过。当时是按苏联五年制教育的课程设置与学习安排的，但要求我们用两年时间学完，我们称之为"压缩饼干"，虽然学得苦，但很开心，并且不放过一切学习机会。我学的是机械制造专业，因此，学习期间到过沈阳、大连、长春、哈尔滨、齐齐哈尔等地的许多大型机械制造厂，去参观、实习、实践。

经世致用　踔厉奋进
——献给浙江工业大学七十周年校庆

　　我们深感机械工业是重工业的心脏,是我国重工业的重要支柱,也是各类制造业的关键核心。我们毕业后大部分分配到大型工厂,国家也急需高校教师,我当时被分配到东北工学院(现为东北大学)任教,直到1982年调到浙江工业大学,几十年在教学岗位上主讲"机械制造工艺及夹具设计""精密及超精密加工"等课程,这些知识技术既是机械制造业的基础,也是当前新学科发展的需要。我在负责教学工作的同时,也开展许多科研项目,在教学与科研过程中遇到过各种各样的问题,都尽力解决,不断前进。经过我们教研室全体同仁的多年努力,学校的机械制造学科发生了巨大的变化,已经成为"先进制造技术与装备浙江省重中之重学科",拥有硕士、博士学位授予权。一支由博士生导师领衔的教师队伍,在承担本科、硕士和博士的人才培养的同时,还承担着国家自然科学基金、浙江省自然科学基金等一批科学研究项目和企业技术开发项目,为社会进步和经济发展发挥越来越重要的作用。我希望每个同学一定要深思这个问题,将来自己毕业后能为国家富强、民族复兴做什么贡献?我们现在的许多方面离世界先进水平还有相当距离,科学的发展更需要你们这一代青年学子,树立起强国梦、民族复兴梦,胸怀大志,脚踏实地,勇往直前地去开创自己的道路,因此必须在当前的学习中刻苦钻研、永不满足,树立学无止境、自强不息的思想境界,同时培养良好的学习素质。

　　大学是打基础的地方,现在把学习的基础打好了,将来才会有雄厚的工作基础,道路会越来越宽广。无数历史事实证明,教育是神圣的事业,教育是人类知识、生产发展进步与创新的需要与结果。高校就是培养人才的地方,责无旁贷。高等教育是处在知识及人才生产的高端,因此知识的丰富与积累、知识的传播与生产的需要、知识的转型、知识的组织形态与生产形式的变化,是影响高等教育的首要核心因素。大学的存在与知识人才密不可分,因此,大学的出现从某种意义上说是知识制度变化过程的结果,以探求知识为基础,以生产传播和应用知识为主要职能,是大学的组织特性和重要因素。

　　现代科学技术发展及对人才需求,使现代高等学校已经成为我国培养大批精英人才的重要基地,我校也确立了这一目标,那么怎样才能培养出大批精英人才呢?必须依靠全校师生员工的不懈努力,尤其是每一个教师和学生都要充分认识自己的责任和要求,从思想上到行动上,认认真真、踏踏实实地去实行。

　　当前,首先应明确培养理念,明确必须自始至终坚持学术和理论的高标准,明确坚持教学过程和科研领域的高标准,坚持培养学生的创新能力和全面素质的提高,建立一流的本科教育新体系,也就是精英教育应该更强调质的特性,培养出来的学生必须拥有良好的社会道德和科学的思维方式,必须具有探究高深学问的能力。要高度重视和充分发挥创新实践在培养精英人才中的作用,创新实践是理论指导下的创新工程实践,应该体现工程科学的前沿性,体现技术科学、自然科学及人文科学在具体工程行为中的创新性结合,它应当是工程创新中学科集成的技能化、经济化和实体化,应该提倡产教研融合共建。

综观世界各国制造业的突飞猛进,我国机电工业的飞跃发展,都需要我们必须大力培养高端人才,为国家需要做出应有的贡献。同时,老教授协会发挥应有的作用。浙江省老教授协会成立于1988年7月,1991年3月成立工科专业委员会,我校老教授协会,本着"老有所养、老有所依、老有所为、老有所学、老有所乐"的"五个老有",根据章程,大力发展会员,全面开展了各项工作,得到校领导的大力支持,广大退休教师发挥了更重要的作用。今后当继续努力,尤其是刚退休的和相对年富力强的老同志,应发挥出更大的作用。

岁月留痕（一）：
学校历史上的第一份"招生简章"

李新华

前不久，我得到了一份珍贵的历史资料——1954年由"中央人民政府重工业部杭州化学工业学校招生委员会宣传组"编印的"简况介绍"。说是"简况介绍"，其实就是一份当年的"招生简章"。

中央人民政府重工业部杭州化学工业学校始建于1953年，经历了杭州化学工业学校、浙江化工专科学校、浙江化工学院、浙江工学院、浙江工业大学这几次蜕变，走过了70年艰苦卓绝的发展历程。

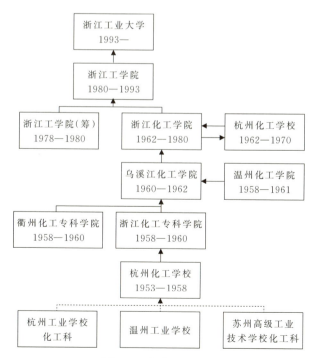

浙江工业大学历史沿革

据《浙江工业大学志》(1993年10月第1版,以下同)第1页"概述"中记载:"1953年6月,重工业部根据政务院'必须对中等技术教育进行有计划、有步骤的整顿和发展'的精神,宣布将浙江省温州工业学校、浙江省杭州工业学校化工科、江苏省苏州高级工业技术学校化工科合并,并选址杭州市建校,校名为中央人民政府重工业部杭州化学工业学校。8月,接收了文一路原浙江纺织学校的七幢约5100平方米新校舍,校园占地235亩。于9月14日举行开学典礼,设无机物工艺、分析化学、化学工厂机械装备三个专业。……1956年6月,校名改为'中央人民政府化学工业部杭州化学工业学校',归化学工业部领导。"

据《浙江工业大学志》第232页、233页中记载:"1953年建校时,由于校舍不足,重工业部决定当年不招新生。一年级1个班的学生是由27名复学生和浙江工业技校转来的36名新生组成。

"1954—1957年期间,实行招生考试、保送、考试和推荐相结合等多种办法招生。

"1954年参加全省中专统一招生。

"1954年浙江省统一命题,学校单独组织报名(缴验毕业证书、品德评语表,进行体检)、考试、阅卷和录取。"

由此可见,1953年建校时,杭州化学工业学校由于校舍不足,当年并没有招生。到了1954年,才第一次招收新生。因此,这份1954年由"中央人民政府重工业部杭州化学工业学校招生委员会宣传组"编印的"简况介绍",应该算是浙江工业大学历史上的第一份"招生简介",至今已经有69年了,因而具有极其珍贵的史料价值。

这份"简况介绍",纸质,32开(184毫米×130毫米),共11页。右边钉着一枚订书钉,左边翻页,与如今的装订相反。里外纸张都很干净,也没有破损,除了纸张稍有些发黄及订书钉生锈之外,没有任何污染,保存状况极好。

"简况介绍"封面

　　打开"简况介绍"，里面的文字均为竖排的繁体字。第一页标题是"为着伟大的祖国社会主义建设事业的需要而升学"，下面有学校在1954年的招生计划："在一九五四年度，我们学校计划招收四百四十名新生。其中化学工厂装备专业二百二十名、无机物工艺专业五十五名、分析化学专业一百六十五名，各专业所招新生的名额都是按照国家建设事业的需要来确定的。"

"简况介绍"内文

　　"简况介绍"中1954年的招生数量和专业，与《浙江工业大学志》"大事记"中第9、第10页记载的情况完全相同（注：《浙江工业大学志》第10页中，"化析化学专业"，应为"分析化学专业"）。

　　这份"简况介绍"后面，并没有标注印刷时间，但从其中的内容看，是1954年印制的。在"简况介绍"的第3页上是这样写的："杭州化学工业学校是在一九五三年九月由原来杭州、苏州两个工业学校的化工科和温州工业学校的全部合并而成的……在中央重工业部的直接领导下，近一年来是有了很大的发展。"因此可以肯定，这份"简况介绍"，是1954年印制的。

　　"简况介绍"中，对1954年招收的三个专业情况做了详细的介绍。

経世致用 踔厉奋进
——献给浙江工业大学七十周年校庆

化学工廠裝備專業介紹

852人。在今年暑假中將招收第一批新生。使這批具有初中畢業程度的學生，在這裏經過三年的學習，就可以造就成爲「化學工廠裝備」、「無機物工藝」或「分析化學」的中等化工技術人員。

化學工廠裝備是專門研究化學工廠機械設備、安裝和修理的一門科學。具體的說是研究化學工廠中的蒸餾、蒸發、泵浦、氣體吸收、過濾等等共同的機械裝備的原理、操作、保養和修理方法。因爲化學工廠中機械設備有它的特殊要求，不同於其他工業部門的要求，因此專門叫做化學工廠裝備專業。我們學校的任務之一就是要培養在工程師指導下在這方面工作的中等技術人才。

該專業所學主要專業課程有：化工材料、化工機械、化工機械按裝與修理、工業化學及檢驗測定技術等。

在一個化學工廠中，能够進行正常的生產，就是要依靠我們對於化工機械設備的掌握，假如不這樣，根本不可能去進行生產。例如一個硫酸製造廠，它以黄鐵礦從礦中開採出來以後，在送入礦爐燃燒以前就需要把黄鐵礦壓碎，和運送等機械裝備（這在化工機械中稱之爲固體的粉碎和運輸）在燃燒爐中燒出了二氧化硫，在變成三氧化硫以前，必須把二氧化硫的中雜質去掉，於是必需經過一系列的洗滌和除塵工作（這在化工機械中叫做氣體非均一系統的分離），最後三氧化硫被硫酸吸收而成濃硫酸，若沒有這方面的機械設備，液體不能容納，固體不能移動，氣體也不能收集。若單有大的機械設備，還是不行，還需要有泵浦來進行運送，要有管件把他銜接或稱斷，有的地方需要加熱，有的需要冷却，還有電氣化，自動化的各種精密儀器等等都要我們來掌握。

化学工厂装备专业介绍

— 7 —

無機物工藝專業介紹

無機物工藝專業，是培養基本化學工業的中等技術幹部。什麼是基本化學工業呢？凡是供給國民經濟生產資料的化學工業，就是基本化學工業。也就是屬於重工業的化學工業。如像無機酸（硫酸、鹽酸、硝酸）、固定氮、無機鹽，無機肥料和製鹼等工業。

酸和鹼是一切化學工業的基本原料，是發展一切化學工業的產品則是發展工業，鞏固國防，改進和提高農業的必要物品。沒有固定氮，無機鹽工業和無機肥料工業的發展，則會使其他工業和國防力量的加強以及農業生產品的提高受到限制。如我們要鞏固國防，除了需要飛機大砲以外，還需要火藥和炸藥，而任何火藥和炸藥的製造一定要用到酸和鹼，尤其是硫酸和硝酸更是製造炸藥不可缺少的原料，當抗美援朝開始時，美帝國主義在我國撒佈細菌，但是當時由於化學工業不夠發達，我們祇能從蘇聯取得「666」粉來殺菌，現在由於我們工人階級的一致努力，我國非但自己能夠製造「666」並且有了多餘輸出國外。在另一方面也可供給農業上殺蟲劑的需要。在冶金工業上，如製造飛機一定要用鋁百分之九〇以上作基本原料，而提鍊一噸鋁的話，就要用到牢噸純鹼。因此，假如要發展飛機製造業就必須發展鹼工業，在燃料工業上，必須發展鍊油工業，以滿足交通運輸業的需要。但要把不可用的原料油，精鍊成供給汽車、飛機、輪船、機械運轉用的汽油、柴油、潤滑油、燃料油等必須要用酸鹼來處理。其他輕工業像造紙的漂白、紡織的漿紗、上光、染色、皮革、橡膠的處理、染料、玻璃、醫藥、食品的製造等都離不開酸鹼工業，因此酸鹼工業

无机物工艺专业介绍

造原理及其他使用方法，應有無機物工藝的生產組織、技術定額、成本核算、生產報表的知識等。在實際工作上能夠達到四級到五級技工的水平，應該能描繪、觀察簡單草圖，並經短期訓練以後，担任車間值班工作，記錄並隨時檢查發現小問題能及時協助解決，并在指導下能掌握生產設備及自動化裝置的一般操作和零件的更換工作、修理工作，這些就是作爲無機物工藝中等技術員應該達到的標准。

根據以上要求，所學的主要課程有：化工原理與機械裝備、無機物工藝、工業化學、生產化學技術檢驗及檢驗測定技術等。

有志於無機物工藝學習的青年同志們：我們熱忱的歡迎你們升入本科，爲祖國的工業化而共同奮鬥！

分析化學專業介紹

分析化學是研究物質組成的科學。譬如我們找到了一塊金屬礦石，要知道它是什麼成份，就必需利用定性分析的方法測定其中所含的各種元素，再利用定量分析的方法測定其中各元素的比例，如分析結果爲鐵百分之六一·三六，銥百分之七·二四及二氧化矽百分之三一·四〇，則說明這金屬礦石是鐵礦。因此分析化學與國家工業建設的各個部門都有着極重要的關係。要發展工業，特別是發展重工業——鋼鐵、冶金、燃料、基本化學等工業都離不開分析化學工作。

一、分析工作在工廠中起着指導生產、控制生產的作用。它是工廠的眼睛。如要製造肥田粉，首先要製造大量的硫酸和液氮。而製造硫酸，所用的硫鐵礦原料就要經過仔細的分析才能確定該礦石是

分析化学专业介绍

"中央人民政府重工业部杭州化学工业学校"这个校名只存在了三年（1953年6月至1956年6月），这以后，随着"化学工业部"从"重工业部"中分出，杭州化学工业学校校名改为"中央人民政府化学工业部杭州化学工业学校"，归化学工业部领导。

1958年，衢州化工厂兴建，浙江省希望把杭州化工学校收归省管，并在校内设立大专分部。获国务院批准后，杭州化学工业学校于1958年6月更名为"浙江化工专科学校"。

位于文一路的"浙江化工专科学校"大门

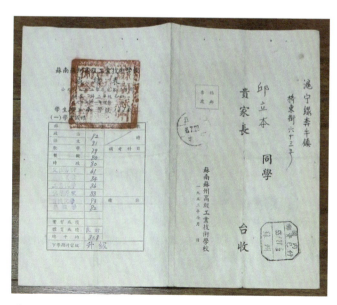

1953年7月，苏南苏州高级工业技术学校化工科二年级学生邱立本的学业成绩表（资料）

　　这份成绩表发放后,"苏南苏州高级工业技术学校化工科"就与"浙江省温州工业学校""浙江省杭州工业学校化工科"合并为"中央人民政府重工业部杭州化学工业学校"。

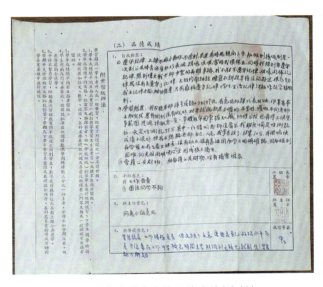

邱立本的成绩表中的品德成绩(资料)

1954年1月填发的邱立本的
成绩报告单(资料)

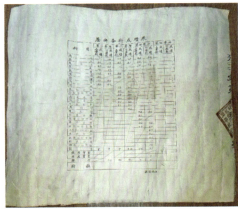

1954年7月,邱立本毕业了,是"中央人民政府重工业部杭州化学工业学校"的首届毕业生,这是校长刘亚东、蔡耀宗盖章颁发的毕业证书(资料)和"毕业证书"背面的"历年各科成绩表"(资料)

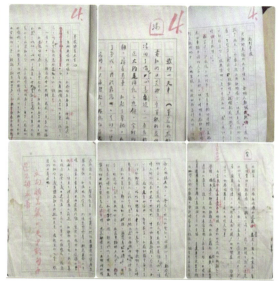

1954年度第一学期，"中央人民政府重工业部杭州化学工业学校"
学生作文簿封面及其内页（资料）

　　从照片看，当年老师对学生作文的批改是相当认真仔细的，指出了语句及错别字等问题。这也反映出杭州化工学校从初创开始，就很注重严谨治学。从右上角打分"4"可以看出，当时实行的是5分制。

"重工业部杭州化学工业学校
学生成绩册"（原件）

"化学工业部杭州化学工业学校
工作人员证"字第442号（原件）

1960年8月，浙江化工专科学校的毕业文凭（资料）

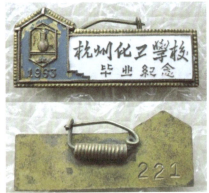

"杭州化工学校学生证"（原件）和1963年毕业纪念章（资料）

浙江化工专科学校时期自制的年历片（1959年、1960年）（资料）

乌溪江化工学院时期自制的年历片（1961年、1962年）（资料）

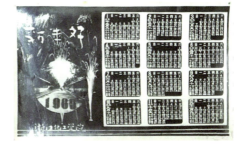

浙江化工学院时期自制的年历片（1964年、1965年）（资料）

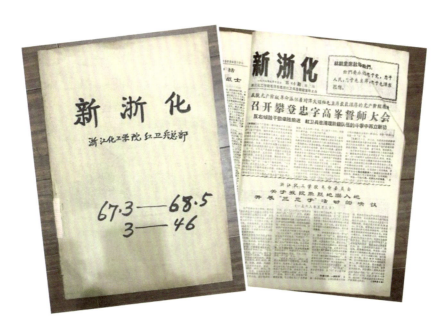

浙江化工学院"文化大革命"时期的报纸和装订封面（资料）

浙江化工学院老校园剪影（资料）

浙化机械厂的工具牌（原件）

岁月留痕（二）：校徽，永远的记忆

李新华

　　校徽，是学校徽章的简称，上面标有学校名称，是一所学校的象征与标志。

　　中国的校徽始于清代，民国初期的校徽形状各异，有盾形、圆形、三角形等。到了抗战时期，北方各高校纷纷迁移到大后方，许多高校把校徽形状改为倒三角形制，这段时期出现了大量的三角形校徽。有专家解读三角形校徽的含义，认为其中包含着"智、仁、勇"的寓意。

　　北大校徽被认为是第一枚真正具有现代意义的校徽，篆书"北大"的燕形构图，暗喻了"燕园"，据说出自鲁迅先生。这枚校徽第一次把中国书法用于校徽，此后书法成为校徽设计的一个重要元素。

　　新中国成立后，校徽有了很大的变化。大学校徽的形状告别了民国时期的三角形、盾形、圆形等多元形式，基本以长条形为主。校徽的材质，"文化大革命"之前大都是用铜制作，后来校徽的材质较多是铝制，也有用塑料及不锈钢等，这些材质增加了校徽的时代感。大学校徽上的字体，大多用政要名人的书法，其中大气磅礴的"毛体"成为一道极具中国特色的风景线。

　　我人生中第一次佩戴校徽，是一枚红色的"浙江化工学院"教工校徽，那是1972年进学校工作时发的。随着学校的发展，我陆续有了第二枚校徽："浙江工学院"、第三枚校徽："浙江工业大学"。后来我萌发了收藏校徽的念头，当时收藏校徽的范围设定于全国高校。没多久发现自己的定位太高，收藏全国高校校徽的难度很大，里面的"水"也很深，一些名牌大学的老校徽还有赝品，无论财力精力眼力都不行。于是缩小范围，设定在浙江省的高校，以浙江工业大学及其前身为重点。

　　浙江工业大学经历了"重工业部杭州化学工业学校""化学工业部杭州化学工业学校""浙江化工专科学校""乌溪江化工学院""浙江化工学院""浙江工学院""浙江工业大学"等几个发展阶段，这些校徽就是它各个阶段的象征。此外，1994年11月，"浙江省经济管理干部学院"并入浙江工业大学；1999年7月，"杭州船舶工业学校"并入浙江工业大学；2001年3月，"浙江省建筑材料工业学校"

并入浙江工业大学,它们的校徽因而也成了浙江工业大学校徽史的一部分。

下面是我收藏的浙江工业大学各发展阶段及并入学校的校徽(原件或资料)。

(1)重工业部杭州化学工业学校时期(1953年6月—1956年6月)。

重工业部杭州化学工业学校红校徽(资料)、白校徽(原件)

(2)化学工业部杭州化学工业学校时期(1956年6月—1958年6月)。

化学工业部杭州化学工业学校白校徽(资料)

(3)浙江化工专科学校时期(1958年6月—1960年8月)。

浙江化专红校徽(资料)、浙衢化专白校徽(资料)

浙江化工专科学校大门

（4）乌溪江化工学院时期（1960年8月—1962年8月），校名由舒同题写。

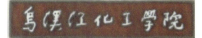

乌溪江化工学院红校徽（资料）、白校徽（原件）

（5）浙江化工学院时期（1962年8月—1980年10月），校名由周建人题写。

浙江化工学院红校徽（资料、原件）

浙江化工学院白校徽（资料）

浙江化工学院校门（资料）

（6）杭州化工学校（1962年7月—1970年7月）。

原"浙江化专"的大专部分迁往衢州组建"浙江化工学院"以后，留在杭州的原中专部分，于1962年7月恢复"杭州化工学校"校名，至1965年并入"浙江化工学院"作为其杭州分部。在这期间，"杭州化工学校"先后归浙江省化工厅、化学工业部、浙江省领导。

杭州化工学校红校徽(原件)

(7)浙江工学院时期(1978年12月—1993年12月),校名由赵朴初题写。

浙江工学院红校徽(原件)、白校徽(原件)

浙江工学院大门(资料)

(8)浙江工业大学时期(1993年12月至今),校名由郭沫若字体集字而成。

浙江工业大学红校徽(原件)、白校徽(原件)

浙江工业大学朝晖校区校门（资料）

浙江工业大学屏峰校区校门（资料）

（9）浙江省经济管理干部学院（1984年8月—1994年11月），校名由袁宝华题写。

浙江经济管理干部学院红校徽（原件）

浙江省经济管理干部学院校门（资料）

（10）杭州船舶工业学校（1960年2月—1999年7月），校名先后由郭仲选、舒同题写。

杭州船校红校徽（原件）、白校徽（资料），校名由郭仲选题写

杭州船校红校徽（原件）、白校徽（原件），校名由舒同题写

杭州船舶工业学校校门（资料）

之江学院大门（资料）

之江学院绍兴新校区的大门

（11）浙江省建筑材料工业学校（1979年1月—2001年3月）。

浙江省建材工业学校校徽（原件）　　浙江建材学校校徽（原件），校名由苏步青题写

浙江省建筑材料工业学校校门（资料）

（12）浙工大的其他徽章留存。

浙江工学院毕业纪念章（原件）

浙江工学院首届艺术节纪念章（资料）

浙江工学院文化艺术节纪念章（原件）

浙江工学院35周年校庆纪念章（原件）

浙江工业大学40周年校庆纪念章（原件）

浙江工业大学50周年校庆纪念章（原件）

浙江工业大学建校60周年纪念版校徽（原件）

浙江工业大学理学院院庆纪念章（原件）、法学院院庆纪念章（原件）

浙江工业大学服务届满30周年纪念章（原件）

　　透过校徽背后的沧桑岁月，我们可以看到70年来我校弦歌不辍、自强不息的时代华章。校徽是一所学校文脉绵延的形象见证和特殊载体，也是莘莘学子的青春坐标和精神寄托。校徽，在老一代知识分子心中，包含着自豪、荣耀，还有对母校的归属之情。

　　随着社会的发展，现在许多老校徽逐渐淡出了历史舞台，成了我们永恒的回忆。每一枚校徽，都是一个学子的青春记忆。一枚枚的老校徽，蕴藏着百年的历史和深远的文化韵味，其中有古训、期望和志向，让我们在观赏、摩挲之中得到感悟和启示。

　　我生有几春，往事忆如梦！

　　校徽，永远的记忆……

岁月留痕（三）：
一本六十七年前的学生成绩册

李新华

　　前不久，我在网上找到一本 1956 年"重工业部杭州化学工业学校学生成绩册"，到手后仔细翻看，感觉这本学生成绩册非常珍贵，具有一定的史料价值。

　　"重工业部杭州化学工业学校"是浙江工业大学的前身，当时归属重工业部领导，时间是 1953 年 6 月至 1956 年 6 月；这以后，杭州化工学校归属化学工业部领导，直至 1958 年 6 月，杭州化工学校归属浙江省政府（那时称为浙江省人民委员会）领导，更名为浙江化工专科学校。也就是说，"重工业部杭州化学工业学校"这个名称，实际上只存在了三年。所以这本 67 年前的学生成绩册，显得尤为珍稀。

　　这本"学生成绩册"，竖高 13.6 厘米，横宽 9.6 厘米，封面和封底均用绛紫色布面内衬硬质纸板制成。"重工业部杭州化学工业学校"系横排繁体楷书，"学生成绩册"为竖排繁体仿宋体，字体稍大。封面文字均烫银，制作精美，保存完好。经过了 60 多年的磨砺，这本学生成绩册并没有留下明显的岁月印记，页面干净整洁，仅是纸张稍有些发黄，基本没有污迹，真是不可思议。

学生成绩册

　　第2页是该学生照片,照片左下角盖着"重工业部杭州化学工业学校"的繁体字钢印。照片上是一位风华正茂的年轻人,下面是学生签名:宋祥锐。字迹老练,潦而不草,显示其熟练的硬笔书法功底。第3页中间盖有"宋祥锐"名字印章(从第3页至第28页,每一页均盖有"宋祥锐"的名字印章,可见当年学校给每一位正式录取的学生都刻了姓名印章,而且发成绩册之前就在每一页上都盖好了姓名章,要知道那时候可都是手工操作的呀,如果每一本学生成绩册都这样操作,可见那时学籍管理之严谨);其下盖了他的专业"化学工厂装备"的印章,下面盖着老校长刘亚东的红色手写体印章;再下面是"装备"第1713号(这应该就是他的学号),最后是发证日期1956年8月27日。

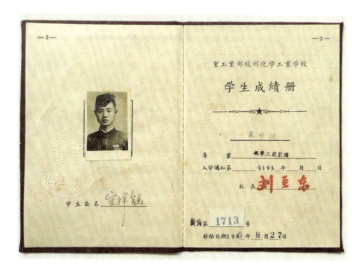

学生成绩册第2、第3页

　　第4页载明了是1956—1957学年,第1学期,该学期的考试课程是三门:数学、物理、普通化学及有机化学。成绩后面都有主考人签名:吴挺、陈索野(印章)、戴颖(印章),数学课还分为笔试、口试,然后有总评。

　　第5页有他的姓名印章,并注明是一年级。当学期的考查课程是四门:政治、语文、俄语、制图。成绩后面也有教师签名:杨敢仁、孙鸿琳、王德元(印章)、苏寿祺。下面的"家长签名"栏有一枚朱文篆字印章,应该是该学生家长的印章,印文名字辨认不出,但至少表明,他的家长已看过成绩册了。

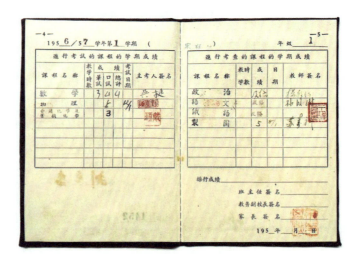

学生成绩册第 4、第 5 页

第 6、第 7 页是 1956—1957 学年,第 2 学期,一年级的下学期。

考试课程四门:数学、物理、金属工艺学、普通化学及有机化学。主考人签名:吴挺、陈索野(印章)、林志廷(印章)、戴颖(印章)。

考查课程五门:政治、俄语、体育、语文、制图。教师签名:杨敢仁(印章)、王德元(印章)、徐建民(印章)、孙鸿琳、苏寿祺。

下面没有家长的印鉴,或许是不需要家长签名了?

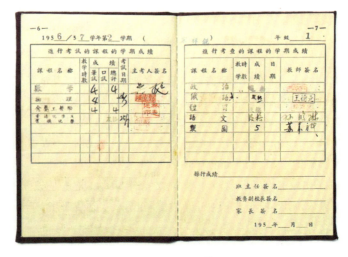

学生成绩册第 6、第 7 页

第 8、第 9 页是 1957—1958 学年，第 1 学期，二年级的上学期。

考试课程三门：数学、理论力学、电工学。主考人签名：吴挺、张振华、杨锡清。

考查课程四门：语文、俄语、制图、热工学，教师签名：钱旺珍、王德元、苏寿祺、林材。政治课没有考查，体育课没有了。

第 8 页下面盖有"为适应整风运动的要求考试课程改为考查"蓝色印章，看来是全校性的统一规定，可以想见 1958 年初的政治运动氛围。

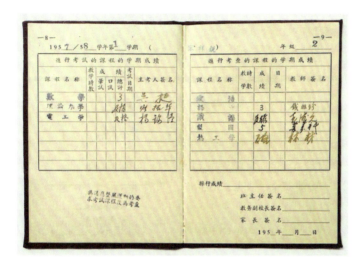

学生成绩册第 8、第 9 页

第 10、第 11 页是 1957—1958 学年，第 2 学期，二年级的下学期。

考试课程两门：材料力学、电工学。主考人签名：丁鸿章、杨锡清。

考查课程四门：语文、体育、工业化学、泵压缩机。教师签名：钱旺珍、韩世杰（印章）、裘思贤（印章）、林材。

可以看出，那时候数学课、俄语课、制图课都要学三个学期，语文课要学四个学期，政治课仅考查了一年级，体育课仅一、二两个年级的下学期才有考查。

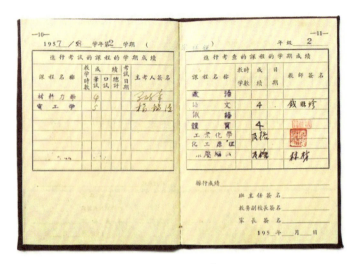

学生成绩册第 10、第 11 页

第 12、第 13 页是 1958—1959 学年第 1、2 学期，三年级。

考试课程没有了。考查课程五门：体育、机械另[零]件、化工设备、化工仪表、化工机器。教师签名：韩世杰（印章）、马玉堂、常连栋、贾高顺（"化工仪表"课教师印章难以辨认）。

体育课直到三年级还有考查，令人联想到当年推行"劳卫制"，重视学生的体质。

学生成绩册第 12、第 13 页

第14页到第23页都未填写内容,仅有"宋祥锐"的姓名章,因为那时杭州化工学校的学制就是三年。下面仅展示第14、第15页。

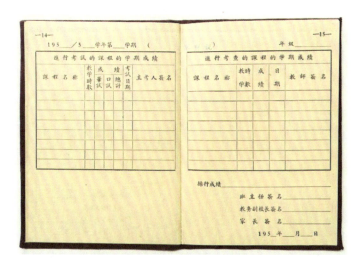

学生成绩册第14、第15页

第24页是实验室工作,记录了四门实验课程:物理、普通化学及有机化学、电工学、泵压缩机。教师签名:陈索野(印章)、戴颖(印章)、杨锡清、林材。

第25页、第26页也是实验室工作,但都未填写内容。

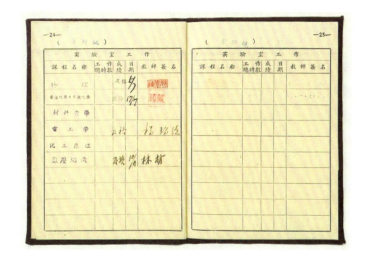

学生成绩册第24、第25页

第27页是课程设计，三年级。设计的课程是"机械另[零]件"。教师签名：马玉堂。

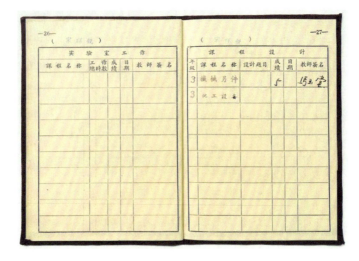

学生成绩册第26、第27页

第28、第29页是教学实习及生产实习的成绩记录，载明了：一年级第2学期的实习名称及性质：第一次教学实习、评定为钳工3级。教师签名：姜淳伦（印章）。

三年级第6学期的实习名称及性质：生产劳动。教师签名：贾高顺。

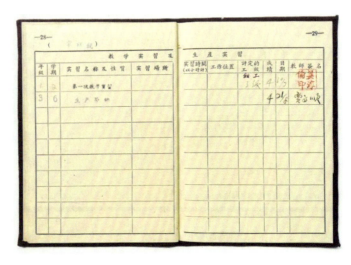

学生成绩册第28、第29页

第 30 页是毕业设计，未填写内容。第 31 页是毕业设计答辩，也未具体填写，但却写明答辩"已于 1959 年 8 月 12 日举行"，评定成绩为 4 分，专家资格审核委员会主席的签名者为叶春晖。

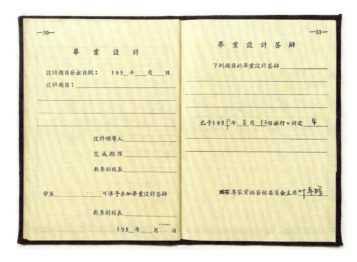

学生成绩册第 30、第 31 页

第 32、第 33 页是国家考试等，未填写内容。

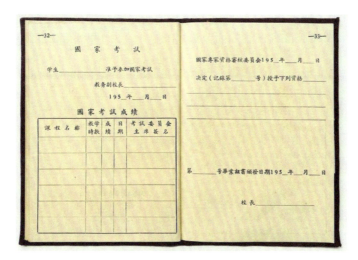

学生成绩册第 32、第 33 页

第 35 页是注册记录。从 1956 年 8 月 27 日的第 1 学期，一直到 1958 年 8 月 24 日的第 5 学期，后面的"注册盖章"栏里，都盖着朱文篆字的"注册章"。第 6 学期为什么没有盖注册章？从成绩册第 31 页看，这位学生已经完成了毕业设计答辩,肯定是可以毕业了,抑或是因为最后一个学期进行毕业设计及答辩,不需要再上课了,就未盖注册章?

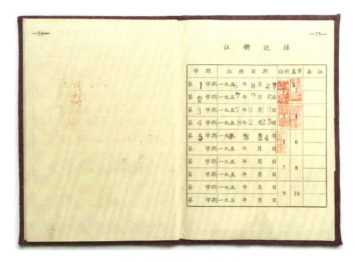

学生成绩册第34、第35页

第36页是注意事项,共7条。其中第4条写着:"学生休学、转学、退学、被取消学籍或毕业离校时,应将本册交回学校。"这位学生应该毕业了,为何没有将这本成绩册交回学校,反而流失出来?还是已经交回学校了,因为某个偶然的因素,这本成绩册没有保管好而流失?

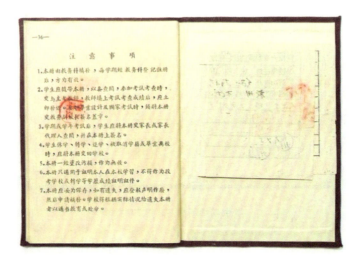

学生成绩册第36页

第36页右边贴着一张纸，是"假期火车票减价优待凭证"。学校所在地：杭州市。家庭所在地：绍兴柯桥。乘车区间：杭州站—柯桥站。

在这张"假期火车票减价优待凭证"与成绩册连接处，盖有朱文篆字的"杭州化学工业学校"骑缝章，显示了当年学校严谨的工作作风。

假期火车票减价优待凭证

当我合上这本1956年的学生成绩册，时间又回到了2023年。时光荏苒，白驹过隙；似水年华，转瞬即逝。一晃67年过去了，当年的"重工业部杭州化学工业学校"，如今发展成了"浙江工业大学"。这本学生成绩册，浓缩了一位学生三年的学习过程，也凝聚了十多位老师辛勤教学的过程。屈指一算，这位当初手持学生成绩册的年轻学子，如今已是80多岁的耄耋老人了；在这本学生成绩册上签名盖章的老师，有的已经远去……

愿逝去的老师在天堂里安息！愿健在的老师包括这位学生健康长寿！愿浙江工业大学的明天更加美好！

学生成绩册封面

后　记

（1）为了搞清楚这本学生成绩册的有关情况,我查了几本浙江工业大学校友录,找到了这位宋祥锐同学所在的班级,是杭州化工学校1959届化工机械专业(4)班的;还查了1953年、1958年学校教职工名单,核对了有关老师的名字,除有一位老师的印章不可辨认外,其余的老师均在校友录中查实了。

（2）看完这本学生成绩册,有个问题需指出:这本"重工业部杭州化学工业学校学生成绩册",使用时间是1956年8月27日,而在这之前的1956年6月,杭州化工学校已经归属化学工业部领导了,成绩册上的学校名称应该是"化学工业部杭州化学工业学校",为何还在使用老的学生成绩册?分析原因,一是当时杭州化工学校归属化工部领导刚两个月时间,1956年7月至8月上旬正是学校的暑假期间,重新制作时间来不及;二是20世纪50年代我们国家各方面条件还很困难,如果把原来已经制作好的"重工业部杭州化学工业学校学生成绩册"废弃不用,也是一种很大的浪费。本着厉行节约,反对浪费的原则,继续使用老的学生成绩册,应该是正确的选择。所以,这本67年前的"重工业部杭州化学工业学校学生成绩册",也反映了那个时代一段特殊的经历,对于我们了解学校的那段历史,也提供了一份不可多得的珍贵史料。

（3）今年是我进入浙江工业大学51周年,也算是老"工大人"了,这本1956年的"重工业部杭州化学工业学校学生成绩册",经历了一个多甲子,不知辗转了多少人,最后能到我手里,真是一种缘分,也是一个较好的归宿。

（4）当拥有了某件藏品,如果不去研究,束之高阁,秘不示人,不去挖掘其中的内涵，藏品再多，也发挥不了作用，拥有者也就只是个保管员。对于这本学生成绩册，我花了十几天时间做了一点功课，每一页都拍了照片，把其中主要的内容记了下来，查找核对资料，并写成文章发到网上，让大家能够了解这段历史，使这本学生成绩册的信息"活"了起来，这也是一件很有意义的事情。

校友通讯录

岁月留痕（四）：
一枚老徽章引发的历史记忆

李新华

　　新年伊始，朋友给我送来一枚老徽章。上面的八个红字"浙江工学院出入证"，一下子把我的思绪带回到了难忘的"浙江工学院时代"（1978—1993年）。

　　浙江工学院是浙江工业大学发展过程中的一个重要阶段，于1978年2月由省政府开始筹建，校址选在西湖区（现为拱墅区）上塘公社所属的潮王、东新大队，当时按3000名学生规模设计，规划用地面积430亩，于1979年4月4日破土动工。

　　下面是浙江工学院筹建、建设及建立浙江工业大学的一些文件资料（文件均摘自《浙江工业大学志》）。

文件十五　浙江省革命委员会关于创办浙江工学院的请示报告

浙革发[1978]41号

国务院：

　　我省工科大学，仅浙大、化工学院、丝绸工学院3所，其中浙大已确定划归中国科学院。这样，浙江没有1所专业较全的工科大学，与社会主义建设事业的发展很不适应。为了加快培养工业技术人才，我们要求创办浙江工学院。现将有关问题报告如下：

　　（一）关于工学院的方向和专业设置。工学院的任务，主要为我省培养农业机械化和工业技术人才，毕业生的分配面向本省。专业设置，从我省实际需要和师资条件出发，先上一部份最急需的专业，然后逐步增加专业。'1979年拟设置4个系，14个专业。即：

　　1. 地质系，先设3个专业：采矿、选矿、勘探。

　　2. 机械系，先设置6个专业：农业机械制造与维修、拖拉机制造与维修、机械制造及设备、内燃机、铸造、船舶设计和制造。

　　3. 电机系，先设3个专业：工业企业自动化、工业仪表、发配电。

　　4. 土建系，先设置2个专业：工业民用建筑、水利水电。

　　浙大今后如专业设置进行调整，有些专业可以放到工学院。

　　（二）工学院的学制为4年。计划到1980年，在校学生人数达到2000到3000人左右。1979年计划招生600到800人。

　　（三）关于师资。今明两年计划调进教师300到400人，主要从学非所用、过去从事过教学工作的人员和工矿企业适合作教学工作的技术人员中选调。并由浙大支援一部分可以调出的教师。

　　（四）关于建校地点和校舍。工学院放在杭州。以农大农机系（过去从浙大划出去的）为基础建校。农机系现有农业机械和拖拉机两个专业，今年招200人左右，并立即着手进行基建，今年先建1个教学大楼及部分宿舍，共1万平方米左右，投资100万元左右，明年后继续进行建设。

　　以上报告，请予审批

浙江省革命委员会

1978年5月12日

1978年5月，浙江省革命委员会关于创办浙江工学院给国务院的请示报告

文件十六　教育部关于同意恢复和增设一批普通高等学校的通知

[78]教计字142号

有关省、市、自治区革命委员会,国务院有关部委:

经国务院批准,同意恢复和增设普通高等学校169所。现将有关事项通知如下:……在各省、市、自治区和部委报请审批的271所院校中,经国务院批准恢复和增设普通高等学校169所(学校名单附后)……

中华人民共和国教育部
1978年12月28日

附件:同意恢复和增设的普通高等学校名单:

……

学校名称:浙江工学院

……

1978年12月,教育部关于同意恢复和增设一批普通高等学校的通知

文件十七　中共浙江省委关于建立浙江工学院筹建领导小组及冯克等同志任免职务的通知

省委干[1978]186号

省委批准:建立浙江工学院筹建领导小组。

冯克同志兼任浙江工学院筹建领导小组组长。

臧效美同志任浙江工学院筹建领导小组副组长。

姜曦同志任浙江工学院筹建领导小组副组长;免去浙江省交通局党组副书记、副局长职务。

胡本斋同志任浙江工学院筹建领导小组副组长;免去中共浙江省委组织部部务会议成员、第二干部处处长职务。

赵学廉同志任浙江工学院筹建领导小组成员;免去浙江农业大学党委委员职务。

江巩同志任浙江工学院筹建领导小组成员。

中共浙江省委
1978年7月29日

1978年7月,中共浙江省委关于建立浙江工学院筹建领导小组及冯克等同志任免职务的通知

　　为加速浙江工学院建设,1979年,浙江省人民政府决定将浙江化工学院并入浙江工学院,并从衢州迁入杭州,作为建校的基础,并报呈教育部请求批准。

文件十八　中共浙江省委关于周学山、姒承家同志任职的通知

省委干〔1979〕245 号

省委决定：

周学山、姒承家同志任浙江工学院筹建领导小组副组长。

中共浙江省委

1979 年 11 月 30 日

1979 年 11 月，中共浙江省委关于周学山、姒承家同志任职的通知

文件十九　教育部关于拟同意将浙江化工学院并入浙江工学院的请示

（80）教计字 344 号

国务院：

5 月 9 日，国务院办公厅值班室已将浙江省人民政府上报国务院的《关于以浙江化工学院为基础办好浙江工学院的报告》转交我部研处。现将有关情况和我们的意见报告如下：

浙江工学院是在 1978 年国务院批准以浙江农业大学农机系、浙江大学部分面向本省的专业为基础建立的 1 所工学院。经过两年来的积极筹建，已创造了一定的条件。但是，由于原拟支援浙江工学院的两所大学本身系科配套的需要，原来设想调出一些教学力量的方案不能落实。为此，浙江省委和浙江省人民政府经过酝酿讨论，提出改为以浙江化工学院为基础建立浙江工学院的意见。浙江化工学院办学多年来，师资条件较好，又积累了一定的教学经验，并入浙江工学院后，发挥现有潜力，可以较快地把学校建设起来，而且也解决由于现在化工学院办在衢县交通不便，给学校教学工作和师生员工生活带来的困难。

基于上述情况，我们研究后，拟同意浙江省人民政府的意见，将浙江化工学院并入浙江工学院。但考虑到浙江工学院新建校舍需要几年时间，为了不因合并而影响招生，建议根据校舍的建成情况，采取逐步搬迁的办法，挨浙江工学院基本建成后，浙江化工学院校舍再全部移交其他单位使用。调整后的工学院发展规模为 3000 人，学制 4 年。专业设置，拟请浙江省人民政府根据当地社会主义建设的实际需要，研究提出方案，报我部审定。该院基本建设计划任务书应作相应修改，送国家计委审批。学校仍归浙江省领导。

妥否，请批示。

教育部

1980 年 8 月 30 日

1980 年 8 月，教育部请示国务院，拟同意将浙江化工学院并入浙江工学院

文件二十　教育部关于同意浙江化工学院并入浙江工学院的通知

(80)教计字 359 号

浙江省人民政府：

经国务院批准，同意将浙江化工学院并入浙江工学院，请据此安排工作。现将有关事项通知如下：

（一）浙江工学院的建校基础由浙江农业大学农机系改为浙江化工学院。

（二）浙江工学院新建校舍未建成前，原浙江化工学院校舍仍然要利用，可根据新校舍建成情况，逐步搬迁，望妥善安排好此项工作。

（三）浙江工学院的发展规模为 3000 人，学制 4 年。专业设置，请根据你省社会主义建设实际需要，研究提出方案，送我部审定。

教育部
1980 年 9 月 10 日

1980 年 9 月，教育部批复，同意浙江化工学院并入浙江工学院

文件二十一　浙江省人民政府关于浙江化工学院并入浙江工学院的通知

浙政[1980]107 号

浙江工学院、浙江化工学院，杭州市革命委员会，省政府直属有关单位：

经国务院批准，浙江化工学院并入浙江工学院，作为浙江工学院的建校基础。现将有关事项通知如下：

（一）浙江工学院发展规模，今后 5 年左右在校学生达到 3000 人。考虑到长远建设的需要，可按在校学生 5000 人的规模，分期征用土地和统筹安排基本建设。

（二）浙江工学院，学制 4 年。专业设置，由省教卫办、省计委会同有关部门，根据我省经济建设的实际需要，提出意见，经省人民政府同意后，报教育部核定。

（三）浙江化工学院与浙江工学院合并后，要统一调度使用两校的人力、物力、财力，统一部署各项工作，特别要切实搞好正常的教学、科研工作。

（四）浙江化工学院的搬迁，应根据浙江工学院新校舍的建设进度，逐步进行。在新校舍未建成以前，浙江化工学院的校舍要继续利用。

（五）浙江化工学院在逐步迁往杭州的过程中，有关户口、粮油供应关系及其他具体事项，请杭州市有关部门帮助解决。

浙江省人民政府印
1980 年 10 月 10 日

1980 年 10 月，浙江省人民政府关于浙江化工学院并入浙江工学院的通知

于是浙江工学院的建校工作就轰轰烈烈地加速推进了。从 1980 年到 1990 年，师生员工齐心协力"三管齐下"（边基建、边搬迁、边教学）搞建设，浙江工学院逐渐打响了自己的名号，提出了著名的"三创精神"。那真是一段激情燃烧的岁月，至今回想，依然令人感奋。

1991 年 10 月，浙江省人民政府为发展浙江工业教育，开始和祖籍浙江嘉兴、现在在台湾的实业家张子良洽谈捐资共建浙江工业大学，浙江工业大学的

筹建工作由此起步。同年12月16日,浙江省人民政府和张子良签订了《关于张子良先生捐资兴建浙江工业大学的协议书》。

文件二十二　关于张子良先生捐资兴建浙江工业大学的协议书

台湾永大工程无限公司顾问张子良先生为发展家乡的教育事业,培养高级技术人才,支援国家现代化建设,于1991年10月来杭商榷,并对捐资项目进行实地考察。葛洪升省长、李德葆副省长、周洪昌副秘书长及有关部门负责人郑祖煌、冯裕德副主任等亲切会见了张子良先生,并对张子良先生的爱国爱乡、创学建业、造福桑梓的精神给予高度评价。1991年12月13日至16日,张子良先生一行5人专程来杭,受到葛洪升省长的亲切会见,李德葆副省长等与张子良先生一行经过认真讨论,达成如下协议:

(一)张子良先生为在浙江工学院基础上兴建浙江工业大学及浙江工商管理学院捐资1000万美元,浙江省人民政府的配套费为6000万元人民币。总金额为1.2亿元人民币。分两期进行。

关于张子良先生捐资兴建浙江工业大学的方案见附件。

(二)浙江工学院更名为浙江工业大学。下设工商管理学院、职业技术教育学院和工程技术学院。

工商管理学院对内是浙江工业大学下属的一个学院,对外为一所独立的学院,校名为浙江工商管理学院。

(三)浙江工业大学建设分两期进行,第一期1992~1995年,投资为7500万人民币;第二期投资为4500万元人民币,2000年完成。

浙江工业大学第一期建设张子良先生捐资为500万美元(约折合人民币3000万元)。本项捐款分年支付,1992年4月底前支付100万美元,1993年6月底前支付200万美元,1994年6月底前支付100万美元,1995年6月底前支付100万美元。捐资接受单位为浙江工学院(浙江工学院更名后接受单位为浙江工业大学)。浙江省人民政府第一期配套费为4500万元人民币,本项拨款由浙江工学院(或浙江工业大学)申报计划分期拨给。

张子良先生捐资兴建浙江工业大学的第二建设捐资为500万美元,自1996年开始至2000年止共5年,在每年6月底前支付100万美元,浙江省人民政府配套费为1500万元人民币。

张子良先生的上述捐款,可以美元支付,也可以人民币支付。

双方一致认为,如有可能,力争使上述计划尽快实施。

(四)建设项目分期的建设方案由浙江工学院(浙江工业大学)提出具体的实施意见,经省政府和张子良先生认可后按计划执行。

有关系科设置等待进一步讨论后确定。

(五)本协议书自签字之日起生效。未尽事宜双方另行协商解决。

本协议书正本一式两份,浙江省人民政府和张子良先生各执一份。

附件:关于张子良先生捐资兴建浙江工业大学方案。

<table>
<tr><td>浙江省人民政府代表</td><td>台湾永大无限公司顾问</td></tr>
<tr><td>李德葆(签名)</td><td>张子良(签名)</td></tr>
</table>

1991年12月16日于杭州

1991年12月,关于张子良先生捐资兴建浙江工业大学的协议书

文件二十三　浙江省人民政府办公厅关于建立浙江工业大学(筹)基本建设项目领导小组的通知

浙政办发[1993]49 号

杭州市政府,下城区、拱墅区政府,省、市各有关部门:

为保证浙江工业大学(筹)基本建设按省政府与张子良先生签订的协议如期完成,省人民政府决定建立浙江工业大学(筹)基本建设项目领导小组。现将名单公布如下:

组　长:	周洪昌	省政府		
副组长:	鲁松庭	省政府	李志雄	杭州市政府
成　员:	郑祖煌	省教委	许运鸿	省计经委
	王彩琴	省财政厅	倪松年	省城乡建设厅
	吴茂坤	省土地管理局	邹兆年	省审计局
	冯裕德	省台办	施锦祥	杭州市政府
	鲁国光	下城区政府	徐　军	拱墅区政府
	高定康	杭州市规划局	徐　通	杭州市城建委
	楼永兴	杭州市土地管理局	洪起超	浙江工学院

浙江省人民政府办公厅
1992 年 3 月 16 日

1992 年 3 月,浙江省人民政府办公厅关于建立浙江工业大学(筹)基本建设项目领导小组的通知

文件二十四　浙江省人民政府关于建立浙江工业大学的批复

浙政发[1992]330 号

省教育委员会:

你委《关于要求批准正式成立浙江工业大学的请示》(浙教计字[1992]第 241 号)收悉。经研究,现批复如下:

在浙江工学院的基础上筹建浙江工业大学已近 1 年,各项工作进展顺利,利用台胞张子良先生捐款的建设项目正在按计划进行,学校在校生规模得到扩大,办学条件逐步改善,教育质量不断提高,各项指标已基本达到国务院《普通高等学校设置暂行条例》中关于设置大学的要求。为此,同意正式建立浙江工业大学,撤销浙江工学院。浙江工业大学的规模为在校学生 6000 人,其中"八五"期间在校学生为 5000 人;校园占地面积为 500 亩。

请按照原定建设方案认真组织实施。

浙江省人民政府
1992 年 10 月 28 日

1992 年 10 月,浙江省人民政府关于建立浙江工业大学的批复

　　奋斗两年,浙江工学院为升级做好了准备。1993 年 12 月,浙江工学院终于更换了校牌,升级为浙江工业大学。

　　眼前的这枚"浙江工学院出入证"徽章,就是建校初期出入校园的凭证。它是铝质,圆形,正面黄底红字,"浙江工学院"五字呈弧形,下面"出入证"三字横排;背面有黄色镀层,别针下面有磨痕,刻有编号"014"。这枚徽章除自然磨损

外,总体保存良好。

"浙江工学院出入证"徽章

据笔者分析,这枚"浙江工学院出入证"徽章的使用时间,应该是20世纪70年代末80年代初,数量在200枚以内。与这枚徽章同时收到的,还有一枚红色的"浙江工学院"教工校徽,所以我推测,这枚"浙江工学院出入证"的使用者,应该是浙江工学院的教职工。进而推测,这枚作为出入凭证用的徽章,应该是浙江工学院时期最早制作、使用的一枚徽章,当时浙江工学院正处于建校初期,学生、教职员工、施工人员、搬迁人员等,人员庞杂,进出频繁,为了便于管理各类人员进出学校,所以才制作了这枚"浙江工学院出入证"。如果推测没错的话,这种徽章至今已经40多年了,能够保存下来的极少。所以这枚"浙江工学院出入证"徽章,弥足珍贵。

之后不久,学校又制作了"浙江工学院"校徽(校名题字者不详)。"浙江工学院"校徽和"浙江工学院出入证"上的字体相同。

"浙江工学院"校徽

1980年,浙江化工学院并入浙江工学院后,学校请著名书法家赵朴初先生重新题写了"浙江工学院"校名,校徽也就换新了。

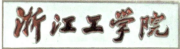

"浙江工学院"新校徽

下面是浙江工学院时期的一些老照片。

1983年,杭州湖墅南路米市巷口的一棵树上,钉着一块"浙江工学院"的指示牌

1980年,浙江工学院在上塘河上建造了一座简易竹桥,连接着教学区和生活区。
1985年,在竹桥位置的西边,建起了现在的拓工桥

浙江工学院学雷锋活动

浙江工学院校门

建校初期，浙江工学院的校门位于拓工桥北的上塘河边，存中楼和大操场
建成后，校门移到了南面的文晖路边

浙江工学院学生军训

浙江工学院首届艺术节纪念章（资料）

1988年，浙江工学院35周年校庆纪念章（原件）

浙江工学院毕业纪念章(原件)

1991年12月,张子良先生捐资浙江工学院兴建浙江工业大学签字仪式

1992年4月,葛洪升省长为子良楼奠基

经世致用 踔厉奋进

——献给浙江工业大学七十周年校庆

1993 年 12 月,浙江工学院更名为浙江工业大学,举行了换牌仪式,
时任党委书记屠德雍和时任校长洪启超共同扶持校牌